COMPORTAMENTO ORGANIZACIONAL

Francisco José Masset Lacombe

Editora Saraiva

www.saraivauni.com.br

Editora Saraiva

Rua Henrique Schaumann, 270
Pinheiros – São Paulo – SP – CEP: 05413-010
Fone PABX: (11) 3613-3000 • Fax: (11) 3611-3308
Televendas: (11) 3613-3344 • Fax vendas: (11) 3268-3268
Site: http://www.saraivauni.com.br

Filiais

AMAZONAS/RONDÔNIA/RORAIMA/ACRE
Rua Costa Azevedo, 56 – Centro
Fone/Fax: (92) 3633-4227 / 3633-4782 – Manaus

BAHIA/SERGIPE
Rua Agripino Dórea, 23 – Brotas
Fone: (71) 3381-5854 / 3381-5895 / 3381-0959 – Salvador

BAURU/SÃO PAULO (sala dos professores)
Rua Monsenhor Claro, 2-55/2-57 – Centro
Fone: (14) 3234-5643 – 3234-7401 – Bauru

CAMPINAS/SÃO PAULO (sala dos professores)
Rua Camargo Pimentel, 660 – Jd. Guanabara
Fone: (19) 3243-8004 / 3243-8259 – Campinas

CEARÁ/PIAUÍ/MARANHÃO
Av. Filomeno Gomes, 670 – Jacarecanga
Fone: (85) 3238-2323 / 3238-1331 – Fortaleza

DISTRITO FEDERAL
SIA/SUL Trecho 2, Lote 850 – Setor de Indústria e Abastecimento
Fone: (61) 3344-2920 / 3344-2951 / 3344-1709 – Brasília

GOIÁS/TOCANTINS
Av. Independência, 5330 – Setor Aeroporto
Fone: (62) 3225-2882 / 3212-2806 / 3224-3016 – Goiânia

MATO GROSSO DO SUL/MATO GROSSO
Rua 14 de Julho, 3148 – Centro
Fone: (67) 3382-3682 / 3382-0112 – Campo Grande

MINAS GERAIS
Rua Além Paraíba, 449 – Lagoinha
Fone: (31) 3429-8300 – Belo Horizonte

PARÁ/AMAPÁ
Travessa Apinagés, 186 – Batista Campos
Fone: (91) 3222-9034 / 3224-9038 / 3241-0499 – Belém

PARANÁ/SANTA CATARINA
Rua Conselheiro Laurindo, 2895 – Prado Velho
Fone: (41) 3332-4894 – Curitiba

PERNAMBUCO/ ALAGOAS/ PARAÍBA/ R. G. DO NORTE
Rua Corredor do Bispo, 185 – Boa Vista
Fone: (81) 3421-4246 / 3421-4510 – Recife

RIBEIRÃO PRETO/SÃO PAULO
Av. Francisco Junqueira, 1255 – Centro
Fone: (16) 3610-5843 / 3610-8284 – Ribeirão Preto

RIO DE JANEIRO/ESPÍRITO SANTO
Rua Visconde de Santa Isabel, 113 a 119 – Vila Isabel
Fone: (21) 2577-9494 / 2577-8867 / 2577-9565 – Rio de Janeiro

RIO GRANDE DO SUL
Av. A. J. Renner, 231 – Farrapos
Fone: (51) 3371- 4001 / 3371-1467 / 3371-1567 – Porto Alegre

SÃO JOSÉ DO RIO PRETO/SÃO PAULO (sala dos professores)
Av. Brig. Faria Lima, 6363 – Rio Preto Shopping Center – V. São José
Fone: (17) 3227-3819 / 3227-0982 / 3227-5249 – São José do Rio Preto

SÃO JOSÉ DOS CAMPOS/SÃO PAULO (sala dos professores)
Rua Santa Luzia, 106 – Jd. Santa Madalena
Fone: (12) 3921-0732 – São José dos Campos

SÃO PAULO
Av. Antártica, 92 – Barra Funda
Fone PABX: (11) 3613-3666 – São Paulo

381.341.001.001

ISBN 978-85-02-18356-8

CIP-BRASIL. CATALOGAÇÃO NA FONTE
SINDICATO NACIONAL DOS EDITORES DE LIVROS, RJ.

L146c

Lacombe, Francisco José Masset
Comportamento organizacional / Francisco José Masset Lacombe. - São Paulo : Saraiva, 2012.

ISBN 978-85-02-18356-8

1. Comportamento organizacional. 2. Comportamento humano. 3. Desenvolvimento organizacional. I. Título.

CDD-658.4063
CDU-005.332.3

12-6910
21.09.12 10.10.12 039372

Direção editorial	Flávia Alves Bravin
Coordenação editorial	Rita de Cássia da Silva
Editora – Aquisições	Ana Paula Matos
Editora – Universitário	Luciana Cruz
Editora – Técnico	Alessandra Borges
Editora – Negócios	Gisele Folha Mós
Produção editorial	Daniela Nogueira Secondo Rosana Peroni Fazolari
Produção digital	Nathalia Setrini Luiz
Suporte editorial	Najla Cruz Silva
Arte e produção	ERJ Composição Editorial
Capa	Casa de Ideias
Produção gráfica	Liliane Cristina Gomes
Impressão e acabamento	Gráfica Salesianas

Contato com o editorial
editorialuniversitario@editorasaraiva.com.br

SaraivaUni

SOBRE O AUTOR

Formado pela Escola Politécnica da Pontifícia Universidade Católica do Rio de Janeiro (PUC – Rio), na qual recebeu o Prêmio Metal Leve de 1960 de melhor aluno, é mestre em Ciências pela Universidade de Houston, nos Estados Unidos.

Suas principais áreas de especialização são Fundamentos de Administração; Administração de Recursos Humanos; Estruturas Organizacionais; Diagnóstico e Planejamento Empresarial; Tendências Atuais da Administração e Gestão Contemporânea.

Lecionou em diversas faculdades, como Universidade Federal do Rio de Janeiro (UFRJ), a Escola Politécnica e a Escola Graduada de Ciências e Engenharia da Pontifícia Universidade Católica do Rio de Janeiro, a Fundação Getulio Vargas (FGV), a Universidade de Santa Úrsula, na qual foi coordenador do curso de Administração, e o Instituto de Tecnologia da Informação e da Comunicação, em cursos de graduação e pós-graduação.

Possui larga experiência como executivo e como consultor nas áreas de diagnóstico empresarial, planejamento organizacional, planejamento estratégico, análise de investimento e recursos humanos, em diversas empresas.

Contato com o autor:
lacombe@editorasaraiva.com.br

APRESENTAÇÃO

Este livro destina-se a administradores e estudantes de administração e de psicologia industrial. É útil também para aqueles que ocupam ou pretendem ocupar a chefia de uma unidade organizacional, qualquer que seja sua profissão e formação teórica, pois eles administram suas unidades e são responsáveis, perante suas empresas, pelos resultados alcançados, devendo também satisfazer, da melhor forma possível, às necessidades das pessoas que contribuem para isso. Portanto, economistas, engenheiros, advogados, médicos ou qualquer outro profissional que tenha em vista a chefia de uma unidade organizacional podem se beneficiar com a leitura desta obra.

Comportamento organizacional abrange várias áreas do conhecimento: administração, psicologia, psicologia social, sociologia, antropologia e ciência política. Todas as ciências sociais colaboram, de alguma forma, com o estudo do comportamento organizacional. No entanto, neste livro, não entramos nos detalhes dos aspectos psicológicos e sociológicos e nos limitamos aos conceitos gerais dessas disciplinas que são necessários ao administrador.

Procuramos evitar jargões técnicos que pouco acrescentariam à compreensão dos conceitos fundamentais da administração.

Agradeço a todos os que contribuíram para viabilizar a publicação deste livro.

As traduções são todas de minha autoria, exceto quando se referem a obras citadas a partir da sua tradução para o português.

SUMÁRIO

Capítulo 1 – Organização **1**

1.1 Conceitose definições 2

1.2 A importância das organizações 2

1.3 Origem das organizações 3

1.4 A organização mais simples possível 6

1.5 Os níveis intermediários de liderança 8

1.6 Organização formal e informal 9

1.7 Postulados da teoria da organização 11

1.7.1 Relação dos postulados 11

1.7.2 O objetivo da organização 11

1.8 A organização e seu ambiente externo 13

1.8.1 As relações da organização com seu ambiente 13

1.8.2 O macroambiente 13

1.8.3 O microambiente 14

1.8.4 A empresa interage com o ambiente no seu processo produtivo 16

1.9 O papel dos administradores.......17

1.10 A importância do conhecimento para os administradores.......18

1.11 O administrador é pago para realizar.......20

1.12 As habilidades que deve ter o administrador.......21

1.13 As habilidades do administrador segundo Robert Katz.......22

1.13.1 Relação das habilidades.......22

1.13.2 A habilidade técnica.......22

1.13.3 A habilidade humana.......22

1.13.4 A habilidade conceitual (visão sistêmica).......23

1.13.5 Variação da necessidade das habilidades.......24

1.14 As funções do administrador.......25

1.15 O que influencia o comportamento das pessoas nas organizações.......25

1.16 As estruturas organizacionais.......26

1.16.1 Departamentalização.......26

1.16.2 Relações formais na estrutura.......27

1.16.3 Organograma.......28

1.16.4 A estrutura funcional.......30

1.16.5 A estrutura divisional.......31

1.16.6 A estrutura matricial.......31

1.17 Delegação, centralização e descentralização.......33

1.17.1 Delegação de autoridade.......33

1.17.2 Centralização e descentralização.......35

1.17.3 Amplitude de supervisão.......36

1.18 Comitês e grupos de trabalho.......37

1.18.1 Grupos de trabalho.......37

1.18.2 Comitês.......37

Termos-Chave.......42

Casos para Debate em Sala de Aula.......44

Exercícios.......49

Capítulo 2 – Cultura Organizacional **51**

2.1 Conceituação 52

2.1.1 Definição 52

2.1.2 Os níveis em que atuam as culturas 53

2.2 Como a cultura é usada 54

2.3 Culturas de ramos de negócios e subculturas da organização 56

2.4 Formalização e ensino da cultura 56

2.5 Administração e mudança da cultura 57

2.6 A cultura segundo a idade das empresas 59

2.7 Estratégias de mudança 60

2.7.1 Passos para viabilizar a mudança 60

2.7.2 Desenvolvimento organizacional 61

2.8 Organização e organismo 62

Termos-Chave 62

Casos para Debate em Sala de Aula 63

Exercícios 65

Capítulo 3 – Motivação **67**

3.1 Conceituação 68

3.2 Primórdios da teoria da administração 69

3.3 Os experimentos de Elton Mayo em Hawthorne 69

3.4 A teoria das relações humanas 71

3.5 Os estudos de Mary Parker Follet 72

3.6 A teoria das necessidades de Maslow 72

3.7 Os fatores de motivação segundo Herzberg 77

3.8 A teoria de McClelland 80

3.9 Modelo de Lawrence e Nohria 80

3.9.1. Conceituação 80
3.9.2 As quatro forças em que se baseia a motivação 81
3.9.3 Os mecanismos da organização para motivar 82
3.10 Conclusão 82
Termos-Chave 83
Casos para Debate em Sala de Aula 84
Exercícios 85

Capítulo 4 – DIVERSIDADE, PERCEPÇÃO E CONFLITOS 87

4.1 A diversidade das pessoas 88
4.1.1 É preciso reconhecer que as pessoas são diferentes 88
4.1.2 Administração da diversidade 88
4.1.3 Exemplo de boa administração da diversidade 89
4.1.4 Desenvolvimento gerencial personalizado 90
4.2 Os estudos de Argyris 92
4.2.1 Maturidade e imaturidade profissional e pessoal 92
4.2.2 Características da imaturidade e da maturidade 93
4.2.3 Ampliação e enriquecimento do trabalho 93
4.2.4 *Empowerment* 95
4.3 Sistemas de valores, hábitos e costumes 96
4.4 Percepção 97
4.4.1 Introdução 97
4.4.2 Estudos de Likert sobre percepção 98
4.4.3 Erros nas avaliações de pessoas 100
4.5 Conflitos 101
4.5.1 Conceituação 101
4.5.2 Como lidar com os conflitos 102
Termos-Chave 104
Casos para Debate em Sala de Aula 104
Exercícios 108

Capítulo 5 – ESTILOS DE GESTÃO **109**

5.1 Introdução 110

5.2 As teorias X e Y de McGregor 110

5.3 A teoria Z de Ouchi 112

5.3.1 Em que consiste 112

5.3.2 O trabalho em grupo 113

5.3.3 As organizações japonesas e norte-americanas 114

5.4 Os estudos de Likert sobre estilos de gestão 115

5.4.1 Tipos de supervisão 115

5.4.2 O pino de ligação: a gerência intermediária 116

5.4.3 Os estilos de administração segundo Likert 118

5.5 A grade gerencial 119

5.5.1 A concepção de Blake e Mouton 119

5.5.2 A concepção de Reddin: a teoria 3D 123

5.5.3 Teoria da curva da maturidade 132

Termos-Chave 134

Casos para Debate em Sala de Aula 134

Exercícios 136

Capítulo 6 – LIDERANÇA **139**

6.1 Conceituação 140

6.1.1 Teoria de Tolstoi 140

6.1.2 Teoria de Kouzes e Posner 141

6.1.3 A Importância do líder 142

6.1.4 O líder na empresa 142

6.2 Tipos de poder 143

6.3 O que faz o líder 144

6.4 As principais responsabilidades dos líderes 146

6.5 Algumas frases sobre liderança 147

6.6 Diferenças entre o líder e o administrador ... 149

6.7 As características de um líder ... 152

6.7.1 Confiança em si ... 152

6.7.2 Crença no que faz ... 152

6.7.3 Visão clara aonde quer chegar ... 153

6.7.4 Capacidade de comunicação ... 153

6.7.5 Expectativas elevadas e reconhecimento do mérito ... 154

6.8 Traços comuns dos líderes? ... 154

6.9 Os líderes também erram ... 155

6.10 Opiniões sobre as características que deveriam ter os líderes ... 156

6.11 Formas de liderar ... 158

6.12 Liderança e inteligência emocional ... 159

6.13 Líderes narcisistas ... 161

6.14 Liderança situacional ... 162

6.15 Mitos sobre liderança ... 163

6.16 Líderes problemáticos ... 164

6.17 Formação de lideranças ... 165

6.18 O principal executivo: o líder da empresa ... 165

Termos-Chave ... 166

Casos para Debate em Sala de Aula ... 167

Exercícios ... 167

Capítulo 7 – COMUNICAÇÃO ... 169

7.1 O processo de comunicação ... 170

7.2 A importância da comunicação para o administrador ... 172

7.3 Os termos técnicos de cada profissão ... 173

7.4 Os meios de comunicação na empresa ... 174

7.4.1 O contato direto ... 174

7.4.2 A importância de saber ouvir ... 176

7.4.3 Os documentos escritos e os meios eletrônicos ... 177

7.5 Tipos de comunicação na empresa 177
7.5.1 Relação dos tipos de comunicação 177
7.5.2 As ordens dos superiores 178
7.5.3 Avaliação dos subordinados 180
7.5.4 As prestações de contas dos subordinados 180
7.5.5 As comunicações para coordenação de atividades 181
7.5.6 A comunicação nos grupos informais 182
7.5.7 Comunicações das empresas para os funcionários 182
7.5.8 Canais para ouvir o pessoal da empresa 183
7.5.9 Obtenção do *feedback* dos subordinados 183
7.6 Características da boa comunicação 184
7.7 Filtragem na comunicação 186
7.8 As percepções de cada pessoa 187
7.9 As barreiras psicológicas 187
Termos-Chave 187
Casos para Debate em Sala de Aula 188
Exercícios 189

Capítulo 8 – TEORIAS DAS DECISÕES 191

8.1 Conceituação 192
8.1.1 O que é decisão? 192
8.1.2 Características das decisões 192
8.1.3 Racionalidade limitada 194
8.2 As decisões nas organizações 195
8.2.1 Decisões programadas e não programadas 195
8.3 Decisões estruturáveis 197
8.3.1 O processo decisório estruturado 197
8.4 Erros nas tomadas de decisões 200
8.4.1 O maior erro 200
8.4.2 Erros comuns nas tomadas de decisões 201
8.5 Decisões pouco estruturáveis 202

8.6 Aspectos psicológicos das decisões 204

8.6.1 Impossibilidade de avaliação totalmente objetiva 204

8.6.2 Armadilhas psicológicas 205

8.7 Decisões coletivas 208

8.7.1 Vantagens e desvantagens 208

8.7.2 Métodos de decisões coletivas 209

Termos-Chave 211

Casos para Debate em Sala de Aula 211

Exercícios 212

Capítulo 9 – COMPORTAMENTO E CLIMA ORGANIZACIONAL 213

9.1 Conceituação 214

9.1.1 Comportamento, clima organizacional e ambiente do trabalho 214

9.1.2 Clima organizacional positivo 214

9.1.3 Clima organizacional negativo 216

9.2 Satisfação no trabalho 216

9.3 Variáveis causais, intervenientes e finais 217

9.3.1 Conceituação 217

9.3.2 Relação entre a grade gerencial e as variáveis intervenientes 220

9.3.3 A lealdade entre os colegas, o estresse e o clima organizacional 220

9.4 Absenteísmo e rotatividade: sintomas de clima organizacional ruim 222

9.4.1 Absenteísmo 222

9.4.2 Rotatividade 222

Termos-Chave 224

Casos para Debate em Sala de Aula 224

Exercícios 226

Capítulo 10 – MEDIDAS ADMINISTRATIVASDE RECURSOS HUMANOS QUE PODEM MOTIVAR 227

10.1 Como motivar seu pessoal? 228

10.1.1 Conhecimento das pessoas e das suas diferenças 228

10.1.2 Seleção e posicionamento adequados ... 228
10.1.3 Empregados intratáveis ... 229
10.1.4 Autonomia ... 229
10.1.5 Procurar proporcionar o que é desejado ... 229
10.1.6 Expectativa elevada ... 230
10.2 A remuneração motiva? ... 230
10.2.1 O salário é fator higiênico ou motivador? ... 230
10.2.2 Produtividade e remuneração ... 231
10.2.3 A administração salarial ... 231
10.3 A administração por objetivos como forma de motivação ... 235
10.4 Tipos de prêmios pelos resultados ... 237
10.4.1 Premiação individual pelos resultados ... 237
10.4.2 Incentivos por equipes ... 238
10.4.3 Participação nos lucros ... 238
10.4.4 Participação acionária ... 239
10.4.5 Cuidados com a remuneração variável ... 240
10.5 O treinamento como instrumento de motivação ... 240
10.5.1 Treinar motiva bons empregados e proporciona retorno à organização ... 240
10.5.2 Tipos de treinamento quanto à forma de execução ... 242
10.5.3 Tipos de treinamento quanto ao público-alvo ... 247
10.6 A avaliação motiva? ... 250
10.6.1 Vale à pena avaliar? ... 250
10.6.2 Mitos sobre avaliação ... 251
10.6.3 Erros e distorções nas avaliações ... 252
10.6.4 Características e finalidades de um bom sistema de avaliação ... 254
10.6.5 Avaliação do desempenho ... 255
10.7 Sintomas de insatisfação ... 261
Termos-Chave ... 262
Casos para Debate em Sala de Aula ... 263
Exercícios ... 265

Capítulo 11 – ÉTICA **267**

11.1 A crise moral contemporânea 268

11.1.1 Conceituação e origens 268

11.1.2 A quem cabe educar 270

11.2 A importância da ética 271

11.3 A ética nas empresas 273

11.3.1 Por que a empresa deve ser ética? 273

11.3.2 Como fazer a empresa comportar-se de forma ética 276

11.3.3 Conflitos de valores 277

11.3.4 O Custo da legalidade 277

Termos-Chave 278

Casos para Debate em Sala de Aula 278

Exercícios 282

Capítulo 12 – RH NO SÉCULO XXI **283**

12.1 Era do conhecimento – capital intelectual 284

12.2 Como administrar os recursos humanos na era do conhecimento em um mundo globalizado 286

12.3 Equipes multidisciplinares 289

Termos-Chave 290

Casos para Debate em Sala de Aula 290

Exercícios 291

Referências **293**

Índice Onomástico **301**

Índice Remissivo **307**

CAPÍTULO 1

ORGANIZAÇÃO

APRESENTAÇÃO

Neste capítulo, estudaremos as organizações, suas origens, sua importância e ainda como a divisão do trabalho, a especialização e as trocas levam inexoravelmente às organizações.

Veremos os postulados da teoria da organização e os requisitos para sua existência.

Verificaremos que a organização é um sistema aberto, como ela se relaciona com seu ambiente externo e quais os fatores que compõem esse ambiente.

Estudaremos o papel dos administradores, o que se espera deles e quais as habilidades e características que devem ter, bem como que funções devem exercer.

Analisaremos as várias estruturas organizacionais, as vantagens e desvantagens de cada uma, como são formados os órgãos, quais as relações formais que existem na estrutura e como essa estrutura é representada graficamente.

Mostraremos em que consiste a delegação, quando e como ela deve ser usada, o que é centralização e descentralização.

Abordaremos as vantagens e desvantagens dos comitês e quando devem ser usados. Fizemos ainda uma menção aos grupos de trabalho.

1.1 Conceitose definições

Comportamento organizacional é o estudo sobre a forma como as pessoas e os grupos se comportam nas organizações e sobre como usar esse conhecimento para melhorar atitudes e comportamentos visando à satisfação no trabalho e aos resultados das organizações. O comportamento organizacional abrange várias áreas do conhecimento: administração, psicologia, psicologia social, sociologia, antropologia e ciência política. Todas as ciências sociais colaboram, de alguma forma, com o estudo do comportamento organizacional. Um bom conhecimento do comportamento organizacional permite ao gerente motivar e compreender melhor as pessoas, assim como conduzi-las para a obtenção de resultados. Estuda-se não apenas o comportamento individual, mas também o dos grupos formais e informais das organizações.

Começaremos nosso estudo pelas organizações: por que existem, por que são importantes e como estão estruturadas.

Organização é a forma que assume toda associação humana para atingir um objetivo comum.[1] Edgar Schein define organização como a coordenação racional das atividades de certo número de pessoas, que desejam alcançar um objetivo comum e explícito, mediante a divisão das funções e do trabalho e pela hierarquização da autoridade e da responsabilidade.[2] Incluem-se nesta definição empresas, universidades, hospitais, escolas, creches, associações culturais, partidos políticos, sindicatos, clubes, condomínios, cooperativas, famílias, organizações não governamentais, associações de classes profissionais, corporações militares, associações de moradores de bairro etc.

1.2 A importância das organizações

Tudo acontece por meio de organizações: são elas que executam, de uma forma ou outra, quase todas as atividades na sociedade moderna. As organizações complexas constituem um dos elementos mais importantes nas sociedades atuais. As pessoas nascem em hospitais, são educadas em escolas, trabalham em uma ou outra organização e, de acordo com sua participação em atividades político-religiosas, com frequência, ocupam lugares em organizações. Em resumo, os membros das sociedades modernas tiram grande parte da sua satisfação material, social e cultural de organizações. O caminho para a compreensão do homem moderno e da

---

1 MOONEY, James apud LODI, João Bosco. *História da administração*. 11. ed. São Paulo: Livraria Pioneira Editora, 1998. p. 60.

2 SCHEIN, Edgar. *Psicología de la organización*. Madrid: Ediciones del Castillo, 1972. p. 19.

sociedade em que vive conduz, portanto, ao estudo das organizações.[3] As organizações obtêm, em média, desempenho tão superior aos indivíduos, que fica, quase sempre, difícil a uma pessoa competir sozinha com aquilo que está sendo executado por uma organização.

1.3 Origem das organizações

Por que existem organizações e qual a sua origem? Quando o homem começou a constituir organizações? Desde os tempos pré-históricos existem organizações.

Por que preferimos fazer as coisas acontecerem por meio de organizações? A resposta é simples: as organizações nos permitem alcançar padrões de vida mais elevados e uma qualidade de vida melhor. De que forma? Um padrão de vida elevado requer alto padrão de consumo. É claro que nos referimos a alto padrão de consumo *per capita*. Não adianta aumentarmos o consumo e ao mesmo tempo dividirmos esse consumo global por um número maior de pessoas. Isso nos obriga a termos alto nível de produção *per capita*, pois é impossível consumir sem produzir. Se desejarmos alto nível de produção *per capita*, teremos de ter obrigatoriamente alta produtividade, a qual só se consegue pela especialização. É impossível obter alta produtividade sem especialização, a qual, por sua vez, requer divisão do trabalho. Especialização e divisão do trabalho são dois conceitos intimamente relacionados, existindo mesmo em outras espécies. Foi a partir da divisão do trabalho em grande escala que a espécie humana teve condições de ampliar a produção e a poupança, e, a partir daí, começou a investir para aumentar a produção e melhorar as condições de consumo das futuras gerações. Existindo divisão de trabalho, é fácil concluir que será indispensável a troca dos bens e serviços produzidos pelos especialistas, pois o consumidor não vai consumir o que produziu, mas um bem ou serviço produzido por outrem, que presumivelmente deverá estar mais habilitado a produzir o bem ou serviço do que aquele que vai consumi-lo e esse consumidor vai produzir outros bens e serviços que serão consumidos por terceiros.

A especialização aumenta muito a produtividade, pois as pessoas podem se concentrar em fazer o que sabem fazer bem e trocar os bens que produzem e os serviços que prestam pelos bens e serviços que consomem, abrindo mão da autossuficiência. O indivíduo vive agora sob a disciplina da regra: se queres obter o que desejas, encontra então o que oferecer em troca.[4] Este mecanismo, que aumenta imensamente a produção, exige um mercado para a troca

---

3 ETZIONI, Amitai. *Organizações complexas*. 6ª tiragem. São Paulo: Atlas, 1978. p. 13.

4 GIANNETTI DA FONSECA, Eduardo. *Vícios privados, benefícios públicos?*: a ética na riqueza das nações. São Paulo: Companhia das Letras, 1993. p. 112.

dos bens e serviços produzidos pelos especialistas, o que, por sua vez, exige a vida em grupo. Uma vez estabelecido que as pessoas devam viver em grupo para poder usufruir altos padrões de consumo, fica claro que é preciso existir uma liderança, pois os interesses, objetivos, necessidades e prioridades do grupo como um todo não coincidirão, a cada momento, com os interesses, objetivos, necessidades e prioridades de cada uma das pessoas que constituem esse grupo. Além disso, os objetivos, direitos e interesses de uma pessoa podem colidir com os objetivos, direitos e interesses de outra pessoa desse mesmo grupo ou de outro. Nesse conflito, aparece a necessidade de se instituir um processo para compor as diferenças existentes e de um líder para tomar as decisões em nome do grupo. A vida comunitária organizada possui exigências próprias. A partir de certo grau de complexidade, o modelo de convivência da família e da tribo – baseado em vínculos afetivos, restrita divisão do trabalho e predomínio da tradição sobre a escolha racional – não é capaz de garantir por si só a estabilidade da ordem social... É a crença na necessidade de um poder soberano, uma autoridade reconhecida e capaz de garantir coercitivamente o respeito às normas de conduta que tornam a vida comunitária estável... Por maior que seja a força coercitiva da autoridade constituída, nenhuma lei ou poder soberano consegue sustentar-se se não existe uma aceitação difusa e um sentimento popular que os legitimem.[5] Mostramos esse raciocínio na Figura 1.1.

Figura 1.1 • Origem das organizações

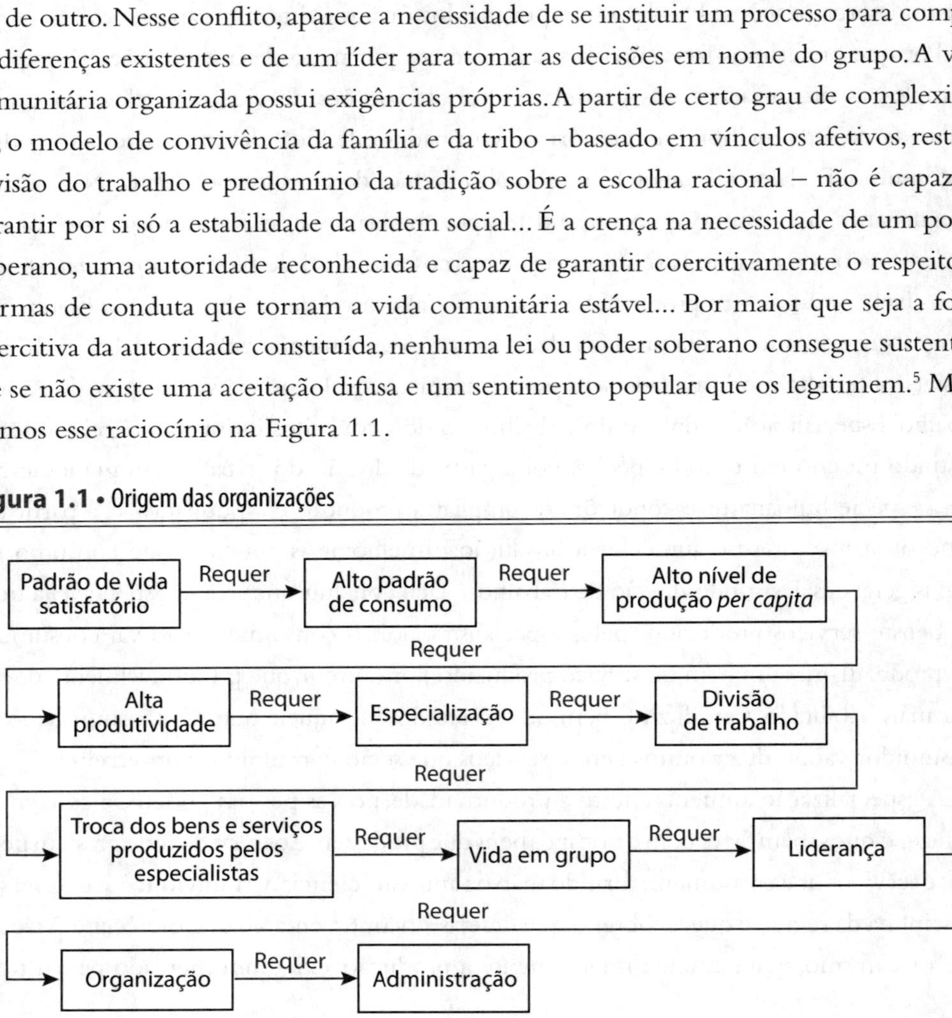

[5] GIANNETTI DA FONSECA, Eduardo, p. 85 e 87.

Um estudo detalhado a esse respeito sob o enfoque econômico encontra-se em *O homem e a economia*, de Robert A. Mundell.[6] O estudo sob o enfoque psicológico é apresentado na obra *Psicologia da organização* de Edgar Schein.[7] Um texto muito completo sobre este assunto está no livro *Vícios privados, benefícios públicos?*[8]

É importante tecer algumas considerações sobre essa a exposição. Quando nos referimos a alto padrão de consumo, não o estamos limitando a bens materiais, mas abrangemos qualquer tipo de consumo que possa ser imaginado: artístico, cultural, educacional, até mesmo o lazer. Outra qualificação importante é sobre o fato de que uma produção maior *per capita* leve a uma qualidade de vida melhor. Claro que isso nem sempre ocorre, mas convém introduzir o conceito econômico de utilidade marginal decrescente: quanto mais se possui de um bem, tanto menos útil será uma unidade adicional do bem. Com base nesse princípio, se não houvesse nenhuma divisão de trabalho nem troca de bens e serviços produzidos, os bens e serviços disponíveis para consumo seriam muito escassos, a utilidade dos poucos que existissem seria enorme e o padrão de vida insuportável para o homem moderno, acostumado a um conforto e bem-estar incompatíveis com a vida em total isolamento. Por fim, em relação à troca dos bens e serviços produzidos, é preciso dizer que: as partes envolvidas na troca de bens e serviços podem auferir benefícios e, se a cooperação for estritamente voluntária, nenhuma troca será efetuada a menos que ambas as partes se beneficiem. Nenhuma força externa, nem coação, nem violação da liberdade são necessárias para produzir cooperação entre os indivíduos, com a qual todos se beneficiem.[9] Essas trocas, exercidas desde tempos pré-históricos, constituem o embrião do que chamamos mercado, que significa a existência de um grupo de compradores e de vendedores que têm contatos suficientemente próximos para que suas trocas afetem as condições de compra e venda dos demais. Existe mercado quando compradores, que pretendem trocar dinheiro por bens e serviços, ou trocar bens e serviços por outros, estão em contato com vendedores desses bens e serviços desejados pelos compradores. Por maior que seja o grau de complexidade de nossas escolhas e das trocas que fazemos no nosso dia a dia, envolvendo valores de natureza exclusivamente material ou de natureza sentimental, moral, afetiva ou estética, a lógica subjacente será sempre a mesma. Em uma troca voluntária estaremos sempre recebendo algo a que damos mais valor e renunciando àquilo a que damos menos valor. Estaremos sempre trocando nove por dez. Ninguém troca dez

---

6 MUNDELL, Robert A. *O homem e a economia*. Rio de Janeiro: Editora Expressão e Cultura, 1968. p. 11ss.

7 SCHEIN, Edgar. *Psicología de la organización*. Madrid: Ediciones del Castillo, 1972. p. 17 a 21.

8 GIANNETTI DA FONSECA, Eduardo, 1993.

9 FRIEDMAN, Milton & Rose. *Free to choose*. New York: Avon Books, 1979. Introdução, p. 15.

por nove. E se estamos trocando nove por dez e se a outra parte também está trocando nove por dez, temos que após uma troca voluntária ambos ganham. Ambos resultam com algo a que dão mais valor. É, como se diz no jargão econômico, um jogo de soma positiva. Na troca voluntária há uma criação de valor, uma vez que ambos os participantes, pela sua própria avaliação subjetiva, tiveram um aumento de satisfação.[10] Nossa espécie é mal equipada para a autossuficiência. Da mesma forma que formigas e abelhas, não somos capazes de viver fora de uma sociedade comunitária. Tornamo-nos tão dependentes da divisão do trabalho que ninguém é capaz de se alimentar, de se vestir, ou de conseguir abrigo inteiramente pelos próprios esforços. Muita gente lamenta isso e sonha em redescobrir as virtudes de uma era mais simples de autossuficiência. Mas nunca houve tal era na nossa espécie. Os antropólogos estão gradualmente descobrindo que o comércio (troca de bens e serviços), que é consequência da divisão do trabalho, começou na idade paleolítica, antes da extinção do homem de Neandertal. Longe de lamentar a divisão do trabalho, devemos celebrá-la como uma causa da cooperação na sociedade e, na verdade, a fonte da nossa capacidade de se relacionar bem.[11]

1.4 A organização mais simples possível

A partir do momento em que os membros de um grupo aceitam uma liderança, está caracterizada a existência de uma organização, em que as pessoas aceitam a ascendência de um líder para julgar ou compor as diferenças entre os membros de um mesmo grupo e todos, por assim dizer, obedecem a esse líder. Essa organização caracteriza-se, portanto, pela existência de um líder; os demais membros do grupo "se reportam", ou seguem esse líder. É a forma mais simples possível de organização. Ela existe nas tribos mais primitivas da pré-história e mesmo em outras espécies animais. Uma vez formada a organização, ela adquire vida própria e tem de ser administrada. Como se conclui pela leitura de T. Hobbes: *Qualquer governo* é melhor que a *ausência de governo*. O despotismo, por pior que seja, é preferível ao mal maior da anarquia, da violência civil generalizada e do medo permanente da morte violenta.[12]

A forma mais primitiva de organização é chamada organização radial, pela possibilidade que temos de representá-la como mostra a Figura 1.2.

---

10 STEWART JR., Donald. *A lógica da vida*. Rio de Janeiro: Instituto Liberal, 1999. p. 8.

11 RIDLEY, Matt. *On the origins of niceness*. In: TIME Special issue: the new age of discovery, Jan. 1998. p. 60.

12 GIANNETTI DA FONSECA, Eduardo, 1993. p. 76.

Figura 1.2 • A organização radial primitiva

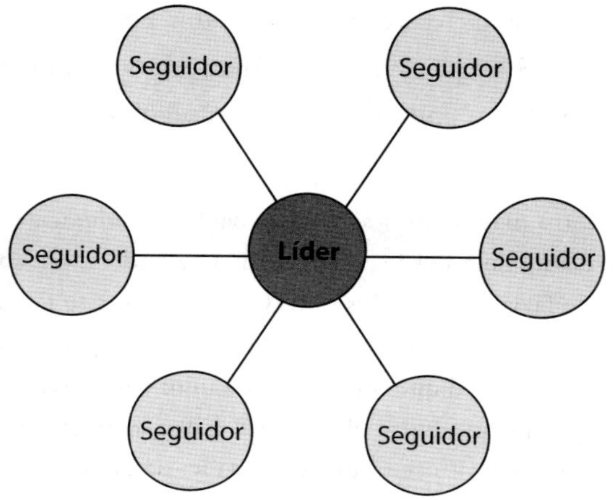

A forma radial não é a usual de representação gráfica de uma organização, mas o resultado prático será idêntico, se fizermos a representação da forma usual, que exprime a mesma organização simples, conforme se vê na Figura 1.3.

Figura 1.3 • A organização mais simples possível

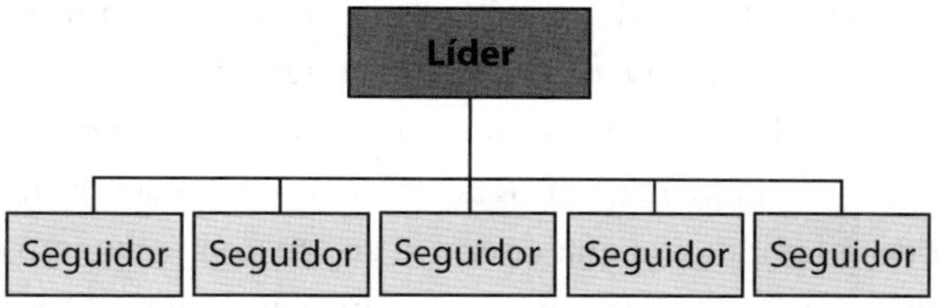

O oposto da vida em grupo, sem nenhum tipo de especialização ou divisão de trabalho e sem um mercado de trocas em que uma única pessoa produz tudo aquilo que consome, foi estereotipado no romance Robinson Crusoe, de Daniel Defoe, baseado em fato real, narrando o drama de um náufrago. Esse romance tornou-se famoso por imaginar uma situação totalmente contrária às condições normais que assumiu a sociedade humana desde os tempos mais primitivos, ainda que o herói do romance tenha sido forçado a essa situação indesejada, por ter naufragado em uma ilha deserta e sem possibilidade de contato com outras pessoas. É claro que o padrão de vida de Robinson Crusoe, apesar da sua grande engenhosidade e habilidade, era muito baixo, justamente pela inexistência dos mecanismos de trocas descritos.

1.5 Os níveis intermediários de liderança

Já existiam nos povos primitivos organizações um pouco mais complexas que esta. Existe no Êxodo, capítulo 18, versículos 13 a 27, transcritos a seguir, uma prova documental de que o nível intermediário entre o líder e seus seguidores já existia há, pelo menos, quatro mil anos.

> Ao outro dia assentou-se Moisés para dar audiência ao povo, que se apresentava diante dele, desde pela manhã até a tarde. E seu sogro, tendo visto tudo o que ele fazia ao povo, disse-lhe: Que é isto que tu fazes ao povo? Por que estás tu assentado, e todo o povo esperando desde pela manhã até a tarde? Moisés lhe respondeu: É que o povo vem a mim para ouvir pronunciar a sentença de Deus. E quando entre eles sucede haver alguma diferença, vêm ter comigo, para que lhes mostre os preceitos da lei de Deus.
>
> Não fazes bem, disse Jetro. Estás te fatigando sem propósito, tu e este povo, que vive contigo. Este trabalho é sobre as tuas forças, e tu só não o poderás aturar. Mas ouve o que te vou dizer e o conselho que te vou dar e será Deus contigo: Presta-te ao povo naquelas coisas que dizem respeito a Deus, para expores ao senhor os requerimentos do povo; para lhe ensinares as cerimônias e o modo com que devem honrar a Deus; o caminho por onde devem andar; e as obras que devem fazer. Mas escolhe dentre os do povo uns tantos homens poderosos que temam a Deus, que sejam amigos da verdade e inimigos da avareza; e constitui do número desses homens uns chefes de mil, outros chefes de cento, outros de cinquenta, outros de dez: cuja ocupação seja fazer justiça ao povo em todo o tempo; mas que reservem ao teu conhecimento os negócios de maior suposição e julguem somente os mais pequenos. Desta sorte, o peso que te oprime, virá a ser mais leve, sendo repartido entre outros. Se fizeres isto, que te digo, cumprirás com o mandamento de Deus; poderás ser capaz de executar as suas ordens; e todo esse povo voltará em paz para a sua casa.
>
> Moisés fez tudo o que seu sogro lhe sugerira. E tendo escolhido dentre o povo de Israel homens de valor, constituiu-os príncipes do povo, para uns governarem mil, outros cem, outros cinquenta, outros dez. Estes faziam justiça ao povo, em todo o tempo: mas davam conta a Moisés de todos os negócios mais difíceis, sentenciando eles somente os mais fáceis. Depois deixou Moisés retirar-se seu sogro, o qual, partindo, se recolheu para a sua terra.

Não foi a primeira vez que se utilizou o nível intermediário entre o líder e seus seguidores, pois, nessa ocasião, os egípcios estavam construindo as pirâmides, que mobilizaram milhares de pessoas, e exigiam uma organização mais sofisticada que a radial. No entanto, temos no Êxodo uma prova documental da existência de uma organização com níveis intermediários. Essa organização é representada na Figura 1.4.

Figura 1.4 • Estrutura organizacional com níveis intermediários

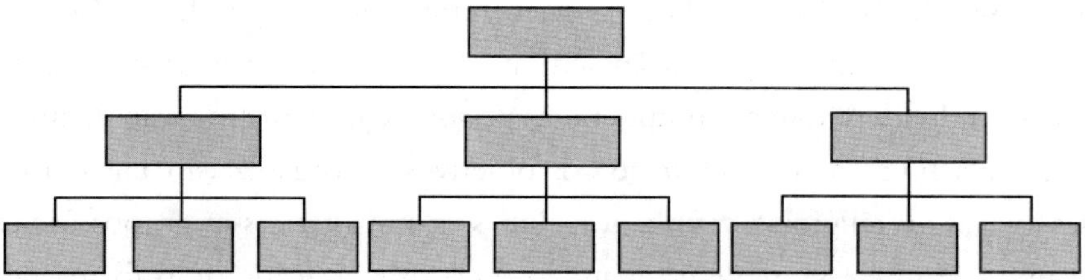

Uma vez criada uma estrutura organizacional com três níveis hierárquicos, podemos extrapolar o número de níveis, teoricamente, *ad infinitum*. Na prática, existem limitações em relação ao número de níveis, mas o conceito de níveis intermediários vale para qualquer número.

1.6 Organização formal e informal

As organizações podem ser formais ou informais. As organizações informais podem existir como entidades independentes. No entanto, essas organizações informais independentes não têm nenhum interesse prático para o estudo da administração. Portanto, quando falamos em organização informal estamos nos referindo às organizações informais existentes dentro das organizações formais. A maioria dos autores considera mesmo que as organizações informais independentes não têm as características necessárias para serem consideradas como organizações. Talcott Parsons disse que a prioridade para a consecução de uma meta específica é considerada característica de definição de uma organização, distinguindo-a de outros tipos de sistemas sociais.[13] Segundo esse critério, os grupos de amigos não são organizações no sentido técnico. Podemos dizer, portanto, que sem objetivo nenhuma organização teria razão de existir e, em consequência, todas as organizações realizam objetivos.

Para que exista uma organização formal é necessário, além do objetivo, um conjunto de regras mais ou menos permanentes e uma estrutura estabelecendo os papéis e as relações entre seus membros. A organização formal requer autoridade das pessoas que exercem o controle e estabelecem a forma de sua utilização.

[13] PARSONS, Talcott. Sugestões para um tratado sociológico da teoria de organização. In: ETZIONI, Amitai. *Organizações complexas*. São Paulo: Atlas, 1978. p. 44.

Dentro das organizações formais, formam-se sempre grupos espontâneos de pessoas que têm afinidades, ou interesses ou conhecimentos comuns. Essas relações pessoais funcionam como mecanismos fortíssimos de comunicação e podem afetar as decisões, favorecendo ou prejudicando a organização formal. Os grupos informais foram estudados inicialmente por Mary Parker Follet e, pouco tempo depois, por Elton Mayo. Surgem espontaneamente em uma organização sem ato formal criativo e têm, em geral, muita força sobre os indivíduos que os compõem. As pessoas se juntam em razão de um interesse comum, quase sempre não relacionado aos objetivos da organização, tais como *hobbies*, atividades cívicas ou religiosas, vizinhança, clubes comuns etc. Esses grupos, às vezes chamados grupos de interesse, podem ser usados pela organização como forma de agilizar comunicações. São úteis para seus membros na medida em que os identificam com outras pessoas da organização, proporcionando, em muitos casos, ajuda e solidariedade, que se traduzem em segurança e aprovação social. O sentimento de pertencer a um grupo pode ser útil para reter na organização algumas pessoas. A comunicação entre as pessoas será sempre informal, muitas vezes sob a forma de boatos. Tudo se passa nesses grupos de modo sutil em termos de prestígio e liderança dos seus membros. As organizações informais tendem a fortalecer o poder dos seus membros, que obtêm informações por meio do grupo e podem usá-las em benefício próprio. Podem existir também trocas de benefícios recíprocos, geralmente em prejuízo da organização formal. Na organização informal, o prestígio de cada um não está diretamente vinculado à hierarquia, mas à aceitação que se consegue dos demais membros. Essas "redes" informais podem, porém, servir de exemplo em relação à facilidade de comunicação que existe no seu interior.[14,15,16] Os membros dessas redes têm um sentimento de pertença muito forte em relação ao grupo, dizem "nós" e não "eu" ou "eles"; têm uma coesão e confiança recíprocas muito grandes. Podemos sintetizar que a organização informal se baseia na formação de grupos de amigos, que são grupos informais na organização que se juntam em razão de afinidades ou de um interesse comum, em geral não relacionado aos interesses da organização. O objetivo principal dos membros de uma organização informal ao se juntarem é a amizade pura e simples.

---

14 SIMON, Herbert. *Comportamento administrativo*. Rio de Janeiro: Fundação Getulio Vargas, 1965. p. 172 e 173.

15 CHANLAT, Alain; BÉDARD, Renée. La gestion, une affaire de parole. In: CHANLAT, Jean-François. *L'Individu dans l'Organisation*: les dimensions oubliées. Les presses de l'Université laval. Québec: Éditions Eska, 1990. p. 95.

16 MORGAN, Gareth. *Imagens da organização*. São Paulo: Atlas, 1996. p. 179.

1.7 Postulados da teoria da organização

1.7.1 Relação dos postulados

Podemos, portanto, concluir: para que exista organização, é preciso que exista: (a) objetivo; (b) divisão de trabalho; (c) fonte de autoridade (formal ou informal); (d) relações entre pessoas e grupos.

Simon, Smithburg e Thompson definem da seguinte maneira os postulados centrais da teoria da organização:

1. Uma organização é um sistema de comportamentos sociais interligados de numerosas pessoas, que chamaremos participantes da organização.
2. Cada participante e cada grupo de participantes recebem incentivos da organização, em troca dos quais contribuem para ela.
3. Cada participante continuará sua participação na organização enquanto os incentivos que lhe são oferecidos forem tão grandes ou maiores que as contribuições que dele forem solicitadas.
4. As contribuições trazidas pelos diferentes grupos de participantes são a fonte da qual a organização retira os incentivos a eles oferecidos.
5. Portanto, a organização só continuará existindo enquanto as contribuições forem suficientes para proporcionar incentivos suficientemente grandes para motivar as contribuições.[17]

Cumpre lembrar que as organizações podem romper-se e desaparecer a qualquer momento, pois são sistemas imperfeitos, inventados e operados por pessoas, mas podem durar séculos, sobrevivendo aos seus fundadores.

1.7.2 O objetivo da organização

Ao iniciar-se o estudo de qualquer organização, o ponto de partida será sempre identificar e explicitar seu objetivo. Nem sempre é fácil a identificação precisa do objetivo, às vezes, o objetivo real pode não ser exatamente aquele que está oficialmente definido. É

[17] Apud MARCH, James G.; SIMON, Herbert A. *Organizations.* New York: John Wiley & Sons, 1958. Tradução brasileira: MARCH, James G.; SIMON, Herbert. *Teoria das organizações.* 2. ed. Rio de Janeiro: Fundação Getulio Vargas, 1970. p. 123.

preciso saber qual a razão de ser da organização, isto é, por que ela existe. Em uma organização informal o objetivo pode não estar claro para seus membros e cada um pode "vê-lo" de forma diferente. Em uma empresa, o objetivo real pode não ser aquele que é definido pelos seus acionistas e diretores.

Alguns autores costumam dizer que o objetivo final de uma empresa é sempre o lucro e suas atividades são meios para alcançar este objetivo. Esta é uma forma simplista de colocar a questão. O lucro é absolutamente indispensável para que qualquer organização possa sobreviver, mas não se pode afirmar que todas as organizações existam tendo em vista só esse objetivo. A maioria das organizações tem como objetivo produzir um bem ou prestar um serviço à sociedade, embora, para isso precisem ter lucro. Em consequência, podemos dizer que as organizações servem à sociedade. É possível comparar o lucro nas organizações com a saúde das pessoas. A saúde é absolutamente indispensável à sobrevivência, mas não vivemos para ter saúde. Uma empresa deficitária é uma empresa doente e, naquele momento, precisa priorizar a obtenção de resultados positivos, da mesma forma que uma pessoa doente precisa priorizar a cura do mal que a aflige. Uma vez curada a doença, emergem outras prioridades em função daquilo que a pessoa deseja da vida. As organizações têm, portanto, objetivos que precisam ser bem identificados e explicitados. O lucro pode ser, em determinados períodos, o objetivo principal de uma empresa, mas dificilmente o será sempre.

> O verdadeiro objetivo da indústria não é o lucro: o empresário deve sempre se propor a produzir bens e serviços úteis... a negação desta ideia é a especulação.
>
> *Henry Ford*[18]

Todas as organizações, da mesma forma que as pessoas, têm necessidade de objetivos claros e bem definidos para serem saudáveis.

> Uma pessoa que não conseguiu selecionar um objetivo válido é presa fácil para a ansiedade, que é a base das doenças e desorganizações.
>
> *Charles D. Flory*[19]
>
> *in Managers for Tomorrow*

[18] Apud BOYER, Luc e BUREAU, Romain. *400 Citations Pour le Manager*. Paris: Les Éditions d'Organisation, 1997. p. 65.

[19] FLORY, Charles D. *Managers for Tomorrow* The New American Library. New York, 1965. p. 14.

1.8 A organização e seu ambiente externo

1.8.1 As relações da organização com seu ambiente

Uma organização contém elementos humanos e materiais empenhados, coordenadamente, em atividades orientadas para resultados, ligados por sistemas de informação e influenciados por um ambiente externo, com o qual a organização interage permanentemente. O ponto importante desta definição é o ambiente externo. Nenhuma organização está isolada, mas inserida em um ambiente externo que atua sobre ela e sobre o qual ela também age. Ao elaborar seus planos, a empresa considera o ambiente em que está inserida e, em muitos casos, procura atuar sobre esse ambiente para modificá-lo a seu favor. Isso caracteriza as organizações como sistemas abertos. Um sistema fechado tem poucas entradas e saídas para o ambiente externo. Praticamente todas as organizações têm muitas entradas e saídas para o ambiente externo. Teoricamente, definimos como sistema fechado um sistema isolado, que não interage com o ambiente no qual está inserido.

O ambiente que circunda a organização, e no qual ela vive, pode ser mais bem compreendido se o dividirmos no ambiente geral, ou macroambiente, que influencia todos os sistemas nele existentes, e o ambiente operacional, que atua mais diretamente sobre a organização.

1.8.2 O macroambiente

O macroambiente é um amplo sistema que envolve as organizações, abrangendo os aspectos demográficos, científicos, tecnológicos, ecológicos, físicos, políticos, econômicos, sociais e culturais. O macroambiente interage permanentemente com a organização e esta procura influenciá-lo, mas sua capacidade para isso é limitada.

Quadro 1.1 • Fatores que compõem o macroambiente

Científicos e tecnológicos	Conhecimentos acumulados pela humanidade que influenciam na maneira de realizar as tarefas e operações.
Políticos	Padrões de organização e funcionamento do Estado e da sociedade civil e dos seus mecanismos de interação e regulação (inclusive a opinião pública).

continua

continuação

Econômicos	Organização do sistema econômico, política econômica, política fiscal, produto nacional bruto e per capita, perfis de distribuição de riqueza e de renda, taxas inflacionárias, níveis de emprego, produtividade, câmbio etc.
Institucionais	Normas legais que regulamentam comportamentos individuais e coletivos.
Sociais	Tradições culturais, valores, ideologias, pressões sociais, mitos etc.
Demográficos	Crescimento demográfico, densidade demográfica, distribuição espacial, composição etária, etnias etc.
Ecológicos	Meio ambiente físico e natural que circunda a organização.

1.8.3 O microambiente

O microambiente é constituído por sistemas próximos à empresa e que interagem com ela de maneira forte e permanente. Abrange os fornecedores de insumos, os clientes, os competidores e os órgãos governamentais ou regulamentadores. O microambiente influencia permanentemente a empresa e esta também procura influenciá-lo, tendo, na maioria dos casos, alguma capacidade para isso.

Quadro 1.2 • Fatores que compõem o microambiente

Consumidores	Usuários dos produtos e serviços da organização.
Fornecedores	Supridores de recursos: capital, mão de obra, materiais, equipamentos, serviços, informações etc.
Concorrentes	Produzem bens ou serviços iguais, semelhantes ou sucedâneos, visando aos mesmos consumidores ou usuários; competem pelos mesmos recursos junto aos mesmos fornecedores.
Regulamentadores	Entidades que impõem controles, limites e restrições à ação da organização: governo, meios de comunicação de massa, sindicatos, associações empresariais e de classe, organizações não governamentais etc.

A interação da organização com o ambiente no qual atua cria nela subsistemas específicos, que interagem, cada um deles, com setores específicos do ambiente geral e, especialmente, do ambiente operacional.

Quadro 1.3 • Setor ambiental relevante x subsistema

Setor ambiental relevante	Subsistema
Clientes e concorrentes	Vendas e marketing
Fornecedores de insumos	Compras
Fornecedores de tecnologia e equipamentos	Produção e qualidade
Instituições financeiras	Finanças e contabilidade
Mercado de trabalho	Recursos humanos
Imprensa e comunidade	Comunicação social
Ciência e tecnologia	Pesquisa
Entidades regulamentadoras	Jurídico e lobbies

Podemos representar esse texto na Figura 1.5:

Figura 1.5 • A organização e seu ambiente externo

Podemos concluir, portanto, que os administradores devem ser capazes de adaptar sua organização ao ambiente no qual ela atua. Quase sempre, são as mudanças no ambiente externo que forçam as mudanças na organização.

Os indivíduos ou grupos que agem sobre a organização e são por ela afetados são denominados *stakeholders*. Quando eles estão no ambiente externo (governo, mídia, sindicatos, fornecedores, clientes etc.) são denominados *stakeholders* externos. Os *stakeholders* internos são os empregados e os sócios.

Outra forma de analisarmos as relações entre a organização e seu ambiente é encontrada em Juran:[20]

Quadro 1.4 • Relações entre a organização e seu ambiente

Categoria	O que eles demandam da organização?	O que a organização demanda deles?
Clientes	Produtos de qualidade	Receita e respeito
Proprietários	Renda e estabilidade	Amplo apoio
Mídia	Notícias válidas	Boa imagem
Comunidade local	Empregos e taxas	Empregados e serviços
Órgãos governamentais	Respeito à legislação	Segurança e proteção contra competição desleal
O público	Segurança dos produtos e proteção ambiental	Respeito e apoio

1.8.4 A empresa interage com o ambiente no seu processo produtivo

A empresa importa insumos do ambiente que a circunda e exporta seus produtos para esse ambiente.

Figura 1.6 • Ciclo de produção da empresa

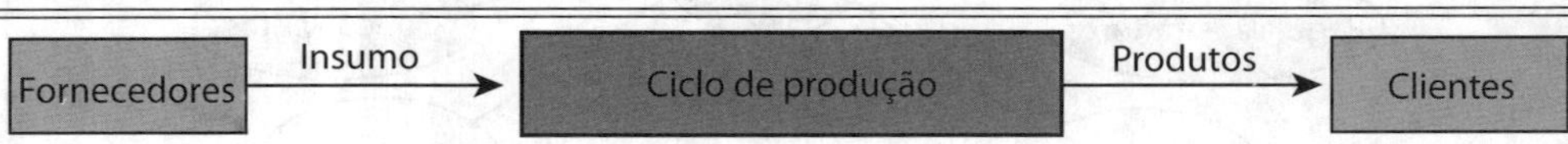

A empresa compra insumos dos fornecedores, processa e vende produtos aos clientes

O valor da soma dos produtos resultantes do ciclo de produção é mais alto do que o da soma dos insumos utilizados. Nesse processo, portanto, a empresa adiciona um valor ao longo do ciclo de produção. Esse valor é denominado valor adicionado ou valor agregado. As empresas, portanto, convertem insumos de menor valor em produtos de maior valor.

---

[20] JURAN, J. M. *Juran on planning for quality*. New York: The Free Press; Macmillan, Inc., 1988. p. 9.

O objetivo deve ser agregar o máximo de valor ao menor custo possível. Esta é a essência da produção e do desenvolvimento econômico. Convém, neste ponto, conceituar insumo.

Insumo é tudo aquilo que a organização retira do ambiente externo para ser usado no seu processo produtivo, tais como: matérias-primas, energia, informação, trabalho fornecido por empregados ou prestadores de serviços etc.

O produto de uma organização pode ser o insumo de outra e este ciclo pode se repetir várias vezes até chegar ao consumidor final.

Os insumos nem sempre são bens concretos. No caso de uma indústria de alumínio, o principal insumo é a energia elétrica, no caso de um jornal ou revista, o insumo mais importante é a informação.

1.9 O papel dos administradores

As pessoas, especialmente os administradores, são os atores das organizações. São as pessoas que tomam as decisões em nome das organizações. São também agentes econômicos que têm como objetivo maximizar sua satisfação. Portanto, todas as atividades econômicas e administrativas são conduzidas pelas pessoas, procurando satisfazer suas necessidades, seus desejos e até mesmo seus caprichos.

Administrar é obter resultados por meio de pessoas, ou seja, administrar é o ato de trabalhar com pessoas para realizar os objetivos tanto da organização quanto de seus membros.

O administrador é aquele que conduz um grupo de pessoas para os resultados desejados. A essência do papel do administrador é obter resultados pelo desempenho da equipe que ele supervisiona e coordena. Logo, o administrador depende de terceiros para alcançar seus objetivos e os do seu grupo. Ele deve, portanto, ter condições de liderar os membros da sua equipe, de compreendê-los e de tomar decisões em nome dessa equipe. Administração é a arte de fazer coisas por meio das pessoas. Esta definição dá ênfase ao papel do administrador no sentido de obter resultados, conseguindo que outros façam o que é necessário, em vez de fazê-lo pessoalmente. Na nova era da informação, a capacidade de obter resultados por meio de terceiros torna-se prioritária, pois o conhecimento está na mente das pessoas e a capacidade do administrador para saber transformar conhecimento em resultados requer habilidade, além de conhecimentos de administração.

O administrador, trabalhe ou não em empresa, deve agir como empresário, transformando recursos em produtos, isto é, em bens e serviços desejados pelas pessoas. Uma das principais qualidades do administrador é saber tomar decisões, pois não existem decisões perfeitas e ele terá de pesar as vantagens e desvantagens de cada alternativa para escolher a melhor *(ver Capítulo 8)*. O administrador de empresa deve sempre, em toda ação e decisão, pôr, em primeiro lugar, o desempenho econômico. Ele só pode justificar sua existência e sua autoridade pelos resultados econômicos obtidos. Podem existir grandes resultados não econômicos: felicidade dos membros do negócio, contribuição ao bem-estar ou à cultura da comunidade etc. No entanto, o administrador terá falhado se não produzir os bens e serviços desejados pelo consumidor, por um preço que o consumidor esteja disposto a pagar. Terá falhado, se não melhorar a capacidade de produzir riqueza que existe nos recursos econômicos a ele confiados.[21] Toda organização, com ou sem fins lucrativos, precisa ter lucro. Associações sem fins lucrativos não são as que se obrigam a não ter lucro, pois isso equivaleria ao suicídio, mas as que se obrigam a não distribuí-lo.

O administrador, dentro do seu âmbito, estabelece objetivos e rumos e dirige as pessoas que executam o trabalho. A administração requer prática e bom-senso. Bom-senso é necessário, mas não suficiente para qualquer bom administrador. Experiência, conhecimento dos princípios de administração, habilidade em lidar com as pessoas e muita responsabilidade são indispensáveis. Um bom administrador deve ter, acima de tudo, alto grau de compreensão de si próprio e da sua equipe.

1.10 A importância do conhecimento para os administradores

Um bom administrador deve ser generalista, embora quase sempre precise ter também uma especialidade. Mas as empresas não formam generalistas, elas treinam seus empregados em técnicas e assuntos do seu ramo de atividade. A base geral, em cima da qual o administrador vai construir sua especialidade, deve ser uma preocupação permanente de cada um. Por essa razão, o currículo de um bom curso de administração inclui assuntos relacionados ao comportamento organizacional: psicologia, psicologia social, ciência política e sociologia, além de informática, história econômica, direito, sem falar nas disciplinas de matemática, estatística e língua portuguesa que constituem ferramentas indispensáveis ao pensamento e à prática administrativa e nas de economia e contabilidade que formam um todo com a administração. Um bom administrador, além de um bom domínio do seu idioma não pode deixar de conhecer pelo menos uma língua estrangeira de cultura, de preferência o inglês, que se consolidou como língua internacional, sem se descuidar do espanhol, considerando a aproximação inevitável

---

[21] DRUCKER, Peter. *Prática de administração de empresas.* Rio de Janeiro: Fundo de Cultura, 1970. p. 21. (Título do original: *The Practice of management*. New York, N.Y: Harper & Row, 1986. p. 9 e 10)

com nossos vizinhos da América Latina, especialmente os que integram o Mercosul. É verdade que existem administradores funcionais, que supervisionam o trabalho de subordinados dedicados a atividades especializadas de determinada função, como produção industrial, marketing, contabilidade etc., e administradores gerais, responsáveis pelos resultados de pessoas que atuam em diversas funções. No entanto, todo administrador que deseja alcançar os níveis mais altos da sua organização deve ter uma sólida base, pois nesses níveis é necessário o conhecimento genérico de todas as funções. Os especialistas estão cada vez mais limitados no âmbito das organizações, não conseguem passar acima de um imaginário "teto de vidro" e correm riscos maiores de dificuldades de adaptação a situações novas.

Acontece com a administração o mesmo que ocorre com quase todas as áreas do conhecimento humano: não se pode jamais parar de aprender, não só em função das mudanças e evoluções científicas e tecnológicas, mas também porque, sendo um campo muito vasto, permite um contínuo aperfeiçoamento pessoal, em que, literalmente, *o céu é o limite.* Assim, os que se iniciam em administração devem procurar continuar aprendendo para o resto das suas vidas profissionais. A aprendizagem ocorre não só em cursos, mas também em leituras, filmes, em conversas com amigos e, principalmente, no próprio trabalho. A aprendizagem mais forte é aquela adquirida pela experiência pessoal. Charles Handy admite: "A maioria das coisas que aprendi não foi retida formalmente, mas através de acidentes e fracassos".[22]

É fácil concluir que o bom administrador deve ter uma grande *experiência de vida.* O que fazer para ampliar essa experiência? O mais importante é procurar fazer de cada dificuldade, de cada fato vivenciado, de cada situação, uma lição de vida, procurando analisar: por que as coisas aconteceram de uma forma e não de outra; por que determinadas decisões foram tomadas; por que as pessoas agiram assim, o que estava por trás do que se via na aparência, o que se desejava de fato, quais eram os interesses reais dos que tomaram as decisões. Em suma: quais as causas reais de cada fato, ato e decisão que em um primeiro momento não compreendemos. A análise sistemática das causas de cada situação nos leva a uma experiência extremamente útil, que pode ser aplicada a outras situações na vida e na administração. A acumulação dos conhecimentos assim obtidos proporciona enorme experiência ao longo dos anos.

Além disso, podemos enriquecer enormemente nossa experiência de vida com a experiência dos outros, não limitando nosso crescimento às nossas vivências pessoais. A melhor maneira de capitalizar as experiências de terceiros é pela literatura. A boa literatura

[22] Apud CRAINER, Stewart. *Jack Welch*: dez segredos do gestor mais eficaz do mundo. Portugal: Abril/ Controljornal Editora Ltda., 1999. p. 77.

é o espelho da vida real e vice-versa. Nada melhor que ler as obras de Machado de Assis para conhecer a essência da natureza humana.

Outra característica importante dos administradores é compreender a realidade em que estão inseridos, isto é, o ambiente em que vive. Quem administra uma instituição no Brasil tem de conhecer nosso país, suas raízes, suas tradições, seus costumes, os hábitos do seu povo, seus valores prioritários, suas características, suas qualidades e seus defeitos. Há vastíssima literatura sobre isso.

Por fim, não podemos deixar de mencionar a leitura dos bons periódicos. Com a velocidade com que muda o ambiente em que vivemos, nenhum administrador de bom nível pode deixar de estar a par do que está sendo publicado na mídia.

O administrador brasileiro deve lembrar que o Brasil é um país recente e cuja colonização não favoreceu o progresso. Os aspectos referentes à evolução anterior a 1808 têm caráter nitidamente negativo.

1.11 O administrador é pago para realizar

Mas o administrador não precisa e, dependendo da posição que ocupe, não deve ser um sábio generalista! O administrador não é pago para pensar, mas para realizar. O que se espera de um administrador é que ele faça as coisas acontecerem da forma adequada para gerar resultados positivos para a organização e não que ele saiba muita coisa. No uso alternativo do tempo, ele pode ter de sacrificar a leitura para realizar coisas. O conhecimento é muito importante para sabermos o que devemos fazer e para fazermos a coisa certa, mas não adianta ficarmos obsessivamente preocupados em aumentar nossa cultura sem a colocarmos a serviço de realizações úteis e práticas para a sociedade. Espera-se que o administrador tenha como principal qualidade a iniciativa para conseguir soluções para as dificuldades encontradas e para pô-las em ação.

O teste decisivo da administração é o resultado da empresa. O que interessa é a realização e não o conhecimento. Administração, em outras palavras, é uma prática, e não uma ciência ou profissão, embora contenha elementos de ambas.[23]

Como disse Fernando Pessoa: "O êxito está em ter êxito e não em ter condições de êxito. Condições de palácio tem qualquer terra larga, mas onde estará o palácio se não o fizerem ali?"[24] O conhecimento cria as condições de êxito, mas o êxito é criado pela ação.

---

[23] DRUCKER, Peter, 1970.

[24] PESSOA, Fernando. *Livro do desassossego.* São Paulo: Cia. das Letras, 1999. p. 133.

1.12 As habilidades que deve ter o administrador

Existirá um administrador ideal, padrão para qualquer situação? Qualquer executivo sabe que uma empresa precisa de vários tipos de administrador conforme as funções. As qualidades necessárias a um encarregado de fabricação podem ser opostas às exigidas de um diretor de produção. Os livros que tratam do aperfeiçoamento dos executivos estão repletos de tentativas de definir as qualidades necessárias aos executivos, mas basta que se examinem os administradores bem-sucedidos em qualquer empresa para ver como suas qualificações pessoais variam enormemente em uma lista ideal de virtudes executivas.[25]

Algumas habilidades podem ser válidas em quase todos os casos, mas é sabido que, conforme a posição ocupada, as habilidades requeridas variam. Podemos, porém, mencionar algumas habilidades gerais, conforme mostradas no Quadro 1.5.

Quadro 1.5 • Habilidades necessárias ao administrador

1. Comunicação e expressão	Deverá ser capaz de estabelecer comunicação interpessoal, de expressar-se corretamente, verbalmente e por escrito, e de interpretar a realidade das organizações.
2. Raciocínio lógico, crítico e analítico	Deverá ser capaz de utilizar raciocínio lógico, crítico e analítico, operando formulações matemáticas e estabelecendo relações de causa e efeito entre fenômenos
3. Visão sistêmica e estratégica	Deverá demonstrar a compreensão do todo administrativo, de modo integrado, sistêmico e estratégico, bem como suas relações com o ambiente externo.
4. Criatividade e iniciativa	Deverá ser capaz de inovar e demonstrar espírito empreendedor.
5. Negociação	Deverá ser capaz de resolver situações conflitantes com flexibilidade.
6. Tomada de decisão	Deverá ser capaz de decidir entre alternativas e de identificar e dimensionar riscos.
7. Liderança	Deverá ter capacidade de escolher estratégias adequadas de ação e de implementá-las.
8. Trabalho em equipe	Deverá ser capaz de selecionar formas de atuação visando a objetivos comuns.

[25] STRYKER, Perrin. *The growing pains of executive development* in advanced management, ago. 1954 apud KATZ, Robert. *Skills of an effective administrator* in Harvard Business Review, Jan.-Feb. 1955 e Sept.-Oct. 1974.

1.13 As habilidades do administrador segundo Robert Katz

1.13.1 Relação das habilidades

Em função desse debate sobre as diferentes habilidades necessárias ao administrador, Robert L. Katz, em magistral artigo na *Harvard Business Review*,[26] sintetizou essas habilidades em três tipos. Pressupôs Katz que o administrador seja alguém que: (a) dirige as atividades de outras pessoas e (b) assume a responsabilidade de atingir determinados objetivos por meio da soma de esforços. Segundo esta definição, uma administração bem-sucedida parece apoiar-se em três habilitações básicas, que chamaremos técnica, humana e conceitual. Estaríamos fugindo à realidade se afirmássemos que tais aptidões não estão interligadas, vale a pena, porém, examinar e desenvolver cada uma delas em separado.

1.13.2 A habilidade técnica

Implica a compreensão e o domínio de determinado tipo de atividade. Envolve conhecimento especializado, habilidade analítica dentro da especialidade e facilidade no uso das técnicas e do instrumental da disciplina específica.

Esta é a habilidade típica de um profissional que executa seu trabalho pessoalmente, como marceneiro, torneiro, advogado, contador etc. Quando iniciamos nossa carreira em uma organização, quase sempre utilizamos em maior proporção a habilidade técnica.

A habilidade técnica é adquirida pela experiência, educação e pelo treinamento profissional.

1.13.3 A habilidade humana

É a que se refere à capacidade de trabalhar com eficácia como membro de um grupo e de conseguir esforços cooperativos nesse grupo na direção dos objetivos estabelecidos. Refere-se às aptidões para trabalhar com pessoas e para obter resultados por meio delas.

---

[26] KATZ, Robert. Skills of an effective administrator. In: *Harvard Business Review*, Jan.-Feb. 1955. p. 33 e ss. e Sept.-Oct. 1974. p. 90 e ss.

Requer capacidade para criar uma atmosfera de segurança, para comunicar e encorajar a comunicação entre subordinados e para compreender as necessidades e motivações dos integrantes do grupo.

A habilidade humana inclui a capacidade de se colocar no ponto de vista do outro, para compreendê-lo na sua plenitude. A importância das habilidades humanas pode ser ilustrada pela frase a seguir, muitas vezes repetida por John D. Rockefeller.

> Pela habilidade para lidar com pessoas pagarei mais que por qualquer outra habilidade que se possa imaginar.
>
> *John D. Rockefeller*

Alguns autores chamam essa habilidade de habilidade gerencial, mas o nome habilidade humana, cunhado por Robert L. Katz, parece mais sugestivo.

Uma das principais características de um bom administrador é sua habilidade em lidar com pessoas, pois os resultados por ele obtidos são frutos do trabalho e dos esforços das pessoas que ele coordena e supervisiona. Por isso, ele precisa ter muita habilidade para saber lidar com essas pessoas. As pesquisas revelam que a maioria dos gerentes que fracassam não possui a habilidade humana. A habilidade humana é extensamente analisada no livro *Emotional intelligence*, de Daniel Goleman.[27]

1.13.4 A habilidade conceitual (visão sistêmica)

Habilidade para visualizar a organização (instituição, empresa ou grupo de empresas) como um conjunto integrado. Implica a capacidade de se posicionar no ponto de vista da organização, perceber como as várias funções são interdependentes e como uma alteração em uma delas afeta todas as demais. Implica ainda a capacidade de visualizar a organização dentro do seu ambiente externo e compreender as forças políticas, econômicas e sociais que atuam sobre ela. Requer, não só reconhecer essas relações, mas também saber destacar os elementos relevantes em cada situação e identificar, do ponto de vista da organização, a alternativa mais adequada para ação ou decisão, considerando todos os esses aspectos.

[27] GOLEMAN, Daniel. *Emotional intelligence.* New York: Bantam Books, 1995.

1.13.5 Variação da necessidade das habilidades

É fácil ver que à medida que as pessoas sobem na hierarquia da organização muda a proporção da necessidade de cada uma dessas habilidades. Uma grande habilidade técnica é vital no início da carreira, nos níveis menos graduados da organização. Dependendo do caso, esse tipo de habilidade pode continuar sendo o mais importante, como ocorre com um consultor jurídico ou um analista econômico. No entanto, na maioria dos casos, a tendência é no sentido do aumento gradual da necessidade de habilidade humana e, por fim, nos níveis superiores de direção, há grande necessidade de habilidade conceitual ou visão sistêmica, também conhecida como visão holística. O gráfico na Figura 1.7 é, portanto, uma aproximação qualitativa, ilustrando o que ocorre, em média, em termos de proporção das necessidades de cada uma dessas habilidades em função do nível hierárquico. Cada empresa, ou mesmo cada pessoa, tem um gráfico diferente, que segue, porém, mais ou menos, esse padrão médio. Outra consideração importante é que o gráfico indica uma proporção relativa das habilidades. Portanto, em termos absolutos, é possível aumentarem as necessidades de todas as habilidades à medida que se sobe hierarquicamente na organização.

Figura 1.7 • Variação relativa das habilidades conforme o nível hierárquico

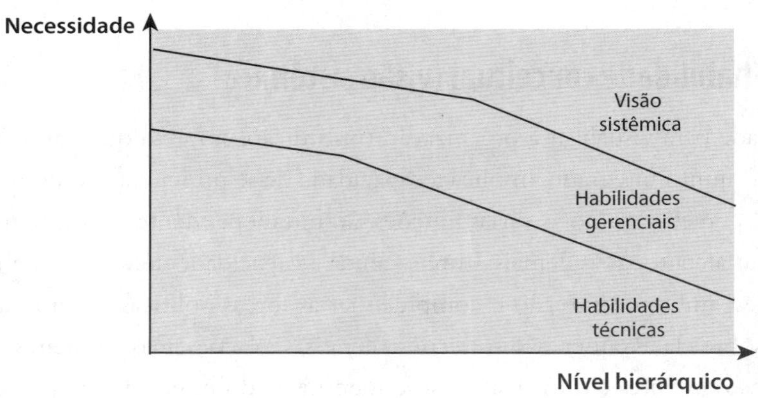

Poderíamos ampliar o número das habilidades adicionando outras. No entanto, qualquer nova habilidade poderia, em princípio, ser considerada como incluída em uma ou duas das três anteriores (ver Seção 10.1.2, do Capítulo 10).

1.14 As funções do administrador

Vimos que para que exista organização é preciso que exista: (a) objetivo; (b) divisão de trabalho; (c) fonte de autoridade (formal ou informal); (d) relações entre pessoas e grupos.

Cabe ao administrador fazer que isso fique explicitado de modo a viabilizar o funcionamento eficaz e eficiente da organização. Cabe, portanto, ao administrador identificar ou estabelecer os objetivos da sua organização ou da unidade organizacional pela qual é responsável. Cabe-lhe também determinar a forma de atingir esses objetivos e os recursos necessários para tal. Ao fazer isto, ele estará planejando. Podemos concluir que uma das funções que compete ao administrador é **planejar**. Não adianta planejar se não for feito um acompanhamento daquilo que foi planejado e, além disso, se algo estiver errado, tomar medidas corretivas. A isto se chama controle. Concluímos que outra função do administrador é **controlar**. Ao dividir o trabalho do seu órgão, ou de sua empresa, de forma racional, em atividades, e ao atribuí-las a seus subordinados, ele estará organizando. Logo, uma terceira função do administrador será **organizar**. A partir do momento em que as atividades são exercidas por pessoas diferentes, ou mesmo unidades organizacionais diferentes, será preciso algum esforço para que essas atividades caminhem na mesma direção, no tempo certo e sejam executadas na quantidade exata. A isto se chama coordenação. Logo, a quarta função do administrador será **coordenar**. As duas últimas condições para a existência da organização formal nos levam à necessidade de (a) formar uma equipe adequada para o que se deseja, que é o que chamamos prover recursos humanos, e (b) conduzir essa equipe na direção certa, que significa liderar.

Podemos concluir, a partir das condições para a existência de uma organização formal, que as funções do administrador são: planejar, organizar, prover recursos humanos, liderar, coordenar e controlar.

Em cada uma dessas funções o administrador estará lidando com pessoas e já vimos como é importante saber lidar com pessoas. Por isso, o administrador tem de ser capaz de conhecer em profundidade as pessoas com quem se relaciona e como elas se comportam na organização. Um técnico muito competente na sua especialidade que não sabe se relacionar bem vai encontrar um imaginário "teto de vidro" que impedirá futuras promoções.

1.15 O que influencia o comportamento das pessoas nas organizações

Quando alguém entra para uma organização, perde a independência para se comportar como bem lhe aprouver. É preciso considerar o ambiente da organização: suas crenças, seus objetivos, seus valores, suas políticas, suas normas e, especialmente, sua cultura. O comportamento das pessoas nas organizações é influenciado pela cultura da organização, assim como pela motivação, pelos valores pessoais e pelas percepções de cada um (ver Capítulo 2). Os administradores devem conhecer o comportamento organizacional para ampliar suas habilidades em lidar com as pessoas e otimizar os resultados da sua equipe.

1.16 As estruturas organizacionais

1.16.1 Departamentalização

As atividades da empresa são grupadas logicamente em órgãos. Esse grupamento, bem como a divisão dos órgãos em unidades menores, é efetuado de acordo com os denominados critérios de departamentalização.

O critério funcional consiste em grupar em um mesmo órgão as atividades afins, ou de mesma natureza, também ditas de mesma especialidade. Assim, colocamos em um mesmo órgão todas as atividades relacionadas à contabilidade, em outro todas as relacionadas a pessoal e assim sucessivamente.

No critério de departamentalização por produto, grupam-se em um mesmo órgão todas as atividades diretamente relacionadas a determinado produto ou serviço, independentemente da sua natureza ou especialidade.

No critério de departamentalização por clientela, o grupamento de atividades é feito com o objetivo de servir a determinado grupo de pessoas, clientes externos ou internos.

No critério de departamentalização por área geográfica ou região, grupam-se em um mesmo órgão todas as atividades exercidas em determinada região.

Quadro 1.6 • Vantagens e desvantagens de cada critério de departamentalização

Critério	Vantagens	Desvantagens
Funcional	Tira máximo proveito da especialização. Tende a reduzir os custos. Facilita a coordenação dentro da função. Facilita a centralização. Facilita a projeção da liderança por toda a organização.	Dificulta a coordenação geral. Não favorece o controle. Facilita a estreiteza de visão. Dificulta o preparo de pessoal para o topo da organização. Dificulta a expansão da empresa. Dificulta a descentralização. Traz algumas inflexibilidades.

continua

continuação

Critério	Vantagens	Desvantagens
Produto	Facilita a apuração de resultados e de controle. Facilita a coor-denação. Facilita a expansão da organização. Facilita o preparo de pessoal para o topo. Facilita a descentralização.	Não permite máxima redução de custos em empresas pequenas. Não tira todo o proveito da especialização. Dificulta a coordenação dentro de cada função.
Geográfico	Facilita a coordenação. Facilita o controle. Permite atender melhor às peculiaridades de cada local. Facilita o crescimento da organização. Facilita a descentralização. Facilita o preparo de pessoal para o topo.	Não permite máxima redução de custos em pequenas empresas. Não tira todo o proveito da especialização. Dificulta a coordenação dentro de cada função.
Clientela	Permite uma visão totalmente voltada para o mercado. Permite atender melhor às peculiaridades de cada cliente. Aumenta a flexibilidade e as possibilidades de crescimento.	Não permite a máxima redução de custos em pequenas empresas. Não tira todo o proveito da especialização. Dificulta a coordenação dentro de cada função.

1.16.2 Relações formais na estrutura

São as seguintes:

1. Autoridade de linha.
2. Relação de assessoria.
3. Autoridade funcional.
4. Autoridade de fiscalização.
5. Relação de prestação de serviços.

A autoridade de linha é aquela que o chefe de um órgão exerce diretamente sobre seus subordinados, integrantes desse órgão. Ela envolve o direito do chefe de dar ordens a seus subordinados, coordenar suas ações e cobrar resultados, bem como a obrigação dos subordinados de cumprir as ordens e prestar contas dos resultados. A autoridade de linha se manifesta por meio de ordens que emanam dos superiores para os subordinados.

A relação de assessoria é aquela que se caracteriza pela assistência proporcionada pelos assessores, por meio de estudos, pareceres e trabalhos, executados para a chefia e em seu nome. É a relação que se caracteriza pela obrigação do assessor em auxiliar, apoiar e aconselhar o chefe, recebendo solicitações formais de estudos e trabalhos apenas por seu intermédio e a ele encaminhando os resultados desses estudos com suas recomendações e conclusões.

A autoridade funcional ou normativa é aquela que é confiada a determinada pessoa para, no âmbito de uma empresa, ou grupo de empresas, estabelecer critérios e normas que dizem respeito a um grupo específico de atividades, basicamente homogêneas, cujo grupamento é denominado função. Esses critérios e normas devem ser estabelecidos dentro dos objetivos em vigor e após as devidas coordenações com as áreas envolvidas.

Autoridade de fiscalização é aquela que consiste em zelar pela observância de um conjunto de regras, verificando se a execução está sendo realizada de acordo com os regulamentos e normas em vigor. É a autoridade típica de uma auditoria.

A relação de prestação de serviços caracteriza-se pelo fato de uma unidade organizacional prestar serviços a outra unidade da mesma organização sem lhe estar subordinada. Essa prestação de serviços pode ser efetuada de forma automática e rotineira, como no caso de serviços de telefonia, limpeza etc. Ou mediante solicitação específica como no caso de manutenção corretiva, compras etc. Aquele que se beneficia dos serviços é denominado usuário dos serviços, ou, eventualmente, cliente interno.

1.16.3 Organograma

Organograma é a representação gráfica simplificada da estrutura organizacional de uma instituição, especificando os seus órgãos, seus níveis hierárquicos e as principais relações formais entre eles. É o instrumento mais usado para formalizar a estrutura.

A finalidade do organograma é permitir uma visualização rápida da maneira como a empresa está organizada. Não é seu objetivo mostrar de forma completa, precisa e abrangente toda a estrutura organizacional.

Os organogramas devem refletir a organização real da empresa. Se não o fizerem com fidelidade, poderão distorcer a compreensão e gerar decisões e atitudes errôneas pelos que confiam na sua exatidão.

Os organogramas devem ser simples, padronizados e atualizados.

Os retângulos são a pedra de base na construção dos organogramas; representam os órgãos que compõem a estrutura e não as pessoas. Nos níveis hierárquicos superiores, certas pessoas possuem tal importância, que elas, sozinhas, podem ser consideradas como constituindo um órgão e, nesse caso, são então representadas por um retângulo próprio.

Os retângulos contêm a denominação do órgão. Exemplo:

SEÇÃO DE COMPRAS

Podem indicar também o nome do responsável pelo órgão e seu efetivo de pessoal. Não devem incluir informações em demasia para não perder a simplicidade.

As linhas que unem os órgãos representam as principais relações formais existentes na estrutura, especificamente, o fluxo de autoridade. As convenções variam de empresa para empresa; as mais comuns são as seguintes:

————————	**Autoridade de linha ou hierárquica.**
- - - - - - - - - - - - - -	**Autoridade funcional (ou normativa, ou técnica).**
....	**Autoridade de fiscalização.**

As relações de prestação de serviços não são representadas e as autoridades funcionais e as de fiscalização só são representadas nos casos importantes em que são intensas e frequentes. As linhas de comunicação entre os órgãos que não sejam representativas de autoridade não são representadas nos organogramas, mesmo que sejam frequentes e importantes, conforme mostrado na Figura 1.8.

Figura 1.8 • Organograma típico de uma empresa de médio porte

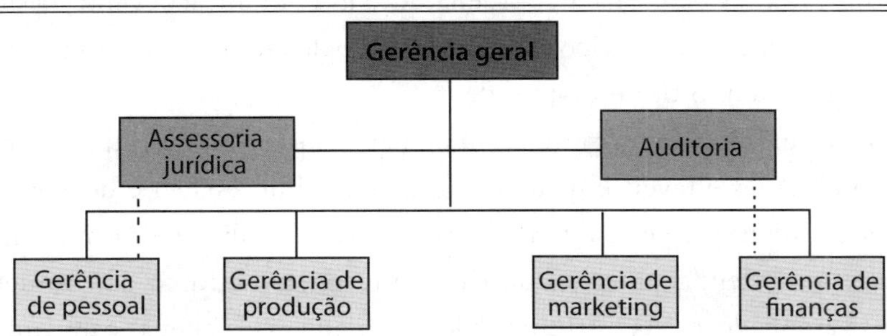

Qualquer forma de representação gráfica que mostre de maneira simples e atualizada a estrutura organizacional da empresa pode ser considerada um organograma.

1.16.4 A estrutura funcional

Fayol estudou pela primeira vez de forma sistemática a organização funcional, mostrada na Figura 1.8.

Organizações funcionais

Chamam-se estruturas funcionais ou organizações funcionais as estruturas de organização departamentalizadas pelo critério funcional no primeiro nível.

As funções principais, no primeiro nível, são:

- Produção
- Comercialização
- Finanças
- Administração

Uma das características importantes das estruturas funcionais é que só se apuram lucros ou prejuízos dentro do sistema contábil para o conjunto da empresa. Podem existir, porém, mecanismos extracontábeis para apurar custos e receitas de unidades operacionais. Esta estrutura é adequada a empresas com pouca diversificação de mercados, tecnologias, áreas geográficas e produtos. As áreas funcionais estão intimamente interligadas: vende-se o que foi produzido, a receita é resultado das vendas, o pessoal necessário depende do volume de produção etc. Em consequência, à medida que a empresa cresce, a coordenação no topo aumenta exponencialmente com esse crescimento e com a diversificação da empresa, tornando esta estrutura inadequada, pois boa parte do trabalho passa a ser dedicada à coordenação e às comunicações internas e agregam pouco valor ao produto ou serviço. O responsável pelos resultados é o principal executivo, que, em geral tem o título de presidente.

Outra característica das estruturas funcionais é que elas costumam ser mais eficientes em ambientes estáveis e quando um desempenho estável é desejável, pois elas dificultam a coordenação geral e o ambiente estável a facilita. Com mudanças rápidas no ambiente, como tem acontecido no passado recente, o esforço de coordenação fica grandemente ampliado, e esta estrutura tende a ser adequada apenas para empresas com pouca diversificação, em geral de pequeno porte. Ela tem, porém, a vantagem de proporcionar um custo relativamente baixo nos casos em que é eficaz. Assim, continuará sendo usada em empresas pequenas, ou mesmo médias, com pouca diversificação.

1.16.5 A estrutura divisional

A estrutura divisional, idealizada por Alfred Sloan na General Motors, é caracterizada pela criação de unidades, que operam com relativa autonomia, denominadas centros de resultado, organizadas por produto, área geográfica ou clientela. O lucro ou prejuízo é apurado para cada unidade, isto é, para cada produto ou cada região. O que caracteriza a estrutura divisional não é o fato de não ser departamentalizada no primeiro nível pelo critério funcional e sim a autonomia com que operam os órgãos no primeiro nível. A esses órgãos, que podem ser chamados divisões, é delegada uma autoridade impossível de ser outorgada a uma função. Cada chefe de divisão é responsável pelos resultados da sua unidade. Em alguns casos, são empresas autônomas, que operam sob a orientação de outra empresa, chamada *holding*, que as controla acionariamente e estabelece e cobra resultados.

Figura 1.9 • Estrutura divisional de uma empresa de grande porte departamentalizada por área geográfica

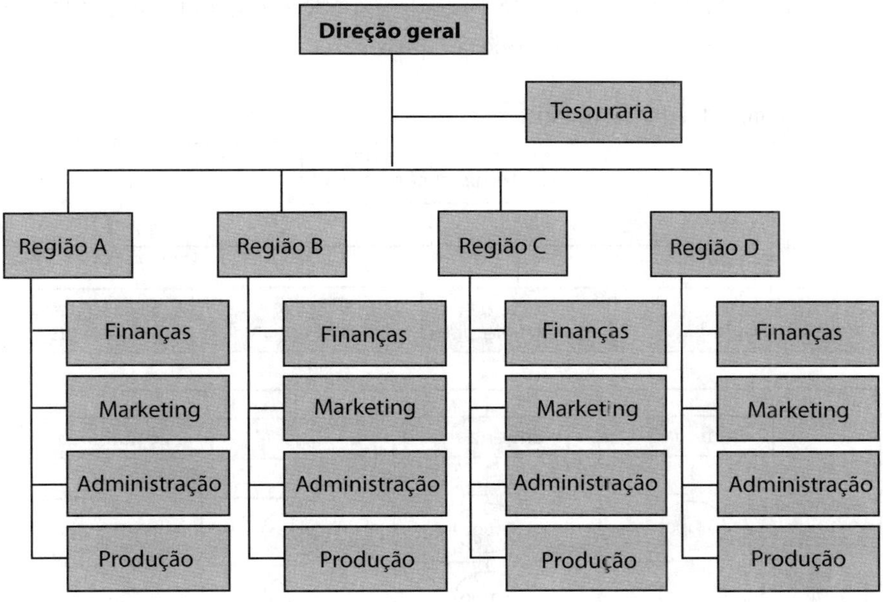

1.16.6 A estrutura matricial

A estrutura matricial baseia-se na divisional, com a diferença de que cada centro de resultado tem um prazo de duração limitado e se constitui, assim, em um projeto. Além disso, os responsáveis pelos projetos recebem apoio e orientação de órgãos funcionais centrais permanentes, que opinam também na alocação dos recursos humanos pelos diversos projetos. A estrutura matricial representa um passo adiante na flexibilidade necessária a partir do final do século XX. Trata-se de uma estrutura intermediária entre as tradicionais e as chamadas pós-modernas. A base da estrutura matricial é o projeto, que é a unidade da estrutura, e se constitui em centro de resultado.

Estrutura matricial

É a estrutura de organização, na qual existem dois tipos de órgãos, os órgãos principais de trabalho, os projetos, com vida limitada à duração do projeto, e os órgãos de apoio funcional, permanentes, que apoiam os projetos e os orientam em assuntos muito especializados, atuando principalmente em termos normativos e na qualidade de prestadores de serviço. Os empregados são deslocados de um projeto para outro com relativa flexibilidade.

O tempo de vida de cada projeto é limitado à duração do contrato que lhe deu origem. A organização é, portanto, temporária e provisória.

Figura 1.10 • Exemplo de estrutura matricial

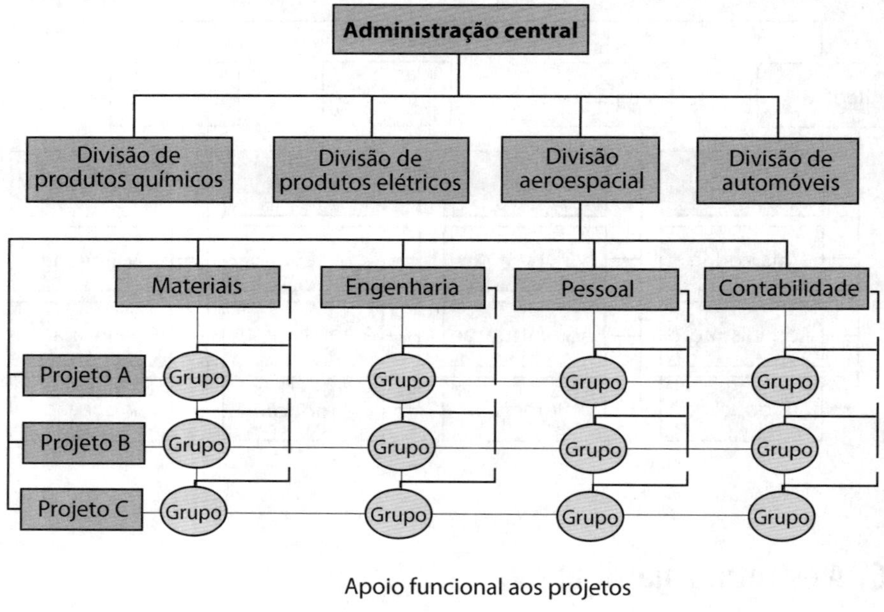

O organograma da Figura 1.10 mostra uma empresa estruturada de forma divisional, com quatro centros de resultado, em que uma das divisões usa a estrutura matricial. Nessa divisão, temos quatro áreas funcionais: contabilidade, materiais, engenharia e pessoal; além disso, estão mostrados três projetos, que denominamos A, B e C. Cada uma das áreas funcionais dá apoio a todos os projetos.

Essa estrutura é muito usada pelas empresas de construção civil, de construção naval, de consultoria, de pesquisa, de televisão, de cinema e muitas outras. É cada vez maior o número de empresas que a adota.

1.17 Delegação, centralização e descentralização

1.17.1 Delegação de autoridade

Fayol enunciou o princípio da exclusividade da responsabilidade que diz que ninguém se livra, por meio da delegação, da sua própria responsabilidade pelas atividades dos subordinados. Isso significa que mesmo que um chefe tenha delegado uma atividade, continuará responsável por ela perante a própria chefia. Assim, ao delegar uma atividade, o chefe deve zelar para que o que foi delegado seja executado da forma desejada.

Outro ponto a ser salientado é que delegação não é a mesma coisa que descentralização. A delegação é um dos instrumentos para descentralizar. Delegar significa atribuir a outrem, no todo ou em parte, a responsabilidade pelo planejamento, decisão ou execução de alguma coisa. Descentralizar requer a delegações extensivas e sistemáticas ao longo da cadeia hierárquica.

Etapas do processo de delegação

O processo de delegação abrange as seguintes etapas:

1. **Definição das metas:** determinação com clareza do que se deseja alcançar e do que se espera de quem recebeu a delegação.
2. **Delegação da permissão para agir:** determinação da autoridade para assumir compromissos, empregar recursos e praticar os atos necessários para cumprir o que se espera e para alcançar as metas.
3. **Criação da obrigação de executar o que foi delegado da forma esperada:** responsabilidade de quem recebeu a delegação de cumprir as tarefas da melhor forma possível e prestar contas dos resultados.

4. Criação da obrigação de avaliar a execução: responsabilidade de quem delegou de exigir informações sobre o andamento do trabalho, isto é, a prestação de contas dos resultados, bem como avaliar esses resultados e, quando necessário, orientar a execução e motivar os executantes.

Na primeira etapa, deve-se indicar com clareza ao que recebeu a delegação aquilo que se espera dele em termos de prazo, qualidade, quantidade e, se necessário, custo.

Na segunda, define-se o que ele tem permissão para fazer e, se necessário, o que não tem. Quem recebeu uma delegação precisa saber até onde lhe é permitido agir, que recursos, humanos, financeiros e materiais está autorizado a empregar, que atos pode e não pode praticar.

Na terceira, fica caracterizada a obrigação do que recebeu a delegação de cumprir o que dele se espera da melhor forma possível, como também a obrigação de prestar contas dos resultados obtidos e, se for o caso, das dificuldades que está encontrando para cumprir o que lhe foi determinado. À medida que forem surgindo dificuldades, a chefia precisa ser informada, para não ser surpreendida com um não cumprimento quando não for mais possível corrigir os problemas.

A quarta etapa explicita a obrigação daquele que delegou de exigir informações sobre o andamento do trabalho ou dos resultados das decisões delegadas, isto é, exigir a prestação de contas dos resultados, avaliar esses resultados e, quando necessário, orientar, treinar e motivar os que receberam a delegação, explicando a melhor forma de agir, empenhar recursos etc.

Delegar não é abdicar!

Um problema crítico para qualquer administrador é estabelecer o que ele pode e deve delegar e o que deve fazer pessoalmente. Se tentar fazer boa parte do que deveria delegar, acabará absorvido em um emaranhado de detalhes, sem tempo para estudar ações e decisões, causando perda de qualidade nessas ações e decisões. Por outro lado, se delegar o que deveria fazer ou decidir, acabará com sua liderança contestada e, possivelmente, com decisões incoerentes.

O que pode ser delegado?

- Detalhes e rotinas.
- Dia a dia das operações.
- Assuntos que dizem respeito apenas a um subordinado.
- Algumas decisões. Quais? Como avaliar que decisões devem ser delegadas?

Como avaliar que decisões podem ser delegadas?

1. Qual é o grau de importância da decisão?
   - Alcance da decisão no futuro.
   - Fatores qualitativos e quantitativos que entram em sua composição.
   - Impacto sobre os resultados econômicos e financeiros da organização.
   - Impacto sobre outras funções da organização.
   - Impacto sobre a imagem da organização na comunidade e nos clientes.
   - Periodicidade com que é tomada.
2. As pessoas que ocupam posições de comando nos escalões que poderiam assumir a decisão têm competência para decidir? Estão motivadas para isso?
3. Há necessidade de decisões rápidas adaptadas às peculiaridades ou variáveis locais?
4. Os objetivos, políticas, normas, práticas e atribuições estão bem definidos e divulgados?

O que não pode ser delegado

O administrador pode pedir aos subordinados que obtenham informações, estudem alternativas e façam recomendações, mas não pode delegar as decisões finais sobre planejamento, organização, coordenação, motivação, comando e controle das atividades que lhe cabem, bem como sobre as que se referem à admissão, demissão e promoção dos seus subordinados diretos.

1.17.2 Centralização e descentralização

Centralização

Centralização é a sistemática e consistente reserva de autoridade em pontos centrais da organização. Centralização significa que a maioria das decisões relativas ao trabalho que está sendo executado não é tomada por aqueles que o executam, mas em um ponto mais alto da organização.

Fayol disse: "O que contribui para aumentar a importância do papel do subordinado é descentralização; o que contribui para reduzi-lo é centralização".

Nem centralização nem descentralização devem ser levadas às últimas consequências: é indispensável um equilíbrio. O grau ideal de descentralização é específico para cada organização.

Vantagens da descentralização

- Liberar a direção superior de grande quantidade de pormenores.
- Resolver problemas específicos com maior rapidez (pequenas decisões junto ao local da execução onde se encontram as informações para isso).
- Estimular:
  - a iniciativa;
  - o senso de responsabilidade;
  - a motivação;
  - a identificação com a organização.
- Proporcionar:
  - treinamento prático e confiança;
  - oportunidade de avaliação;
  - comunicação com as demais áreas e aumento da visão de conjunto.

Riscos da descentralização

Decisões erradas por:

- Falta de visão de conjunto ou de informação sobre outras áreas.
- Falta de competência.
- Falta de identificação com a organização, levando a:
  - negligência e desinteresse;
  - corrupção;
  - defesa de interesses pessoais;
  - luta pelo poder.
- Incoerência com outras decisões tomadas por outras pessoas.
- Falta de controle que proporcione informações sobre problemas em relação ao que foi delegado.
- Falta de compromisso com as consequências.

1.17.3 Amplitude de supervisão

Amplitude de supervisão é o número de subordinados de um chefe com autoridade de linha. Isto é, com o direito de dar ordens aos subordinados. Quanto maior a amplitude de supervisão média em uma empresa, menor a necessidade de níveis hierárquicos. Essas duas variáveis devem ser consideradas em conjunto ao se montar a estrutura organizacional. A tendência atual tem sido no sentido de se aumentar a amplitude de supervisão e de se diminuir o número de níveis.

Um chefe com grande número de subordinados, *ceteris paribus*, deverá ter maior dificuldade para assegurar supervisão adequada a todos, mas a contrapartida, no caso de uma grande estrutura organizacional, seria o aumento do número de níveis hierárquicos, que ocasiona muitos problemas.

O aumento das facilidades de comunicação tem permitido o aumento da amplitude de supervisão, com consequente redução no número de níveis.

1.18 Comitês e grupos de trabalho

1.18.1 Grupos de trabalho

O que caracteriza o grupo de trabalho, que também pode ser chamado de grupo de estudos e grupo tarefa, é sua transitoriedade, isto é, é temporário. Destina-se a concluir a respeito de assuntos específicos. Seus membros são nomeados, podendo ser, também, designados em função de negociações entre diversos grupos interessados. Devem ter um objetivo a ser alcançado e tendem a desaparecer após atingirem esse objetivo. Em alguns casos, esses grupos podem retardar o objetivo para evitar sua extinção. Isso pode ser evitado com o uso de incentivos para o término da missão.

1.18.2 Comitês

1.18.2.1 Definição

Comitê é um órgão constituído por pessoas lotadas em unidades diferentes da organização, que formam um grupo paralelo à estrutura organizacional, com a finalidade de estudar assuntos, situações, ou problemas, ou realizar trabalhos, que não estejam dentro do âmbito e das responsabilidades de cada uma dessas unidades organizacionais, mas que são de interesse comum a elas. Em princípio, o comitê deve chegar a conclusões e relatá-las a uma pessoa de alto nível a quem competirá ratificar essas conclusões e tomar as decisões cabíveis.

O comitê não está inserido dentro do princípio da cadeia escalar, que abrange os demais órgãos. No entanto, está vinculado a um executivo de alto nível da organização, em geral um diretor, ao qual deve prestar contas. O que caracteriza o comitê é que seus membros estão lotados em órgãos diferentes e são grupados no comitê com uma finalidade específica. Portanto, nunca se deve criar um comitê para se incumbir de assuntos que cabem a um órgão determinado.

1.18.2.2 Vantagens dos comitês

- Complementaridade de conhecimentos, experiências, culturas e percepções, resultando em soluções melhores.
- Aumento da motivação via participação.
- Coordenação e comunicação melhores.
- Rapidez de informação.
- Maior cooperação na implantação das conclusões.
- Treinamento e avaliação dos membros.
- Integração da equipe.
- Maior garantia de continuidade.

A principal vantagem do comitê é a expectativa, quase sempre satisfeita, de soluções melhores devido à complementaridade de conhecimentos e percepções (ver seções 4.4 e 8.7, dos capítulos 4 e 8). O velho ditado que diz que "duas cabeças pensam melhor que uma" é válido. Se reunirmos várias pessoas de formações diversas para concluir sobre assuntos interdisciplinares, deveremos ter soluções superiores em virtude da diversidade de experiências, percepções, necessidades e até mesmo de valores.

É fato conhecido que a participação aumenta a motivação para produzir e contribui para a integração das pessoas. Os comitês são úteis para isso.

O aumento da comunicação entre membros, por meio da participação nas reuniões e dos contatos pessoais que o comitê proporciona, conduz a uma facilidade maior nas coordenações formais e informais necessárias.

As informações sobre os debates e as conclusões do comitê para os que têm de pô-las em execução tendem a ser mais rápidas, pois todos os que participaram do comitê estão a par do assunto, permitindo maior velocidade na divulgação.

Existe maior cooperação para implantar as decisões, pois os que participaram dos debates sabem as razões que levaram às conclusões, aumentando a disposição para cooperar na implantação.

O comitê serve como instrumento para treinar e avaliar seus membros. De certa forma, todos estão sendo permanentemente avaliados e treinados.

O maior conhecimento entre as pessoas, pelos contatos nas reuniões, leva a uma integração maior entre elas, que é útil à empresa e facilita a coordenação.

Se muitos participam dos debates e das conclusões, tende a haver maior continuidade administrativa. Quando uma pessoa decide sozinha, geralmente só ela sabe as razões que levaram à decisão e seu eventual afastamento do poder facilita mudanças ou reversões indevidas.

1.18.2.3 Desvantagens dos comitês

- Responsabilidade dividida.
- Custo elevado.
- Deliberações lentas.
- Riscos de soluções de meio termo (acordos).
- Eventuais riscos para a hierarquia.
- Pequenos riscos de desintegração da equipe.

A responsabilidade dividida é uma séria desvantagem dos comitês. Diz o ditado: "a vitória tem muitos pais e a derrota é órfã". Se uma decisão se comprova acertada, todos os que colaboraram para ela se vangloriam de serem seus autores. O contrário ocorre se ela se prova errada. Há quem diga que se criam comitês para eximir os executivos de suas responsabilidades. Na realidade, os executivos que tendem a fugir das responsabilidades sempre acharão subterfúgios para isso, seja um comitê ou outro instrumento. Mesmo assim, é preciso tomar cuidado com a possibilidade de não se ter nenhum responsável por uma decisão errada.

Outra desvantagem dos comitês é seu custo elevado. Um comitê tende a absorver um recurso escasso e caro nas organizações: o tempo dos executivos. É preciso considerar, porém, o custo alternativo de uma decisão errada por não terem dela participado os que deveriam. Trata-se de novo da relação custo–benefício.

Se juntarmos muitas pessoas com conhecimentos e percepções diferentes, devemos, em princípio, chegar a soluções melhores, mas corremos o risco de levarmos muito tempo até obtermos uma conclusão aceita por todos. Este é um preço alto que se paga para se chegar à conclusão adequada. Os críticos de comitês costumam dar muita ênfase a esse aspecto. Considerando que o tempo dos executivos é um recurso caro e escasso, essa deficiência fica acentuada.

Outro risco é o de não se chegar a uma solução que seja aceita pelos membros, obrigando a uma solução de meio-termo, ou seja, de acordo político. Não se pode dizer que isso seja sempre ruim, porém, se o acordo se faz, não no interesse da empresa, mas em função de interesses de grupos representados no comitê, o resultado será indesejável para a empresa. Antes de se chegar a uma solução política, deve-se procurar lidar criativamente com o conflito. "Existem três maneiras de se lidar com o conflito: dominação, conciliação e integração. A dominação é a vitória de um lado sobre o outro. A conciliação é a solução política de meio-termo acima descrita. A integração é o encontro de uma solução em que ambos encontram um espaço. Nenhum lado teve de sacrificar coisa alguma."[28] A integração envolve uma solução criativa, ou a eliminação de barreiras psicológicas. O trabalho de Mary Parker Follet é muito atual, apesar de ter sido escrito há mais de sessenta anos (ver Seção 4.5, do Capítulo 4).

Uma empresa burocrática com excesso de comitês pode chegar a ponto de criar alguns riscos para a hierarquia, uma vez que os comitês não estão enquadrados no princípio da cadeia escalar, podendo minar a autoridade dos executivos de linha. Por isso, esse instrumento deve ser usado com comedimento.

Finalmente, há um pequeno risco de desentendimentos na equipe, que podem extrapolar o âmbito do comitê, se houver elementos desintegradores e o coordenador não tiver habilidade para conduzir os conflitos. Esse risco é inerente à existência de qualquer grupo. Pode-se eliminá-lo, ou atenuá-lo, procurando escolher para o comitê pessoas com disposição para cooperar e nomear um coordenador com capacidade de liderança para resolver os conflitos de forma positiva.

1.18.2.4 Comentários jocosos sobre comitês

Quando disseram a Charles Kettering que Lindenberg tinha atravessado o Atlântico Norte sozinho, ele respondeu:

Eu ficaria mais surpreso se ele tivesse atravessado com um comitê.

Charles Kettering

Comitê: grupo de pessoas que leva uma semana para fazer o que uma só pessoa faria em uma hora.

Elbert Hubbard

---

[28] FOLLET, Mary Parker. *Profeta do gerenciamento* – conferências selecionadas para a Harvard Business Review. Tradução brasileira: Rio de Janeiro, RJ: Qualitymark, 1997. p. 71 e seg.

> Se você quiser matar aquela ideia, crie um comitê para trabalhar nela.
>
> *Lei de Kettering*

> Reunião??? Só depois de tudo resolvido.
>
> *Benedito Valadares*

> Só existe uma coisa pior que sonhar que você está em um colegiado: é despertar e ver que você está no colegiado e que nesse colegiado você não pode dormir.
>
> *Czecinsky*

1.18.2.5 Precauções ao se criarem comitês

- Não criar comitês para deliberar sobre assuntos específicos de uma unidade.
- Estabelecer os objetivos.
- Definir a forma de "output" desejada.
- Definir a quem cabe responsabilidade pela decisão e a forma de deliberação.
- Nomear coordenador.
- Limitar o número de membros.
- Determinar prazos para cada objetivo.
- Selecionar membros compatíveis com os objetivos estabelecidos e que tenham espírito de colaboração, evitando membros desagregadores de relacionamento difícil.
- Limitar o número de comitês existentes.
- Organizar as reuniões e a secretaria.
- Estabelecer parâmetros para avaliar a eficácia do comitê.

Newman identifica as seguintes condições favoráveis e desfavoráveis à criação de comitês:

Condições favoráveis:

1. Grande variedade de informações é necessária para se chegar a uma conclusão adequada.
2. A decisão é de tal importância que se deseja obter o julgamento de várias pessoas qualificadas.

3. O êxito do cumprimento das decisões depende da perfeita compreensão de todos os seus aspectos.
4. As atividades de três ou mais divisões necessitam ser ajustadas frequentemente para assegurar coordenação.

Condições desfavoráveis:

1. A rapidez é fator essencial.
2. A decisão não é de grande importância.
3. Não se dispõe de pessoal capaz de contribuir para a decisão.
4. O problema é mais de desempenho do que de decisão.[29]

Termos-Chave

Ver significado desses termos no site do livro.

Administração
Administrador
Ambiente externo da organização
Amplitude de supervisão
Autoridade de fiscalização
Autoridade de linha
Autoridade funcional
Centralização
Comitê
Comportamento organizacional
Controlar
Controle
Coordenar
Delegar
Departamentalização

[29] NEWMAN, William H. *Ação administrativa*. 3. ed. São Paulo: Atlas, 1970. p. 252 e 253.

Departamentalização funcional
Departamentalização por clientela
Departamentalização por produto
Departamentalização por região
Descentralização
Divisão de trabalho
Especialização
Estrutura divisional
Estrutura funcional
Estrutura matricial
Funções do administrador
Grupo de trabalho
Habilidade conceitual
Habilidade humana
Habilidade técnica
Liderar
Macroambiente
Microambiente
Organização
Organização formal
Organização informal
Organizar
Organograma
Planejamento
Planejar
Plano
Prover recursos humanos
Relação de assessoria
Relação de prestação de serviços
Stakeholder
Troca
Visão sistêmica

Casos para Debate em Sala de Aula

Quem devemos promover?

Você é o gerente de fabricação de uma empresa. O chefe da seção de tornos pediu demissão. A seção tem oito torneiros. O torneiro Alberto, com 37 anos e nove de trabalho na empresa, é de longe o mais competente. Alguns serviços mais difíceis só ele consegue fazer, mas não tem bom relacionamento com os colegas, faltam-lhe as habilidades humanas. Se você promovê-lo, corre o risco de ganhar um mau chefe de seção e de perder um bom torneiro. Se promover o torneiro José, com 29 anos, seis de empresa e nível de competência técnica adequado, pode conseguir um bom chefe de seção, pois sobram-lhe as habilidades humanas, mas Alberto jamais aceitará esse fato e com certeza acabará saindo. Os demais torneiros não teriam condições de serem promovidos.

Sucessão em empresa familiar

Carlos fundou, há quarenta anos, quando ainda jovem, a empresa *Nordestina Representações e Comércio Ltda.*, e lutou muito para conseguir fazê-la progredir até obter representações de vendas de boas empresas que deram a estabilidade desejada.

Há 25 anos, seu sobrinho Antônio, na época com 20 anos, foi trabalhar na empresa, revelando-se, desde o início, um colaborador dedicado e honesto, além de ter grande capacidade de inovar e adaptar a empresa às necessidades do mercado e das mudanças tecnológicas. Por isso, foi progressivamente assumindo posições de maior responsabilidade até chegar a ser a segunda pessoa em importância na empresa logo depois do tio.

Há um ano, com 70 anos, Carlos resolveu dedicar-se à fazenda que possui, deixando a empresa nas mãos de Antônio.

A empresa progrediu muito neste ano sob a direção de Antônio, aumentando muito o número de clientes, o faturamento e o lucro e melhorando a liquidez.

Ocorre que Mateus, filho de Carlos, não se conforma em ter de obedecer às ordens de Antônio, fazendo de tudo para boicotá-lo. No fundo, ele quer assumir o lugar de Antônio. Mateus, embora muito inteligente, sempre foi um "boa-vida", tendo agora 30 anos. Começou na empresa há três anos, depois de tumultuado curso universitário e muita vida social noturna, mas revelou boa disposição para produzir e teve boa atuação enquanto o pai estava à frente do negócio. Jura que está regenerado e que a empresa deve ficar com ele. O *know--how*, porém, é de Antônio, que tem o apoio de uma das duas irmãs de Mateus. Carlos e a mulher ficam constrangidos em tomar partido, mas terão de assumir uma posição.

Quem deve ser chefe da seção de tornos?

Você é o gerente de fabricação da empresa e há duas semanas demitiu seu chefe da seção de tornos por não ter controle sobre os subordinados, que já não o respeitavam mais. Pediu à seção de recrutamento e seleção que conseguisse candidatos externos, alegando que seus torneiros não teriam condições de ser promovidos. Foram-lhe apresentados quatro candidatos:

José Carlos, solteiro: 26 anos, mora a uma distância a pé da empresa. Tem sete anos de experiência em torno. Possui o segundo grau em escola técnica de bom nível e fornece informações de ser excelente torneiro. Nunca exerceu cargo de chefia. Parece ter bom relacionamento e facilidade de comunicação. Parece ser psicologicamente equilibrado.

Arídio: 30 anos, casado, um filho recém-nascido. Já foi encarregado duas vezes. Tem 12 anos de experiência profissional, sendo oito como torneiro e quatro como encarregado. Parece ser equilibrado e com bom relacionamento. Não tem curso técnico de segundo grau. Fez o curso do Senai e aprendeu na prática.

Renato: 51 anos, casado, em segundas núpcias, dois filhos do primeiro casamento. Já foi encarregado quatro vezes. Tem 33 anos de experiência profissional. Sabe literalmente tudo sobre tornos e fresadoras. É um pouco gordo e aparenta um pequeno cansaço, mas garante que tem boa saúde (a ser comprovada em exame médico da empresa).

Yvonete: 42 anos, casada, três filhos. Já foi encarregada em uma empresa durante sete anos, com bons resultados. Saiu porque a empresa estava reduzindo suas atividades. Tem 25 anos de experiência profissional, fez curso técnico e é considerada excelente torneira e fresadora. Aparentemente, é muito exigente consigo mesma e com os outros. Parece ser equilibrada, muito meticulosa, gosta de saber detalhes de tudo. Quer saber, desde o princípio, o que a empresa oferece e quais são suas obrigações. Tem receio de discriminação sexual.

Devemos ouvir o encarregado?

O encarregado da fabricação procura o diretor industrial com uma ideia que diz que economizará centenas de milhares de reais por ano para a empresa. Diz que tentou expor sua ideia ao gerente de produção, mas ele a descartou sem ouvi-la. Embora tenha vindo ao diretor sem avisar ao gerente, acha que a importância da ideia torna sua atitude necessária. Como você lidaria com esta situação se fosse o diretor industrial?

Julgamento coletivo?

Comente a seguinte afirmação:

"Não acredito em julgamento coletivo. Se a estrutura organizacional foi definida de forma precisa e adequada, uma só pessoa deve decidir. Se ela quiser o conselho de outras, pode obtê-lo procurando-as e conversando com elas sem precisar de reunião. Criar um comitê é um meio de fazer que um executivo abdique dos seus deveres e não assuma suas responsabilidades. Além disso, é uma forma cara de resolver problemas, pois utiliza em excesso um recurso escasso e caro: o tempo dos executivos."

Dificuldade de Moisés em delegar

A existência de relato no Êxodo sobre a dificuldade de Moisés em delegar sugere que Moisés deve ter sido um líder centralizador. Em sua opinião, por que Moisés não havia delegado mais autoridade antes do encontro com Jetro? Que aspectos do plano de Jetro tornaram Moisés mais propenso a delegar?

Contestação de Mintzberg

Comente a seguinte afirmação:

"Os ensinamentos clássicos dizem que o gerente organiza, coordena, planeja e controla. Os fatos sugerem algo diferente: eles passam seu tempo em negociações, contatos telefônicos, reuniões, visitas, encontro com subordinados e contatos externos. Não há tempo para planejamento ou para lazer. Em suma: o gerente pode apenas reagir às pressões ditadas pela função que ele exerce."

O eterno problema da sucessão

Paulo é o presidente de uma sociedade anônima há dez anos. Durante sua gestão, a empresa progrediu bastante, graças a sua competência e capacidade de trabalho, apesar do seu estilo centralizador. Nos últimos dois anos, talvez em função do aumento da empresa e da idade de Paulo, 65 anos, a empresa começou a diminuir sua posição relativa no mercado em que atua. O conselho de administração concluiu que talvez seja o momento de substituir o presidente, mas a escolha é difícil. Os dois melhores diretores demitiram-se nos últimos cinco anos em virtude de desavenças com Paulo que gosta de impor seu ponto de vista e seu estilo de gestão. Os diretores atuais não parecem estar preparados para assumir a presidência. Contratar alguém de fora seria perigoso, pois a empresa é complexa e o novo presidente correria o risco de rejeição pelos executivos de topo.

Paulo gostaria que seu sucessor fosse o atual diretor de produção que ele contratou há três anos. O atual mandato de Paulo termina dentro de quatro meses. Os membros do conselho se dividem entre as seguintes alternativas:

1. Contratar um diretor externo de alto nível para assumir em quatro meses e deixar Paulo no conselho para ajudá-lo na sua integração à empresa.
2. Deixar Paulo à frente dos negócios por um mandato de mais um ano enquanto se procura com calma um executivo de alto nível que assumiria a presidência em um ano e quatro meses, considerando o prazo relativamente curto para se encontrar a pessoa ideal.
3. Aceitar a sugestão de Paulo e nomear o diretor de produção.
4. Nomear o diretor de marketing para a presidência, considerando que quase todos os conselheiros o consideram mais capacitado que o diretor de produção para assumir a principal posição da empresa.
5. Comente as essas quatro alternativas e relate os prós e contras de cada uma. Escolha uma das alternativas e a justifique.

Centralização dos assuntos jurídicos

Um fabricante de plataformas marítimas de extração de petróleo tem um diretor jurídico competente e consciencioso, um advogado com vínculo empregatício e tempo integral na empresa, que tem outros três advogados como assistentes. Recentemente, o diretor jurídico propôs que ele deveria aprovar todos os principais contratos antes que fossem assinados e que os executivos da empresa que quisessem conselhos na área jurídica deveriam contatá-lo e não um dos seus assistentes. Ele dizia que os contratos da empresa eram complexos e apenas com a análise prévia de uma pessoa de alto nível seria possível assegurar que tais assuntos estavam sendo conduzidos adequadamente.

Você acha que esta proposta deveria ser aceita? Por quê?

Que efeito a proposta teria na influência e no poder do consultor jurídico em relação:

a) aos demais executivos da empresa;

b) a seus próprios assistentes.

Analise os prós e contras desta proposta e as variáveis que deveriam ser consideradas na sua aceitação ou não.

Chefe centralizador

Ademir é supervisor de controle de qualidade da linha de produção. A característica mais marcante do seu estilo de chefia diz respeito ao fato dele ser muito centralizador. Sua mesa de trabalho está sempre cheia de pastas e processos, assim como as gavetas de sua mesa. Não é raro levar tarefas para fazer em sua residência, principalmente nos fins de semana. Seu superior, várias vezes, observou que Ademir demora muito tempo para tomar decisões ou opinar sobre problemas muito simples com os quais a empresa se defronta. Os processos ficam parados na sua mesa até que ele tenha tempo para se inteirar do assunto e propor a decisão que julga ser correta. Por outro lado, não são poucas as vezes em que Ademir observa seus subordinados parados, sem tarefas para executar.

Quando questionado por que não delegava tarefas para eles executarem, Ademir respondeu que eles não tinham competência para executá-las. Também não confiava nas habilidades de seus subordinados. Apesar de Ademir estar consciente das vantagens da delegação de autoridade, ele continuava centralizando o poder.

Com base na situação exposta, responda:

a) Quais são os riscos e as barreiras de um processo de delegação de autoridade?

b) Que vantagens Ademir pode usufruir ao exercer a delegação de autoridade na sua empresa?

(Exame Nacional de Cursos – 1997)

Atraso na entrega do produto

O gerente de armazenagem e expedição de uma empresa que produz artigos eletrônicos recebe, às duas horas da tarde, um telefonema de um vendedor, solicitando que entregue com urgência o pedido de um cliente muito importante, salientando que o cliente vai precisar do material às seis horas. Imediatamente, o gerente delega o trabalho de preparar a expedição e carregar o caminhão de entrega a dois empregados do armazém, deixando claro que devem terminar o trabalho às cinco horas, para que o transportador possa entregá-lo ao cliente antes das seis. Embora três horas seja mais que suficiente para executar a ordem, os dois homens só tinham carregado dois terços do caminhão até as cinco horas. Pergunta-se:

a) Quem é o responsável pelo fato do cliente não receber o pedido a tempo?

b) Quem tinha a obrigação de executar a expedição?

c) O que falhou neste processo?

d) O que deveria ter sido feito para impedir a falha?

e) Diante deste fato, o que deve fazer o gerente?

As empresas existem para ter lucro?

Em sua opinião, as empresas existem para ter lucro, ou o lucro é um meio indispensável à empresa para que ela possa se desenvolver e produzir um bem ou prestar um serviço à sociedade? Discuta o papel do lucro no contexto das grandes empresas.

Distribuição de dividendos

Considerando que os sócios ou acionistas são os donos da empresa, o que você acha da política de distribuir sob forma de dividendos todo o lucro obtido e deixar a decisão de investir ou não na empresa a critério dos seus donos? Em que situação isto seria viável? Por quê? Exemplifique.

Exercícios

1. De que forma os trabalhos gerenciais, isto é, as atividades de administrar, diferem do trabalho técnico das pessoas que não têm posição de chefia? Em termos da forma de obter resultados, o que diferencia o administrador do técnico que não tem subordinados?
2. Explique por que um excelente marceneiro, ao ser promovido a supervisor de marcenaria, pode não dar certo na nova função, ou, do mesmo modo, por que um ótimo economista pode ser um mau gerente do departamento econômico.
3. Explique como variam, nos diversos níveis hierárquicos existentes em uma empresa, as necessidades de habilidades técnica, humana e sistêmica e por quê.
4. Comente a seguinte afirmação: "Nossa empresa não pode ter uma estrutura formal de organização, porque as mudanças no ambiente e na empresa são tão rápidas que inviabilizam qualquer tipo de estruturação, pois não convém formalizar uma situação que não vai durar muito tempo, pela inflexibilidade que isso acarretaria."
5. Comente a seguinte afirmação: "Sou pessoalmente contra a existência de organogramas. Na minha empresa, eles são proibidos, pois formalizam situações e tiram a flexibilidade da estrutura, dificultando sua modificação quando se torna necessária."
6. Comente a seguinte afirmação: "Sou contra a existência de órgãos de assessoria. As atividades de assessoria deveriam ser prestadas pelos próprios chefes dos órgãos de linha subordinados ao executivo que precisa da assessoria. Contratar um assessor é uma forma garantida de aumentar custos e criar confusão na estrutura organizacional, sem benefícios que justifiquem esse custo."

7. Você é o gerente de fabricação de uma empresa industrial e reporta-se ao diretor industrial. Ao programar os serviços a serem executados junto com o gerente da engenharia da produção, você verifica que dentro de quarenta e oito horas não terá mais condições de trabalhar, porque alguns materiais fornecidos por terceiros, que podem ser obtidos mediante pronta-entrega, não foram encomendados pela gerência de compras, a qual se reporta ao diretor administrativo. Que providências você tomaria para impedir que a fábrica ficasse parada?
8. Comente a seguinte afirmação: "Já que as pessoas têm de ocupar posições na organização e uma vez que uma organização eficaz depende grandemente das pessoas, o bom administrador é aquele que contrata pessoas competentes e deixa que elas façam o trabalho à sua maneira."
9. Defina o perfil ideal de um administrador com autoridade de linha, isto é, quais as características de personalidade que deve ter uma pessoa para ser um bom chefe com autoridade de linha.
10. Comente a seguinte afirmação: "Considerando as mudanças rápidas e frequentes nos ambientes em que atuam as empresas, prefiro não fazer planejamento algum e ir reagindo às mudanças à medida das necessidades."
11. Comente a seguinte afirmação: "Planejamento é olhar para a frente; controle é olhar para trás."
12. Qual a diferença entre plano e planejamento?
13. O gerente de uma filial de uma loja de departamentos disse que estava *saturado* com as orientações e normas que recebia da administração central. "Se querem que eu administre a loja que me estabeleçam metas de vendas e lucro e me deixem alcançá-las sozinho." Supondo-se que esse gerente seja um executivo competente, por que deveria a alta administração desejar fixar para ele objetivos detalhados? Por que deveria o gerente da filial receber mais orientação, além da meta de lucro?
14. Comente a seguinte afirmação: "Gostaríamos de descentralizar mais, mas nossos níveis gerenciais intermediários e os de supervisão não são capazes de assumir responsabilidades e decisões tão bem quanto seus superiores. Por isso, vamos continuar centralizando as decisões e responsabilidades."
15. Por que organização e coordenação são funções tão interligadas?
16. Mostre a relação entre as pessoas e as organizações. Por que as pessoas se juntam às organizações? Que vantagens elas tiram?

CAPÍTULO 2

CULTURA ORGANIZACIONAL

APRESENTAÇÃO

Neste capítulo, estudaremos em que consiste a cultura organizacional: as diversas formas que podem tomar sua definição e os três níveis em que atuam as culturas: (a) primeiro nível: artefatos visíveis: comportamentos e criações; (b) segundo nível: valores visíveis e conscientes; (c) terceiro nível: premissas básicas.

Veremos como é usada a cultura e como ela pode ser identificada. Verificaremos que ela permeia toda a organização, desde o recrutamento e a seleção de candidatos até os estilos de gestão e as decisões sobre estratégias.

Mostraremos como existem culturas de ramos de negócios e como são criadas subculturas dentro da organização.

A seguir, passaremos à formalização e ensino da cultura e as diferenças entre a cultura oficial e a real quando elas diferirem.

Estudaremos como é difícil mudar a cultura e por quê, bem como o que deve ser feito quando a mudança é indispensável. Abordaremos, a seguir, vários pontos para viabilizar as mudanças.

Concluiremos dizendo que a organização está mais próxima de um organismo que de uma máquina.

2.1 Conceituação

2.1.1 Definição

Toda organização é resultado de como seus membros pensam, sentem e agem. Se não conhecermos a cultura de uma organização, acharemos descabidas muitas decisões tomadas pelos seus diretores e administradores. Muitos mistérios de uma organização tornam-se claros ao conhecermos a sua cultura. As decisões de uma organização são tomadas de acordo com um quadro de referências determinado pela sua cultura. A condução da equipe e as ações realizadas na busca de resultados são condicionadas por essa cultura. É fato amplamente conhecido que as prioridades dos valores variam de uma empresa para outra. Isso dá origem à cultura empresarial ou organizacional. Uma cultura bem-definida garante consistência e coerência nas ações e decisões. A cultura pode ajudar ou dificultar a eficácia da organização e proporcionar melhores ou piores condições para alcançar as metas aprovadas.

Reproduzimos a seguir algumas definições de cultura organizacional:

1. Conjunto de crenças, costumes, sistemas de valores, normas de comportamento e formas de fazer negócios, que são peculiares a cada empresa, que definem um padrão geral para as atividades, decisões e ações da empresa e descrevem os padrões explícitos e implícitos de comportamento e as emoções que caracterizam a vida na organização.
2. Conjunto de valores em vigor numa empresa, suas relações e sua hierarquia, definindo os padrões de comportamento e de atitudes que governam as ações e decisões mais importantes da administração.
3. Crenças em relação ao que é importante na vida e expectativas sobre o comportamento dos membros da organização.
4. Conjunto de crenças e atitudes da organização em relação: à importância das pessoas; à disponibilidade dos administradores; à aceitação do não conformismo; à clareza dos padrões; ao empenho em relação ao treinamento e desenvolvimento das pessoas; à intimidade; aos valores éticos e morais; à competição interna; à orientação para o mercado ou a produção; à comunicação interna; à capacidade de ação e de adaptação às mudanças externas.
5. Conjunto de suposições e valores aceitos sem questionamento pelas pessoas da empresa que determina como elas percebem, pensam e se relacionam com os ambientes externo e interno e como essas suposições e valores orientam as decisões.

6. Um padrão de suposições e valores básicos – inventados, descobertos ou desenvolvidos por determinado grupo, à medida que ele aprende a lidar com seus problemas de adaptação externa e integração interna – que funcionaram suficientemente bem para serem considerados válidos e, portanto, para serem ensinados aos novos membros como o modo correto de perceber, pensar e sentir em relação a esses problemas.[1]

A última definição indica uma das maneiras como pode ser formada a cultura, mas as culturas organizacionais são criadas pelos líderes e uma das principais funções da liderança é a criação, a administração e, se indispensável em uma organização madura, a destruição da cultura, a tal ponto que Edgar Schein diz que liderança e cultura organizacional são duas faces da mesma moeda.

A cultura organizacional está intimamente vinculada às premissas básicas que fundamentam os objetivos gerais, as políticas e as normas de uma organização. A cultura condiciona, portanto, as políticas que orientam as ações e decisões.

Em um contexto mais amplo, o termo cultura pode ser aplicado a qualquer grupo bem caracterizado e definido, não só pequenos grupos, mas também a civilizações, grupos étnicos, países, profissões etc. Assim, dizemos: a cultura do mundo ocidental, a cultura oriental, a cultura brasileira etc.

2.1.2 Os níveis em que atuam as culturas

Há três níveis em que atuam as culturas.

Primeiro nível: artefatos visíveis: comportamentos e criações. Dentro de uma visão ampla, a cultura é vista como os valores e expectativas comuns, da mesma forma que as histórias, lendas, rituais e cerimônias. São apenas sintomas da cultura, seus artefatos visíveis; o que realmente importa são as premissas básicas que estão por trás dessas aparências, isto é, aquilo que justifica os valores e as expectativas. Os sintomas da cultura representam apenas o primeiro nível de sua visibilidade e se manifestam no modo de trajar das pessoas, na maneira de falar, nos níveis de ruído tolerados, no *layout* e na decoração dos escritórios, na formalidade ou informalidade das pessoas, nos seus processos de trabalho, na forma de comunicação, entre outros. Se a organização privilegia o *status*, dará os melhores locais de trabalho às pessoas de nível mais alto. Os sintomas e as formas, pelos quais a cultura se manifesta, são consequências dos valores que governam o comportamento das pessoas.

[1] SCHEIN, Edgar. *Organizational culture and leadership*. San Francisco: Jossey-Bass Publishers, 1985.

Segundo nível: valores visíveis e conscientes. Correspondem às prioridades dadas ao desempenho na função; à capacidade de inovação; à lealdade; à hierarquia; às maneiras de resolver os conflitos e problemas. Esses valores se manifestam também na estrutura organizacional, nas políticas, nas normas, nas estratégias, nas decisões e nos mecanismos para o exercício da autoridade. Enquanto esses assuntos podem ser debatidos, testados e contestados e se passam em nível consciente, fazem parte deste segundo nível. Se eles se tornam inconscientes e automáticos, passam ao terceiro nível.

Terceiro nível: premissas básicas. Essas premissas dizem respeito ao que se pensa sobre a natureza humana; sobre o relacionamento com o ambiente; sobre a natureza das relações humanas e da intimidade entre as pessoas e da atividade humana, do trabalho e do divertimento; da realidade e da ética, os quais constituem o terceiro nível da cultura. Essas suposições e esses princípios não são contestados na organização, sendo, em geral, inconscientes e guiam como as pessoas devem perceber, pensar e sentir sobre tudo. Uma cultura forte permeia toda a organização. Alguns autores denominam paradigma a esse conjunto de premissas básicas que dá origem à cultura. Argyris denominou-as teorias em uso.[2]

2.2 Como a cultura é usada

Os administradores usam a cultura, explicitamente, por meio de credos, políticas e normas de procedimento ou, implicitamente, por meio de práticas e decisões, como recurso para ajudar a definir: a forma como a estratégia de negócio é executada; a natureza de conduta com os seguintes públicos: clientes, órgãos governamentais, comunidades, meios de comunicação, acionistas, consultores especializados, prestadores de serviços; que tipos de pessoas devem ser admitidas na organização e como elas devem ser desenvolvidas; os critérios que determinam o que é desempenho bem-sucedido e quem deve ser promovido; quem progride na organização; os tipos de comportamento que são desencorajados e que conduzem à censura, ao rebaixamento, ou à demissão; os tipos apropriados de relações interpessoais, isto é, cooperação ou competição, individualismo ou colegiados, que estabelecem o "clima" do local de trabalho e o estilo de administração. Tanto as premiações como as punições revelam mensagens fortes sobre a cultura organizacional.

A cultura da empresa é um recurso da administração e pode ser usado para alcançar os objetivos da mesma forma que a tecnologia, os insumos de produção, os equipamentos,

---

[2] SCHEIN, Edgar, 1985. p. 18.

os recursos financeiros e os recursos humanos, bem como para dar aos participantes uma identidade organizacional.

Entre os valores que a organização pode priorizar, em maior ou menor grau, destacam-se o nível de desempenho na função e os critérios para a sua avaliação; a capacidade de inovação e tomada de riscos, de criação e o espírito empresarial; a disciplina, a lealdade, a hierarquia e a tradição; a competitividade, ou, alternativamente, o espírito de colaboração com o grupo; a orientação para o mercado; a capacidade de decidir, de assumir responsabilidades e de cumprir os compromissos assumidos, a orientação para resultados, a orientação para equipes, a atenção aos detalhes. Em função desses e de outros valores, a organização definirá sua tolerância pelo risco e pelos erros e conflitos e qual a forma adequada de tratá-los; sua forma de cobrar e de recompensar o desempenho e os resultados; o nível de formalidade nas comunicações e nos contatos; o grau de exigência de identidade com a organização (sentimento de pertença) e a flexibilidade para aceitar mudanças.

O estilo da administração é, em grande parte, consequência da cultura da organização. Uma visão negativa e pessimista da natureza humana tende a ser associada a um estilo de administração dominado pelos valores de comando e controle. Esse estilo é encontrado em organizações caracterizadas por comunicações de cima para baixo, supervisão autoritária, regras de trabalho inflexíveis e relações adversárias com sindicatos. Considera-se que as pessoas não gostam de trabalhar e que precisam de recompensas e punições para produzir. Trata-se de organizações que atuam nos moldes da teoria X (ver Seção 5.2, do Capítulo 5). Alternativamente, as organizações que acreditam no empenho das pessoas tendem a refletir uma visão mais otimista da natureza humana. O estilo de administração nessas organizações é caracterizado por ampla comunicação nos dois sentidos, regras de trabalho flexíveis e maior participação dos empregados nas decisões. Presume-se que a receptividade às ideias dos trabalhadores e participações em decisões que afetem seus empregos conduz a maior empenho para alcançar os objetivos da organização, bem como para melhorar a qualidade e a produtividade. São organizações que atuam nos moldes da teoria Y (ver Seção 5.2, do Capítulo 5).

Ao recrutar e selecionar candidatos à admissão, a organização procura admitir aqueles cujos valores sejam semelhantes aos seus. Dessa forma, ela diminui as possibilidades de conflitos entre os seus valores e os dos empregados e aumenta a probabilidade do comprometimento de cada um com os objetivos e as decisões da organização, além de facilitar a satisfação do pessoal com o seu trabalho.

2.3 Culturas de ramos de negócios e subculturas da organização

Existem ramos de negócios que têm cultura característica. Se uma empresa possui uma cultura muito diferente da que é característica do ramo em que atua, poderá ter dificuldades para operar de forma adequada. Podemos concluir que as condições do negócio influenciam a cultura da empresa.

Existem, também, subculturas dentro de uma organização: atitudes e pontos de vista diferentes nos escritórios e na área de produção, de pesquisadores e de vendedores, dos gerentes e dos sindicalistas e das chefias de linha e das assessorias. Os executivos de recursos humanos, finanças, operações e vendas, por exemplo, criam, às vezes, subculturas nas suas áreas funcionais. Além disso, empresas multinacionais que atuam fora de seus países de origem muitas vezes assimilam partes da cultura local e as incorporam à sua cultura, criando assim uma cultura híbrida. Nem sempre uma cultura que deu certo em um país dará certo também em outro. Assim, uma forma de negociação que dá certo em um país pode não funcionar em outro. Da mesma forma, um executivo totalmente identificado com a cultura do seu país pode ter dificuldade para atuar com êxito em outro cuja cultura seja muito diferente, podendo mesmo fracassar por causa disso. Um executivo expatriado bem-sucedido ao voltar a seu país será diferente do que saiu.

2.4 Formalização e ensino da cultura

A cultura pode ser explícita ou implícita. Algumas pessoas, mesmo de nível elevado, sequer sabem que sua organização tem uma cultura. Em consequência, não lhes é possível identificá-la e compreendê-la, quanto mais explicitá-la. Assim, algumas organizações não têm uma cultura explícita, mas terão sempre uma cultura, que poderá ser implícita.

A cultura pode ser explicitada por meio de códigos de ética, declarações de princípios, credos, ou, simplesmente, por meio do conjunto das políticas e normas da organização. Quando se explicita a cultura, temos uma *cultura oficial*, que são os valores e ideais estabelecidos pela alta administração, os quais podem coincidir ou não com o que é praticado. A cultura de fato, implícita, penetra de forma mais profunda do que palavras faladas ou escritas. Quando a *cultura real* não coincide com a *oficial*, o que vale é a real. A melhor maneira de se identificar a *cultura real* é observar as preocupações, as decisões e as prioridades da alta administração: as recompensas, as promoções, punições, demissões e as razões que ocasionaram essas decisões. Isso revela a crença e os julgamentos da alta administração mais que qualquer documento escrito.

As organizações podem ensinar sua cultura por meio de documentos escritos, nos quais ela estará explicitada, por meio de mentores ou de reuniões, seminários e palestras para os empregados. No entanto, a forma mais forte de se ensinar a cultura é por meio das ações e decisões administrativas, isto é, pela seleção cuidadosa dos candidatos; orientação sobre a maneira de fazer as coisas, por meio de normas e de treinamentos; pela abertura de "canais" para promoção e divulgação dos valores e princípios da organização; pela implantação de um sistema bem-definido de aferição de resultados e premiação de desempenhos; pela exigência de cumprimento dos valores mais importantes da organização; pela ênfase e reforço de aspectos do folclore da organização; e pelo reconhecimento do mérito dos profissionais que se destacaram e que se deseja que sirvam de exemplo aos demais.

Além disso, as empresas podem escolher quem deve treinar seu pessoal, quem deve conduzir os seminários, que tipo de revistas e de jornais técnicos é circulado pelos administradores que ensinam e reforçam a cultura da empresa.

Algumas empresas que praticam o treinamento por meio de mentores podem incutir sua cultura empresarial nos empregados jovens por meio desses mentores.

2.5 Administração e mudança da cultura

Uma das maiores dificuldades que uma organização pode encontrar é mudar sua cultura. Deve-se lembrar de que as decisões sobre as pessoas que foram admitidas se basearam, implícita ou explicitamente, na cultura existente e as pessoas que permaneceram na organização foram as que já possuíam ou se adaptaram ou aceitaram os valores e princípios em vigor. Essas pessoas devem permanecer na organização, a não ser que fracassem em algo importante. Uma pessoa totalmente identificada com esses valores pode ter dificuldade em criticá-los ou aceitar outros. Assim, mudar a cultura significará mudar a forma de pensar e agir das pessoas e, em alguns casos, substituí-las. A mudança de cultura desafia hábitos enraizados de pensamento e ação.

Em culturas fortes, o pessoal da organização tende a agir na mesma direção para reforçar e continuar a cultura. Se isso é positivo em situações estáveis, será um problema quando houver necessidade de mudança. Portanto, seja para transmitir, como para reforçar ou para mudar a cultura, é preciso uma abordagem ativa e persistente, bem como apoio da alta administração.

Uma cultura forte que deu certo durante muito tempo pode dificultar mudanças quando elas se tornam necessárias. Quase sempre são as mudanças no ambiente externo que forçam as mudanças de cultura. Uma cultura forte, nesse caso, que era uma vantagem, passa a ser uma forte desvantagem. Quais são as mudanças mais comuns no ambiente externo? Mudanças demográficas, avanços tecnológicos, mudanças mercadológicas, pressões políticas e sociais, mudanças nos valores, nos hábitos e no modo de pensar da sociedade.

Resistências a mudanças podem ser atenuadas se houver *uma boa comunicação* das razões pelas quais as mudanças são necessárias e se forem introduzidos bons mecanismos para concretizar a mudança. As pessoas resistem às mudanças porque têm medo do desconhecido e do que poderá acontecer com elas por causa da mudança.

A diversificação em novos ramos de negócios, ou mesmo em atividades afins às existentes, pode requerer ou não mudança de cultura. Também nos casos de fusões e incorporações é preciso haver compatibilidade das culturas, caso contrário, haverá resistências do pessoal das duas empresas originais.

Não é possível mudar a cultura de uma empresa por meio de decreto emitido pela administração superior. Não se pode mudar nem mesmo por meio de uma votação unânime de uma assembleia, porque as pessoas não podem ser forçadas por voto coletivo, mesmo unânime, a mudar seus comportamentos. Quando se quer mudar a cultura, é preciso alterar o sistema que a gerou e a reforça a partir das tradições e dos hábitos.[3]

Edgar Schein mostra que nenhuma mudança real acontece até que a organização tenha experimentado ameaças reais que frustram suas expectativas e esperanças. A ameaça pode se originar no CEO, ou, mais comumente, nos competidores. Schein diz que a cultura da organização pode mudar, mas requer esforços extraordinários e não acontece do dia para a noite.[4]

A compreensão dos seguintes fatos pode facilitar a mudança:[5]

1. As culturas devem ser mudadas pelo motivo certo.
2. A cultura da empresa não é monolítica.
3. A cultura de uma organização reflete sua liderança.
4. O trabalho de mudança de uma cultura organizacional não pode ser delegado.
5. A mudança de cultura requer envolvimento total.
6. Mudança de cultura é um processo de longo prazo.
7. As culturas estão sempre mudando: os valores da sociedade mudam com o tempo e as empresas têm de adaptá-los à sua cultura.

---

3 CROZIER, Michel. *L'Entreprise à l'écoute*: apprendre le management post-industriel. Paris: Éditions du Seuil, 1994. p. 73-75.

4 COUTOU, Diane L. The anxiety of learning: entrevista concedida por SCHEIN, Edgar, publicada na *Harvard Business Review.* March 2002, p. 100 ss.

5 MYERS, M. Scott. *Every employee a manager*. San Diego, CA: Pfeiffer & Company, 1991. p. 8 e 9.

Os executivos devem estar conscientes de que a cultura da organização tanto pode ser administrada como mudada. Os administradores com conhecimento da cultura devem compreender *o que* e *como* mudar quando a mudança é necessária, e devem ter capacidade para conduzir e controlar o desempenho da organização em um mercado cambiante. Os administradores, com base no conhecimento dos princípios e valores, precisam compreender o que não pode e o que pode ser cedido.

Quando o ambiente externo mudou radicalmente, a adoção de nova cultura se torna crítica. Em culturas fortes isso não será possível até que tenham surgido dificuldades sérias de sobrevivência. Nessa ocasião, a organização é administrada, mas não é liderada. Em situações extremas, uma organização pode preferir desaparecer a abdicar dos seus valores.

2.6 A cultura segundo a idade das empresas

As empresas novas, que se encontram sob a influência dos fundadores, precisam de uma cultura forte e clara como meio de encontrar a si próprias. Sua cultura é sua fonte de identidade. Quando esse fundador se aposenta ou sai da empresa, ocorre um problema bastante crítico. A mudança não é fácil, pois os fundadores projetam-se na organização que criaram e tendem a se identificar com ela. Por ocasião da sua saída procuram mostrar como são indispensáveis e como a organização ainda precisa deles. As batalhas entre os que defendem a cultura original e os que a pretendem modificar podem criar situações perigosas para a organização.[6]

As empresas de meia-idade (estáveis e razoavelmente diversificadas) terão desenvolvido culturas fortes. As organizações em declínio têm um problema diferente. Muitas vezes reconhecem que algumas das premissas básicas sobre as quais a empresa foi construída e que a levaram ao sucesso agora se tornaram disfuncionais devido a mudanças no ambiente. Os rituais e as tradições (as vacas sagradas) têm de ser trazidos à tona para serem questionados e até destruídos em alguns casos. Esses processos, muitas vezes associados a mudanças e a substituição de pessoal em larga escala, normalmente envolvem uma guerra entre dois conjuntos fortes de premissas culturais. Não há como negar que culturas fortes já levaram à falência muitas empresas que tiveram grande êxito no passado em função dessas mesmas culturas.[7]

---

[6] SCHEIN, E. 1985. p. 275.

[7] SCHEIN, Edgar. 1985. p. 270-296; e *Apostila mimeografada de seminário realizado no Rio de Janeiro* em 1987.

2.7 Estratégias de mudança

2.7.1 Passos para viabilizar a mudança

Quando a mudança se torna inevitável, devemos procurar implantá-la apesar das resistências encontradas. Para que a mudança seja bem-sucedida, três condições, pelo menos, são indispensáveis:

1. Forte apoio da administração superior para implantar as mudanças.
2. A mudança terá de abranger toda a organização em cada um dos seus aspectos. Não se trata de uma modificação na estrutura organizacional, mas de mudanças na hierarquia de valores, fato muito mais complexo e difícil de ser aceito.
3. Todas as atividades que não estiverem sendo executadas da forma como deveriam dentro do novo enfoque desejado, precisarão passar por processos de aperfeiçoamento.

John Kotter[8] definiu oito passos indispensáveis para se conseguir uma mudança na organização:

1. Estabelecer um sentido de urgência.
2. Formar uma coalizão poderosa para liderar o processo.
3. Criar uma visão.
4. Comunicar a visão.
5. Delegar poderes para agirem na direção da visão.
6. Planejar e criar ganhos de curto prazo.
7. Consolidar as melhorias e produzir mais mudanças.
8. Institucionalizar novas abordagens.

Stoner e Freeman[9] recomendam as seguintes atitudes da administração superior para estimular a criatividade e viabilizar mudanças:

1. Desenvolver aceitação às mudanças.

---

[8] KOTTER, John P. Leading change: why transformations efforts fail. In: *Harvard Business Review*, March-April, 1995. p. 59 a 67.

[9] STONER, James A.; FREEMAN, R Edward. *Administração*. 5. ed. Rio de Janeiro: Prentice-Hall do Brasil, 1985. p. 313.

2. Encorajar novas ideias.
3. Permitir mais interação.
4. Tolerar o fracasso.
5. Estabelecer objetivos claros e dar liberdade para alcançá-los.
6. Mostrar reconhecimento.

2.7.2 Desenvolvimento organizacional

No decorrer das décadas de 1960 e 1970 foi desenvolvida uma técnica, denominada desenvolvimento organizacional, com o objetivo de conseguir implantar as mudanças de forma eficaz. "O desenvolvimento organizacional é necessário sempre que nossas instituições sociais concorrem e lutam pela sobrevivência sob condições de mudança crônica."[10]

O desenvolvimento organizacional é uma complexa estratégia educacional, baseada na experiência, que emprega os meios mais amplos possíveis de comportamento, e que tem por finalidade mudar as crenças, as atitudes, os valores e a estrutura das organizações, de modo que elas possam melhor se adaptar aos novos mercados, às tecnologias e aos desafios e ao próprio ritmo vertiginoso de mudança.[11]

A estratégia do desenvolvimento organizacional é a preparação de agentes de mudança, que são educados para treinar as pessoas da organização para as novas condições do ambiente externo e preparar a organização para as inevitáveis mudanças. Esses agentes de mudança tanto podem ser empregados da organização como consultores externos.

Warren Bennis assim definiu as metas desses agentes de mudança:[12]

1. Criar em toda a organização um clima franco e favorável e voltado para a solução de problemas.
2. Suplementar a autoridade que está vinculada à função ou ao *status* com a autoridade de conhecimento e competência.
3. Localizar as responsabilidades de tomada de decisões e de solução de problemas tão próximas quanto possível das fontes de informações.
4. Desenvolver confiança entre pessoas e grupos em toda a organização.

---

10 BENNIS, Warren. *Desenvolvimento Organizacional: sua natureza, origens e perspectivas*. São Paulo: Edgard Blücher, 1972.

11 BENNIS, Warren, op. cit.

12 BENNIS, Warren, pop. cit.

5. Fazer que a concorrência se torne mais relevante para as metas de trabalho e para maximizar os esforços de colaboração.
6. Desenvolver um sistema de remuneração que reconheça tanto a concretização das metas da organização (lucros ou vendas) como o desenvolvimento de pessoas.
7. Aumentar em toda a força de trabalho o senso de "propriedade" dos objetivos da organização (sentimento de "pertença").
8. Ajudar os administradores a administrar, tendo em vista objetivos relevantes, em vez de levar em conta práticas passadas ou objetivos que não têm sentido em uma específica área de responsabilidade.
9. Aumentar o autocontrole e a autodireção nas pessoas que se encontram na organização.

2.8 Organização e organismo

Uma organização não é uma máquina, mas um organismo vivo. Da mesma forma que uma pessoa, a organização pode ter um senso coletivo de identidade e propósito fundamental. Isso é o equivalente organizacional de autoconhecimento – uma compreensão partilhada daquilo que dá sentido à vida da empresa, para onde ela está indo, em que tipo de mundo deseja atuar, e, mais importante, como tornar realidade esse mundo.[13]

Termos-Chave

Ver significado desses termos no site do livro.

Artefatos visíveis
Cultura organizacional
Desenvolvimento organizacional
Premissas básicas
Valores
Valores visíveis e conscientes

---

[13] NONAKA, Ikujiro. The knowledge-creating company. In: *Harvard Business Review*, Jan.-Fev., 1991.

Casos para Debate em Sala de Aula

Competente impontual

Marta trabalha na empresa XYZ. Seu cargo é de consultora de organização. Seu trabalho consiste em elaborar projetos sobre racionalização de estruturas e processos organizacionais para outras empresas, clientes da XYZ. Ela possui algumas características básicas de personalidade, como assertividade, iniciativa, autoconfiança etc. que tornam seu desempenho excelente nos projetos que desenvolve: apresenta trabalhos altamente qualificados. Em relação ao grupo de colegas consultores, ela se destaca pela competência. O Sr. Jorge, supervisor da equipe, tem alta consideração pelo trabalho dela.

Marta, porém, está criando problemas para a empresa: não consegue cumprir o horário de entrada e de saída: quase sempre chega atrasada, muitas vezes sai antes da jornada terminar e falta mais que a média dos empregados. Tal postura provoca grande insatisfação nos consultores da empresa. Por causa disso, a empresa criou o horário móvel, extensivo a todos os demais. Ainda assim, Marta não consegue cumprir os limites do horário flexível; passou até a faltar com mais frequência.

Quando questionada sobre as faltas e os atrasos, Marta expôs seu problema: ela é notívaga, dorme tarde e tem muita dificuldade para acordar cedo. Sua maior disposição física e psicológica ocorre justamente no período noturno, adentrando a madrugada. Marta argumentou, também, que o desenvolvimento dos seus projetos dependia somente dela, não demandando a colaboração e a participação de outros consultores. De fato, alguns consultores trocam informalmente ideias com os demais, mas cada consultor desenvolve seu projeto do início ao fim. Marta acrescentou que, em se tratando de qualidade do projeto, o horário de trabalho influencia muito pouco, o que interessa são os resultados obtidos e o cumprimento do cronograma.

O Sr. Jorge tem de tomar uma decisão em relação a Marta, mas não sabe qual. Em princípio, não gostaria de perdê-la, mas percebe que a insatisfação dos consultores tende a aumentar cada vez mais. Identifique e justifique as sugestões que você daria ao Sr. Jorge para resolver este problema.

(Exame Nacional de Cursos – 1996)

Jovem assumindo a primeira chefia

José Carlos, 29 anos, foi aluno brilhante de uma escola de administração, com área de concentração em marketing. Há pouco tempo, foi contratado pela empresa New Horizons para substituir o antigo chefe da unidade de implantação de novos projetos da empresa, recentemente demitido pelas razões descritas a seguir.

Essa empresa atua em uma área onde a competição é muito forte e tem perdido parte do mercado para seus competidores. A diretoria concluiu que o principal motivo se devia à falta de novos lançamentos e a unidade de implantação de novos projetos, apesar de contar com excesso de pessoal, não vinha correspondendo à expectativa: não conseguia lançar novos projetos em quantidade, qualidade e prazos adequados. Em vista disso, decidiu demitir seu chefe, que se opunha a uma diminuição no efetivo do órgão, e, junto com ele, demitiu metade do pessoal da unidade.

José Carlos enfrenta forte resistência dos seus subordinados, sendo rejeitado pela maioria deles e tendo ainda a desvantagem de ser seu primeiro cargo de chefia. Apesar de ter ideias muito claras a respeito do que deve ser feito, tem tido grande dificuldade para implantá-las em virtude da falta de apoio do seu pessoal. Nos últimos dias, tem-se trancado na sala disposto a fazer a maior parte dos trabalhos sozinho e apresentá-los prontos à equipe.

Pergunta-se:

a) Quais são os motivos que levaram os subordinados a rejeitar o novo chefe?

b) Você está de acordo com a estratégia que ele está usando para conseguir implantar os projetos?

c) Se você estivesse no lugar dele que atitudes tomaria para implantar os projetos?

Deve-se cumprir a ordem?

Carlos, supervisor de vendas, recebeu uma ordem de Elias, gerente de vendas, para demitir Mônica. Ficou muito surpreso, pois ela é a melhor vendedora da equipe e uma das melhores da empresa. Perguntou a Elias qual a razão e ouviu apenas: cumpra a ordem. Carlos deixou passar dois dias e voltou ao assunto, indagando os motivos de uma ordem tão estranha para ele. O gerente, porém, não quis falar no assunto, disse irritado que a decisão era dele e só cabia a Carlos cumpri-la. O supervisor Carlos ficou pensando o que deveria fazer. Falar com Dr. Benedito, diretor de vendas? Cumprir a ordem? Não cumpri-la e deixar que fosse criado um caso, arriscando seu emprego? O que pensariam os demais vendedores da equipe? Que explicações daria a eles? Supondo que você estivesse no lugar de Carlos, o que faria? Comente o assunto, examinando cada possibilidade, as possíveis consequências de cada uma e justificando a alternativa escolhida.

Contracultura

Um grupo de pessoas que não aceita bem a cultura da empresa e começa a introduzir novos valores e novas atitudes, caracterizando uma contracultura será sempre maléfico para a empresa? Caso não o seja explique por quê.

Exercícios

1. Segundo a metodologia de Edgar Schein, a cultura de uma organização pode ser dividida em três níveis: (1) artefatos visíveis; (2) valores que governam o comportamento das pessoas; (3) pressupostos básicos. Explique em qual dos três níveis é mais difícil administrar a cultura da organização e qual a razão desse fato.
2. Como posso identificar a cultura de uma empresa caso ela não esteja escrita em parte alguma?
3. Por que é difícil mudar a cultura de uma empresa?
4. Por que deveríamos esperar problemas quando mudamos os costumes ou a cultura de uma empresa ou as funções das pessoas?
5. Além das habilidades e competências normalmente exigidas de qualquer administrador, existem outras que são indispensáveis aos expatriados, isto é, aos administradores que vão trabalhar fora do seu país de origem? Quais?
6. Quais são as vantagens para a empresa em pesquisar as opiniões do seu pessoal sobre os valores e cultura da própria empresa? O que ela ganha com isso? Ela deve dar mais importância à opinião dos que estão tendo bom desempenho?

CAPÍTULO 3

MOTIVAÇÃO

APRESENTAÇÃO

Neste capítulo, estudaremos a motivação: em que ela consiste e como o administrador deve usá-la para melhorar os resultados da sua equipe.

Mostraremos como nos primórdios da administração a motivação era confundida com remuneração.

Relataremos os experimentos de Elton Mayo em Hawthorne e como esses experimentos levaram a novas conclusões sobre motivação, desembocando na teoria das relações humanas, que é analisada a seguir.

Mencionaremos brevemente os estudos de Mary Parker Follet e detalharemos os estudos de Maslow sobre as necessidades e como elas influenciam a motivação.

Analisaremos também a teoria de Herzberg sobre os fatores de motivação e como ela pode ser usada pelos administradores.

Faremos um breve relato da teoria de McClelland e concluiremos mostrando algumas medidas para motivar.

3.1 Conceituação

Já está provado que, em média, uma pessoa pode produzir a metade do que seria capaz e ainda assim conservar seu emprego. O que leva alguém a produzir mais é a motivação para obter resultados. Por isso, a ênfase do estudo do comportamento organizacional é a capacidade dos administradores para motivar seu pessoal, a fim de influenciar seu comportamento, seu comprometimento e sua motivação para alcançar os objetivos da organização. O administrador deve ser capaz de conhecer em profundidade as pessoas e saber o que motiva cada um, uma vez que as pessoas são diferentes e não são motivadas pelos mesmos incentivos: é preciso considerar sua diversidade.

O administrador precisa saber que uma necessidade satisfeita **não** é um motivador de comportamento. Necessidades são deficiências psicológicas ou fisiológicas em relação ao que se deseja e que influenciam a forma como as pessoas se comportam para reduzir ou eliminar essas deficiências.

Nos estudos de comportamento organizacional, parte-se do seguinte princípio: administração é o trabalho com indivíduos e grupos para a realização dos objetivos da organização.

Vale a pena repetir a frase de John D. Rockefeller: *Pela habilidade para lidar com pessoas pagarei mais do que por qualquer outra habilidade que se possa imaginar.* Considerando que o administrador deve obter resultados por meio das pessoas, fica fácil entender esta frase.

Conseguir que os subordinados deem o máximo de si para cumprir o seu trabalho é um dos desafios mais difíceis e permanentes para os gerentes. Decifrar o que nos motiva como pessoas é um mistério que já tem vários séculos. Alguns gênios como Aristóteles, Adam Smith, Sigmund Freud e Abraham Maslow lutaram para entender suas nuanças e nos ensinaram muito sobre as razões pelas quais as pessoas fazem o que fazem. Esses gênios, porém, não tinham a vantagem de conhecer a ciência moderna a respeito do cérebro. Suas teorias são baseadas em investigações cuidadosas e educadas, mas apenas em observações diretas.[1]

Faremos, inicialmente, um retrospecto da teoria da motivação nas empresas para, no final, introduzirmos sucintamente um novo modelo.

---

1 NOHRIA, Nitin; GROYSBERG, Boris; ELING-LEE, Linda. Employee motivation: a powerful new model. In: *Harvard Business Review. July-August*, 2008. p. 78 ss.

3.2 Primórdios da teoria da administração

Taylor supunha que a motivação dos empregados seria obtida pela maximização da remuneração, o que poderia ser válido naquela época, mas não havia ênfase na importância do relacionamento e no comportamento.

Fayol estudou o papel do administrador de forma abrangente, porém, em relação à forma de lidar com os subordinados, a palavra utilizada por Fayol, "comandar", dá uma medida da importância dada à motivação no início do século XX. A ênfase da teoria clássica é a estrutura organizacional e as funções do administrador, sem muita preocupação com os aspectos humanos e a motivação.

Os pioneiros da administração preocupavam-se em proporcionar condições de trabalho adequadas aos empregados, visando a alta produção, e em motivá-los pela remuneração, partindo do princípio que as pessoas desejavam o máximo de ganho material.

Chester Barnard publicou duas obras de grande importância, reeditadas muitas vezes, complementando e aprimorando os estudos de Fayol.[2],[3] Barnard teve o mérito de ter sido um executivo bem-sucedido, e pôde enriquecer sua obra com sua experiência pessoal. Por isso, introduz a preocupação do homem como ser social, sendo um dos precursores da abordagem comportamental, pois reconhece a importância da organização informal e mostra que só é possível o exercício eficiente da autoridade se houver aceitação dos subordinados. Ele faz a "ponte" entre a Escola Clássica e a abordagem comportamental. Foi também o primeiro a mostrar a importância do ambiente externo para a empresa.

3.3 Os experimentos de Elton Mayo em Hawthorne

Os estudos iniciados em 1924, em Hawthorne, pela Western Electric Company, e terminados no final da década de 1930 sob a supervisão de Elton Mayo, mostraram que, além da remuneração e das condições de trabalho, algo mais importante influenciava a produtividade.

---

[2] BARNARD, Chester I. *The functions of the executive.* Cambridge: Harvard University Press, 1938.

[3] BARNARD, Chester I. *Organization and management.* Cambridge: Harvard University Press, 1948.

Os especialistas em produtividade "sabiam", na época, que a melhor forma de aumentar a produção seria encontrar a medida ideal de luminosidade, temperatura, ventilação, altura da bancada de produção etc. e estimular os empregados pela remuneração. Assim, formaram na Western Electric um grupo experimental, para o qual seriam melhoradas as condições de trabalho e, ao mesmo tempo, um grupo de controle, para o qual essas condições seriam mantidas inalteradas. Para surpresa dos experimentadores, a produção subia em ambos os grupos, com pouca correlação com os fatores físicos que eram periodicamente alterados no grupo experimental. Como não havia estímulos monetários para aumentar a produção, a empresa ficou sem saber a que atribuir essa melhoria de produtividade que ocorria de forma sistemática.

A Western Electric Company chamou então o professor Elton Mayo, da Harvard Graduate School of Business Administration, para conduzir as experiências. Após muitas alterações, resolveram voltar exatamente às condições iniciais, imaginando que a produção cairia drasticamente. No entanto, a produção cresceu mais atingindo valores superiores aos anteriores. Era visível que existia um fator que motivava os empregados e não era nenhum dos fatores ambientais nem remuneração. Concluíram, após estudos e entrevistas com o pessoal da produção, que o que realmente motivava os empregados era a atenção que lhes era dada pelos experimentadores e pela alta administração da empresa. A partir daí, começou a tomar vulto a preocupação com a motivação dos empregados, com a necessidade de compreender as relações entre as pessoas e com a importância de ouvir os empregados para melhorar a produção.

Para Elton Mayo, os estudos em Hawthorne e os dados obtidos posteriormente em entrevistas com os trabalhadores eram uma prova convincente de que o ambiente industrial tinha eliminado toda significação do trabalho, frustrando dessa forma as necessidades mais básicas do ser humano. Nas entrevistas, muitos trabalhadores se queixavam de um sentimento de alienação e de perda do sentimento de identidade, fazendo Mayo estabelecer uma série de hipóteses sobre a natureza humana, diferentes das hipóteses de Taylor sobre o homem racional econômico:

1. O homem se acha motivado basicamente por suas necessidades sociais e obtém seu sentido básico de identidade mediante suas relações com os demais.
2. Como resultado da revolução industrial e da racionalização do trabalho, desapareceu o significado deste último e devemos buscá-lo, portanto, nas relações sociais dentro do emprego.
3. O homem responde mais às forças sociais do grupo de companheiros do que a incentivos e controles da direção.

4. O homem responde à direção na medida em que um supervisor pode satisfazer as necessidades sociais de seus subordinados.[4]

Não se deve concluir que Taylor estivesse errado, uma vez que suas teorias foram desenvolvidas no início do século XX. A partir de então, mudaram o ambiente e as necessidades dos operários, bem como suas qualificações. O que motivava os operários naquela época não era mais sua principal prioridade décadas depois.

3.4 A teoria das relações humanas

Esta teoria, fundamentada em grande parte nas ideias de Elton Mayo, surgiu na década de 1930 e foi muito conceituada até o início da década de 1950. Baseada no princípio de que a remuneração não era suficiente para motivar os empregados a conseguir resultados favoráveis, ela preconizava que era necessário manter o moral do pessoal elevado e, para isso, o importante seria manter um ambiente agradável e humano na empresa, além da remuneração adequada. Esta visão simples, pela inexistência de estudos mais profundos, foi muito usada durante quase vinte anos.

> Os estudiosos desta teoria, como psicólogos, encaravam as organizações como grupos de pessoas. Acreditavam que os problemas humanos nas organizações eram evidentemente problemas de cada indivíduo que as compunha. O primeiro problema que encontraram, alguns anos mais tarde, foi que não poderiam provar a hipótese evidente de que os empregados satisfeitos eram mais produtivos que os insatisfeitos. Não encontraram diferenças consistentes de satisfação entre os grupos de trabalho de alta e baixa produtividade; em alguns casos, os operários menos satisfeitos eram os que mais produziam. Eram frequentes os achados desta espécie, que contradiziam as hipóteses evidentes. Então começaram a observar as características do supervisor e do seu grupo de trabalho. Aí seus esforços foram mais profícuos: 'os supervisores dos grupos altamente produtivos, do ponto de vista dos trabalhadores, parecem comportar-se diferentemente dos supervisores dos grupos pouco produtivos; eles pareciam pessoas de um tipo diferente. Em muitos casos, o supervisor altamente produtivo punia menos seus subordinados, supervisionava de modo geral, sem descer aos aspectos mínimos, interessava-se por seus subordinados como seres humanos, ao

[4] MAYO, Elton. *The social problems of an industrial civilization*. Boston: Harvard University Graduate School of Business, 1945 apud: SCHEIN, Edgar. *Psicología de la organización*. Madrid: Ediciones del Castillo, 1972. p. 71.

invés de considerá-los apenas como meio de obter um produto'.[5] Pouco importava se os operários estavam satisfeitos com seus empregos; o importante era o modo como se comportava o supervisor.[6]

3.5 Os estudos de Mary Parker Follet

Na década de 1920, Mary Parker Follet já publicava estudos e fazia palestras sobre liderança, motivação, a forma adequada de lidar com as pessoas e a importância da coesão do grupo.[7] Seus estudos sobre o conflito construtivo, as formas adequadas de dar ordens e a importância da coordenação informal são até hoje atuais, apesar de terem sido escritos há mais de meio século (ver Seção 4.5, do Capítulo 4). Follet sempre esteve preocupada com o papel e o comportamento do indivíduo no grupo, na organização e na sociedade.

3.6 A teoria das necessidades de Maslow

No início da década de 1940, Abraham Maslow desenvolveu sua teoria sobre a hierarquia das necessidades, a partir da qual é possível inferir o que motiva cada pessoa. Segundo Maslow, o princípio básico da motivação é: **uma necessidade satisfeita não é um motivador de comportamento**.

O que motiva as pessoas são as necessidades insatisfeitas. O progresso é causado pelo esforço das pessoas para satisfazer às suas necessidades. As pessoas sempre têm necessidades insatisfeitas. Quando uma necessidade prioritária é satisfeita, ainda que não o seja à saciedade, outras emergem e ocupam o primeiro lugar na lista de prioridades. Damos, na Figura 3.1, um exemplo simples da variação de algumas necessidades básicas, como fome, sono e sede.

---

5 TANNENBAUM, Arnold; SEASHORE, Stanley. *Some changing conceptions and approaches to the study of persons in organizations*. Institute for Social Research, University of Michigan (mimeografado, sem data) apud PERROW, Charles. *Análise organizacional: um enfoque sociológico*. São Paulo: Atlas, 1972. p. 27.

6 PERROW, Charles, 1972. p. 27.

7 FOLLET, Mary Parker. *Profeta do gerenciamento*. Conferências Selecionadas para a Harvard Business Review. Tradução brasileira: Rio de Janeiro: Qualitymark, 1997.

Figura 3.1 • Variação das necessidades de sono, fome e sede no tempo

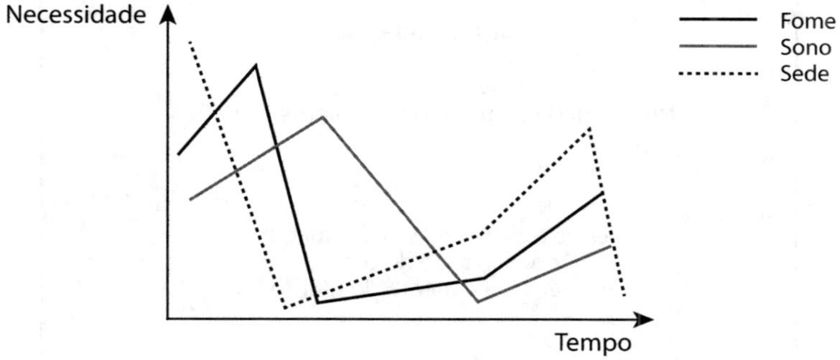

Este exemplo só considera três necessidades básicas e simples, mas como definir prioridades entre essas necessidades fisiológicas e outras vinculadas à segurança, autoestima, relações interpessoais harmoniosas, reconhecimento de mérito?

Abraham Maslow procurou definir uma hierarquia das necessidades e chegou à conclusão mostrada na Figura 3.2.

Figura 3.2 • A hierarquia das necessidades segundo Maslow

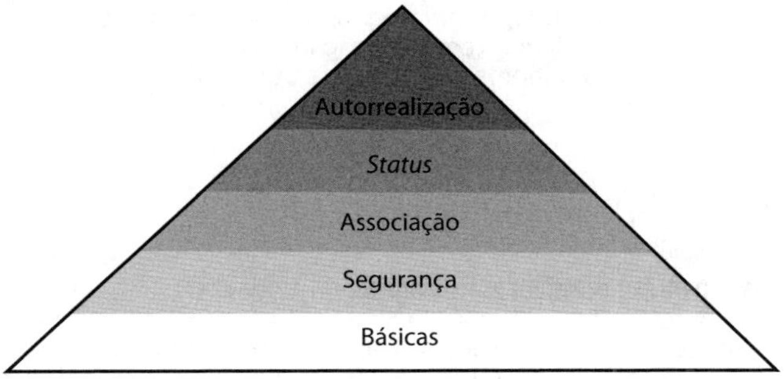

Segundo Maslow, há uma tendência, na maioria das pessoas, no sentido de procurar satisfazer, primeiro, as necessidades básicas. Após o atendimento destas, procura-se satisfazer as de segurança, e, a seguir, as de associação, as de *status* e as de autorrealização. Dois pontos precisam ficar claros: (a) as necessidades de cada pessoa variam no tempo, não só em função da sua satisfação como em função das alterações na hierarquia dos valores de cada um; (b) a hierarquia de Maslow representa uma tendência média e não deve ser encarada como uma escala rígida.

Vejamos, na Figura 3.3, as necessidades incluídas em cada um desses cinco conjuntos.

Figura 3.3 • A tendência é satisfazer as necessidades na ordem indicada pelas setas

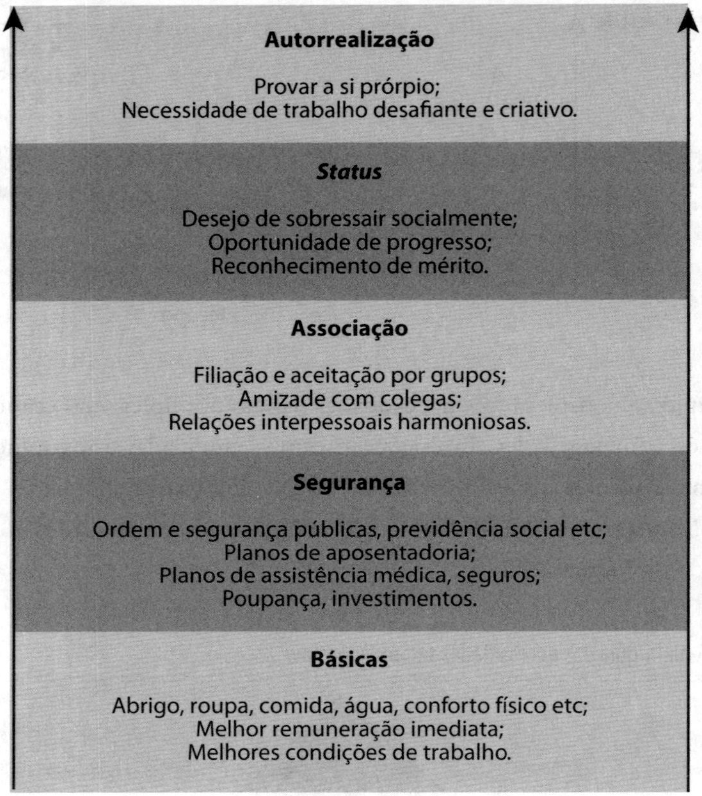

As Figuras 3.4 a 3.8 ilustram exemplos dessa teoria.

Figura 3.4 • Prioridade para as necessidades fisiológicas

Necessidades fisiológicas: Básicas para a manutenção da vida:
Alimento, sono, abrigo, agasalho, impulso sexual (preservação da espécie)

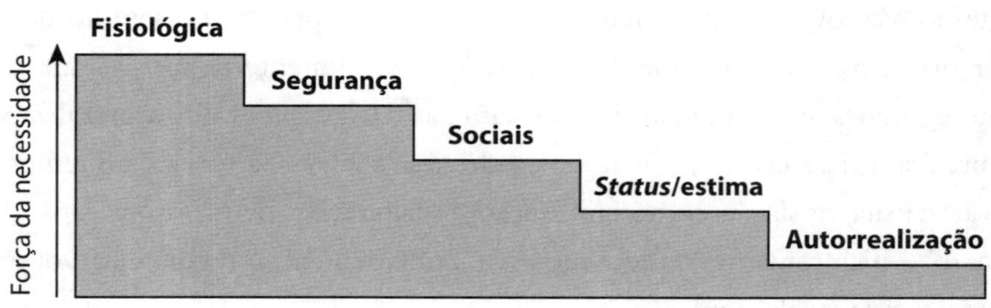

Quando uma necessidade é satisfeita, perde a força da motivação.
A tendência é passar para o nível seguinte

Figura 3.5 • Prioridade para as necessidades de segurança

Satisfeitas as necessidades fisiológicas, tendem a assumir a maior prioridade as questões de segurança: Preservação;
Afastamento do perigo físico e do risco de privação das necessidades básicas

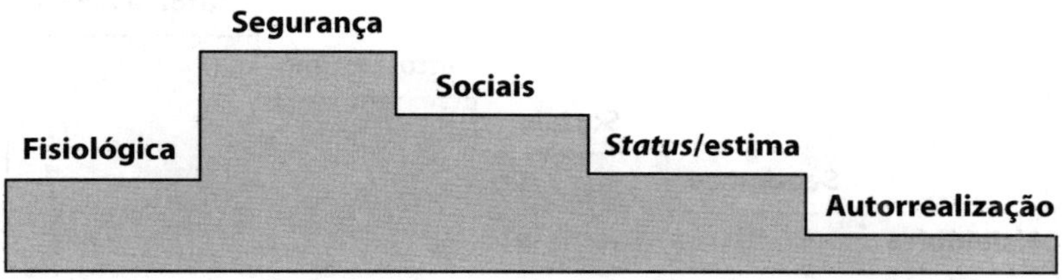

Figura 3.6 • Prioridade para as necessidades sociais

Satisfeitas as necessidades de segurança, a tendência é no sentido de passarem a ser prioritárias as necessidades sociais: Participação, identificação com os seus iguais, formação de famílias, grupos de amigos, equipes, associações etc.

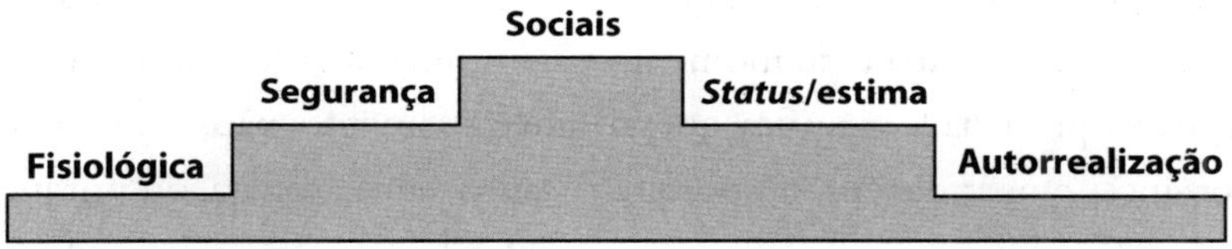

Figura 3.7 • Prioridade para as necessidades de *status* e estima

Satisfeitas as necessidades sociais, a tendência é no sentido de se tornarem prioritárias as necessidades de *status* e estima: Necessidades do ego, amor-próprio, reconhecimento do valor por si mesma e através do respeito alheio

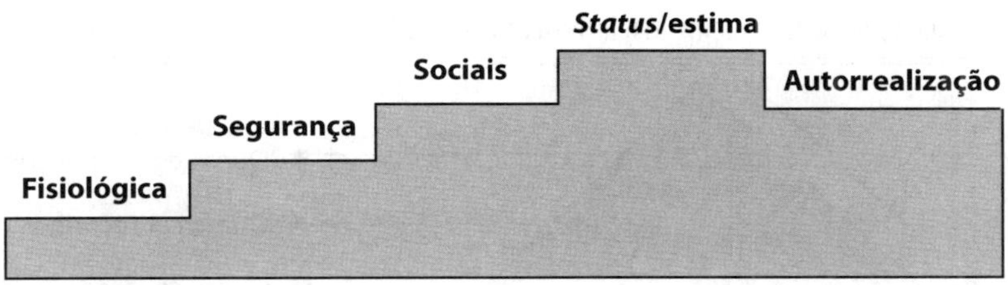

A satisfação destas necessidades traz um sentimento de poder, prestígio, autoconfiança: O indivíduo influencia o seu ambiente

A insatisfação pode gerar comportamento imaturo e perturbador:
Acessos de raiva, discussões inúteis etc.

Figura 3.8 • Prioridade para as necessidades de autorrealização

Satisfeitas as necessidades *status* e estima, a tendência é no sentido de se tornarem prioritárias as necessidades de autorrealização: Atingir o máximo do potencial individual, tornar-se aquilo que se é capaz dar uma contribuição efetiva para a sociedade e o país.

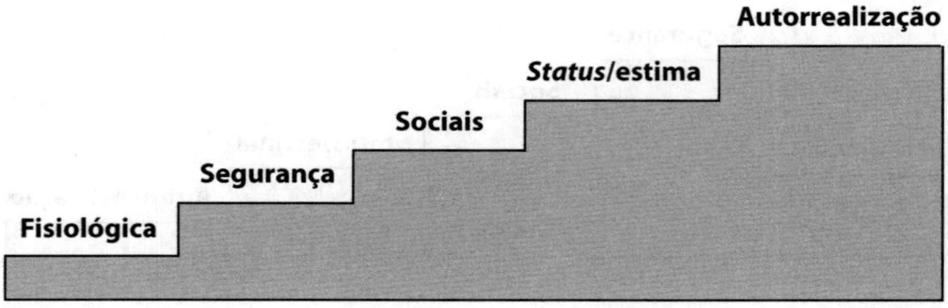

Como dissemos, essa ordem de prioridade corresponde a uma tendência média, e a prioridade a uma necessidade não significa a eliminação das demais. Todas as pessoas têm, em geral, todos os tipos de necessidades em maior ou menor grau. Testes denominados motivogramas detectam a prioridade que cada pessoa atribui a essas necessidades no momento da realização do teste. O gráfico, que reflete a importância atribuída às necessidades, varia de pessoa para pessoa e de momento para momento. Quando uma necessidade aparece com baixa prioridade significa que, naquele momento, não se lhe está dando a mesma importância que às demais, ou porque já tenha sido satisfeita, ou porque, mesmo não satisfeita, prefere-se dar prioridade a outra julgada mais importante. Um soldado que corre no meio de uma batalha para destruir um ninho de metralhadoras do inimigo está arriscando a mais básica das necessidades, a vida, para satisfazer uma necessidade de autorrealização. Os líderes que fazem greve de fome estão na mesma situação. As necessidades podem variar durante a vida da pessoa, em função da mudança dos seus objetivos. Resumindo:

Figura 3.9 • O que as pessoas querem em relação a cada necessidade

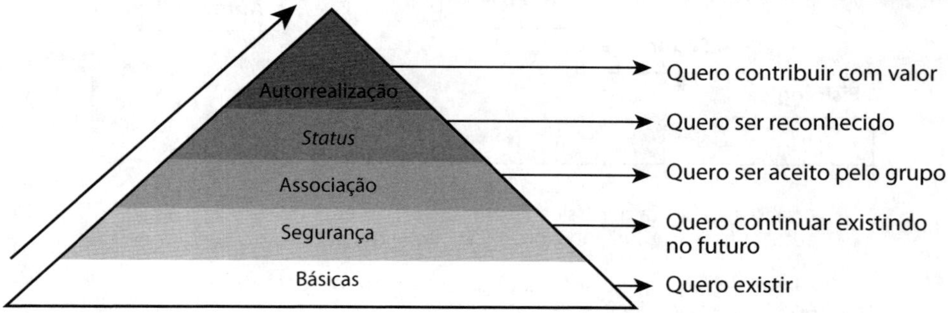

Gareth Morgan sugere as seguintes medidas a serem usadas pelas empresas:[8]

a) **Autorrealização**: estímulo ao completo comprometimento. O trabalho como dimensão importante na vida do empregado.
b) **Autoestima**: cargos que permitam realização, autonomia e responsabilidade. Trabalho que valorize a identidade.
c) **Sociais**: estímulo à interação com os colegas no trabalho. Possibilidade de atividades sociais e esportivas. Reuniões sociais fora da organização.
d) **Segurança**: seguro-saúde e planos de aposentadoria. Segurança no emprego. Estabelecimento e divulgação de plano de carreira.
e) **Fisiológicas**: salário e benefícios; segurança e condições agradáveis de trabalho.

A propósito, citamos uma frase famosa de Maquiavel:

> Nada pode saciar os apetites humanos, pois a natureza nos deu a faculdade de tudo desejar, mas não nos deixa senão provar poucas coisas, disto resultando um descontentamento permanente, e um desgosto pelo que possuímos, o que nos faz culpar o presente, louvar o passado e desejar o futuro, ainda que sem razão.[9]

Cumpre lembrar que é exatamente esse descontentamento permanente que nos motiva para invenções, descobertas, inovações tecnológicas etc. É a insatisfação que impulsiona o progresso.

3.7 Os fatores de motivação segundo Herzberg

Frederick Herzberg estudou de que forma e em que grau diversos fatores motivam os empregados. Segundo ele, existem dois tipos de fatores motivacionais:

1. Os relacionados aos aspectos pessoais de realização profissional e ao conteúdo do trabalho, por exemplo, gosto pelo trabalho, aumento de conhecimentos, responsabilidade, reconhecimento pelos resultados, realização pessoal e profissional, que ele considera como os **fatores motivacionais** propriamente ditos e que são intrínsecos ou inerentes à pessoa;

---

8 MORGAN, Gareth. *Imagens da organização*. São Paulo: Atlas, 1996. p. 47.

9 MACHIAVELLI, Nicolò. *Discurso sobre a primeira década de Tito Lívio*. Editora Universidade de Brasília. Edição revista. 1982 Livro II. Introdução. p. 191.

2. Os fatores externos que dizem respeito ao ambiente de trabalho, como tipo de supervisão, conforto, salário, benefícios, *status*, segurança, que ele chamou de **fatores higiênicos**.

Segundo Herzberg, os fatores realmente motivadores operam no sentido positivo, tendendo a aumentar a produtividade e os resultados, enquanto os fatores higiênicos tendem a atuar no sentido de impedir situações negativas, isto é, se não forem bem administrados, a produtividade cai, mas não adianta aumentá-los além de determinado limite, pois isso não influiria na motivação. Os fatores motivadores são internos às pessoas: a motivação está dentro de cada um. Os higiênicos são externos, ou parcialmente externos. A Figura 3.10 mostra a influência de cada fator na produtividade.[10]

Ele conclui que o oposto de satisfação no trabalho não é insatisfação no trabalho, mas ausência de satisfação no trabalho e que o oposto de insatisfação no trabalho não é satisfação no trabalho, mas ausência de insatisfação no trabalho. Os fatores higiênicos contribuem para evitar a insatisfação no trabalho, mas não promovem a satisfação no trabalho, enquanto os fatores motivadores contribuem para promover a satisfação no trabalho, mas não contribuem para diminuir a insatisfação no trabalho.

Figura 3.10 • Fatores de motivação segundo Herzberg

[10] HERZBERG, Frederick. One more time: how do you motivate employees? In: *Harvard Business Review*, Jan.-Feb., 1968.

Como se vê pela Figura 3.10, as condições de trabalho e os salários, embora sejam predominantemente fatores higiênicos, avançam até certo ponto sobre o lado motivacional na linha divisória. A razão disso é que ambos contêm, implicitamente, aspectos subjetivos relacionados ao reconhecimento pelos resultados. Do ponto de vista concreto, o salário só pode ser gasto *fora do trabalho*, e, nesse sentido, é eminentemente higiênico. Estudos realizados sobre a motivação proporcionada pelo salário mostram que o período de satisfação consequente de um aumento na remuneração dura muito pouco. O aspecto motivador do salário é o que é interpretado, devida ou indevidamente, como um reconhecimento do mérito pela empresa. (ver o Capítulo 10).

O tamanho da barra horizontal de cada fator, no gráfico da Figura 3.10, indica a importância que costumam ter os fatores para a maioria das pessoas.

Segundo Herzberg, o que mais contribui para que as pessoas produzam são os fatores motivacionais. Deve-se procurar aumentar ao máximo esses fatores, pois são os principais responsáveis pela melhora dos resultados. Os higiênicos devem ser administrados de forma a não ficar abaixo do que seria razoável nas condições normais do ambiente no qual a empresa opera. Não adianta, porém, um grande esforço no sentido de aumentá-los acima desse valor médio razoável, pois a influência nos resultados não traria um benefício condizente com o custo desse aumento. Alguns fatores higiênicos precisam ser dosados com cuidado. Por exemplo, uma empresa que não proporcione nenhuma segurança de emprego aos empregados, não conseguirá reter os melhores nem obter bons resultados do seu pessoal. Por outro lado, excesso de segurança poderá causar acomodação que se refletirá negativamente nos resultados. A conclusão de Herzberg é que os fatores higiênicos têm limites inferiores e superiores, enquanto os motivacionais devem ser proporcionados na maior quantidade possível.

Na realidade, a classificação de Herzberg, embora válida, merece explicações. É verdade que os fatores que ele chama motivadores podem produzir efeitos positivos em limites mais elevados que os higiênicos. No entanto, todos os tipos de incentivos à motivação estão sujeitos à lei econômica da utilidade marginal decrescente, isto é, quanto mais se possui de qualquer coisa, tanto menos útil será a unidade adicional obtida. Isso vale para qualquer tipo de incentivo, embora os fatores chamados higiênicos por Herzberg estejam sujeitos a limites mais baixos, sob esse aspecto. Outro aspecto a ser salientado é que não há incentivo ideal. Os incentivos variam de ambiente para ambiente, de organização para organização e de pessoa para pessoa, dependendo dos valores dessas pessoas, da cultura da organização e das necessidades satisfeitas de cada um. Os dados apresentados por Herzberg referem-se, como ele mesmo diz, a valores médios colhidos em universo amplo.

3.8 A teoria de McClelland

Partindo do princípio que quase todas as pessoas que trabalham em empresas têm suas necessidades básicas atendidas, McClelland idealizou para essas pessoas as seguintes necessidades:

- Necessidade de realização: sair-se bem em relação às expectativas, lutar pelo êxito e conseguir realizar alguma coisa difícil;
- Necessidade de poder: necessidade de ascendência sobre os demais e de modificar o seu comportamento, encorajando-os e orientando-os;
- Necessidade de afiliação: desejo de relações amigáveis e de aceitação pelos pares.[11]

Em função disso, as organizações devem proporcionar condições para que as pessoas consigam atingir seus desejos de realização, treinando-as e posicionando-as em postos em que possam aproveitar da melhor forma suas qualidades e seu preparo.

3.9 Modelo de Lawrence e Nohria

3.9.1. Conceituação

Este modelo diz que as pessoas são motivadas por quatro forças:

- Aquisição: obter bens escassos, inclusive intangíveis, como *status* social.
- Vínculos: formar conexões com grupos e indivíduos.
- Compreensão: satisfazer a curiosidade e conhecer a fundo o mundo em que vivemos.
- Defesa: proteger contra ameaças externas e promover a justiça.

Que ações, precisamente, podem os gerentes tomar para satisfazer às quatro forças e aumentar a motivação geral dos subordinados?

Para definir a motivação geral, este modelo estudou os quatro indicadores normalmente medidos no trabalho: engajamento, satisfação, comprometimento e intenção de sair. O engajamento representa a energia, o esforço e a iniciativa que os empregados trazem para o seu trabalho. A satisfação reflete até que ponto eles sentem que a empresa corresponde às suas expectativas no trabalho e satisfaz os contratos explícitos e implí-

[11] McCLELLAND, D. C. *The achieving society.* New York: Van Nostrand Reinhold, 1961 apud ROBBINS, Stephen P. *Comportamento organizacional.* Rio de Janeiro: LTC – Livros Técnicos Científicos, 1998.

citos com eles. O comprometimento capta a extensão em que os empregados assumem a cidadania da empresa. A intenção de sair é a melhor indicação para rotatividade dos empregados. Os indicadores não são estanques. Eles se relacionam e o todo é maior que a soma das partes.

3.9.2 As quatro forças em que se baseia a motivação

O desejo de aquisição. Todos nós somos motivados a adquirir bens escassos que aumentam nossa sensação de bem-estar. Ficamos satisfeitos quando esse desejo é satisfeito e descontentes quando é frustrado. Esse fenômeno aplica-se não só a bens físicos como alimentos, roupas, casa e dinheiro, mas também a experiências, como viagens e divertimento, além dos acontecimentos que melhoram o *status* social, como ser promovido, obter um escritório com uma vista bonita ou ser eleito para o conselho de administração.

A criação de vínculos. Muitos animais criam vínculos com seus pais, grupos ou tribos, mas só os humanos ampliam essas conexões para conjuntos maiores como organizações, associações e nações. A força para criação de vínculos, quando obtida, é associada a emoções fortemente positivas, como amor, carinho e quando não é obtida, é associada a emoções negativas, como solidão e anomia. No trabalho, essa força causa enormes aumentos em motivação quando os empregados se sentem orgulhosos de fazer parte da organização e é responsável pela perda de moral quando se sentem traídos pela instituição.

A compreensão. Todos nós desejamos encontrar um sentido no mundo que nos cerca, para produzir teorias e histórias – científicas, religiosas e culturais – que tornam os acontecimentos compreensíveis e sugerem ações e reações razoáveis. Sentimo-nos frustrados quando as coisas parecem sem sentido.

A defesa. Todos nós defendemos a nós mesmos, nossas propriedades e realizações, nossa família e nossos amigos e nossas ideias e crenças contra ameaças externas. Essa força está enraizada na reação básica, combate ou fuga, comum na maioria dos animais. Nos humanos, ela se manifesta não em um comportamento agressivo ou defensivo, mas como uma busca pela criação de instituições que promovam justiça, que tenham intenções e objetivos claros e que permitam às pessoas a expressão de suas opiniões. O êxito no desejo de defesa proporciona sentimentos de segurança e confiança; o fracasso produz emoções negativas como medo e ressentimento.

3.9.3 Os mecanismos da organização para motivar

O sistema de recompensas. O desejo de aquisição pode ser facilmente satisfeito pelo sistema de recompensas da organização – pela forma como ele efetivamente discrimina entre os que têm desempenho bom ou fraco e dá aos melhores oportunidades para promoção (ver Seção 10.2, do Capítulo 10).

A cultura. A forma mais eficaz para satisfazer a criação de vínculos – para construir um forte sentimento de camaradagem – é criar uma cultura que promova o espírito de equipe, a colaboração, a abertura e a amizade (ver Capítulo 2).

A descrição das funções. O desejo de compreensão pode ser abordado pela criação de funções que sejam significativas, interessantes e desafiadoras (ver Seção 10.1, do Capítulo 10).[12]

3.10 Conclusão

Cumpre lembrar que as organizações são constituídas por pessoas e os administradores só podem ser bem-sucedidos se estiverem atentos e compreenderem bem os sentimentos, as necessidades e as motivações das pessoas, que são diferentes entre si e têm motivações e necessidades diversas. Além disso, as motivações são condicionadas pela cultura da organização e pela da região em que ela opera. Os administradores precisam motivar sua equipe. Nem sempre isso é fácil, considerando as pressões a que estão submetidos. O primeiro passo para isso é conhecer o pessoal da equipe. Muitos consideram que alguém que está produzindo com eficiência está satisfeito com o trabalho. Embora isso seja verdade em muitos casos, às vezes não é. Segundo Butler e Waldroop, as pessoas só estão satisfeitas com o trabalho quando ele se encaixa profundamente nos seus interesses vitais. O administrador deve se preocupar acima de tudo em definir as responsabilidades de cada um de modo a satisfazer àqueles interesses. O problema é que a maioria das pessoas não tem um conhecimento preciso dos seus interesses vitais.[13]

O ponto de partida para motivar uma pessoa é conhecê-la e identificar suas necessidades, prioridades e seus desejos. O que motiva a uns não é válido para outros. Os empregados mais intratáveis absorvem uma proporção enorme do tempo e da energia dos gerentes. Não é possível a um chefe motivar esses subordinados. Somente eles mesmos

[12] NOHRIA, Nitin; GROYSBERG, Boris; ELING-LEE, Linda. July-August, 2008. p. 78 ss.

[13] BUTLER, Timothy; WALDROOP, James. The art of retaining your best people. In: *Finding and keeping the best people*. Harvard Business School Press, 2001.

podem se automotivar. Ao chefe cabe criar as condições para que a motivação inerente a esses subordinados possa ser canalizada para resultados alcançáveis. Todas as pessoas têm algum tipo de motivação, mas muitas vezes essa motivação está canalizada para outras áreas fora do trabalho. É preciso descobrir quais os obstáculos que estão impedindo que ela seja também dirigida para o trabalho.[14]

Uma das formas de motivar é dar autonomia: valorizar a independência dos funcionários, fazendo-se que cada um se sinta dono daquilo. O negócio é feito por todos remando na mesma direção. É importante reconhecer que todos gostam de ser bem tratados e de trabalhar em um lugar alegre. Deve-se evitar usar gente de mau humor. Deve-se também evitar excesso de manuais e normas, pois isso criaria o vício de muita justificativa e pouca ação.[15] Para compreender a motivação dos outros é preciso se colocar do seu ponto de vista, mesmo que não se concorde com eles. É preciso saber quais são as suas necessidades, prioridades, seus desejos e mesmo caprichos.

Uma das formas de motivar os subordinados é ter alta expectativa em relação a eles. A atuação do chefe imediato é mais importante que as políticas da organização.

Por fim, é preciso lembrar que motivação não é um ato isolado, mas um processo que requer esforços continuados (ver Capítulo 10).

Termos-Chave

Ver significado desses termos no site do livro.

Efeito Hawthorne

Fatores higiênicos

Fatores motivadores

Modelo de Lawrence e Nohria

Motivação

Necessidade

Necessidades básicas ou fisiológicas

---

[14] NICHOLSON, Nigel. How to motivate your problem people. In: *Harvard Business Review*, Jan. 2003.

[15] JÚLIO, Carlos Alberto. Entrevista concedida por Luiza Helena Inácio Trajano Rodrigues, diretora superintendente do Magazine Luiza, ao *HSM Management* e publicada no número de novembro--dezembro de 2003. p. 33.

Necessidades de associação ou sociais
Necessidades de autorrealização
Necessidades de segurança
Necessidades de *status*
Teoria das necessidades de Maslow
Teoria das relações humanas
Teoria de motivação de McClelland

Casos para Debate em Sala de Aula

Vale a pena se esforçar?

Um operário com muitos anos de trabalho na empresa sugere a um novo operário que não produza mais que os colegas: "As promoções e os aumentos só dependem do tempo de casa; bom desempenho não adianta. Se fizer os outros parecerem preguiçosos, as coisas vão se complicar para você, pois será hostilizado".

Se o novo empregado aceitar esse conselho será devido a quê? Que alternativas existem para ele? Que variáveis podem influir na escolha da melhor alternativa? O operário antigo tem autoridade? Caso afirmativo, que tipo de autoridade? Que problema existe na empresa?

O que você acha da situação desta empresa? Discuta este assunto.

Por que é necessário motivar?

Se há pressões externas à empresa que forçam as pessoas a trabalhar: a necessidade de ganhar dinheiro para sustento da família e o lazer, as pressões de consumo causadas pela publicidade, o efeito comparativo do padrão de vida com amigos e vizinhos, além das necessidades individuais de reconhecimento, *status* etc.

Por que é necessário, além disso, motivar os subordinados no emprego? O que se ganha com isso? Os resultados da empresa serão afetados por isto?

Quais os meios disponíveis para motivar os subordinados? Como devem ser usados? Como devo proceder para saber se estou motivando da forma certa?

Necessidades insaciáveis

Em todos os estudos sobre necessidades, ficou claro que, quando uma necessidade está satisfeita, outra se torna mais importante e começa a pedir sua satisfação. Por que deveria um administrador ajudar seus subordinados a satisfazer suas necessidades, se, uma vez satisfeita a que mais o preocupa, outra toma seu lugar em uma sequência sem fim?

Como identificar e motivar o pessoal-chave?

Imagine que você seja o chefe de uma grande unidade organizacional e conclui que seus subordinados não estão produzindo tudo o que poderiam. Resolve motivá-los a produzir mais.

Verifica que alguns subordinados devem ser mais importantes para o aumento da produção.

Como você faria para identificar quais seriam esses elementos-chave? O que faria para procurar identificar as principais necessidades desses elementos? Como você estimaria seus vários níveis de aspiração? Que providências e atitudes tomaria como consequência dessa identificação?

Como motivar seu pessoal?

Sua empresa está perdendo fatias do mercado para seus concorrentes. Feito um diagnóstico da situação, verificou-se que tudo se resumia na falta de motivação dos funcionários para produzir. Não há bom comprometimento. O absenteísmo é grande. Em consequência, o lucro vem caindo. É preciso reverter a situação. O que você faria nessa situação?

Exercícios

1. Se há empresas que proporcionam condições agradáveis de trabalho, consideradas no sentido mais amplo, inclusive o relacionamento com as pessoas, e procuram, na medida do possível, satisfazer as necessidades dos empregados, por que alguém aceitaria trabalhar em outras que não oferecem isto?

2. Explique a diferença entre fatores higiênicos e fatores motivadores, de acordo com a teoria de Herzberg.
3. Explique por que as empresas devem manter a coerência interna entre os salários dos empregados. Não seria mais lógico pagar o mínimo que eles seriam capazes de receber no mercado de trabalho, com a finalidade de reduzir os custos?
4. De que forma a participação dos empregados nos lucros de uma empresa afeta sua motivação e seus interesses? Isso modifica os comportamentos?

CAPÍTULO 4

DIVERSIDADE, PERCEPÇÃO E CONFLITOS

APRESENTAÇÃO

Neste capítulo, mostraremos como a diversidade das pessoas requer habilidade e ausência de preconceitos por parte dos administradores.

Os estudos de Argyris relatam as características de maturidade e imaturidade das pessoas, tanto do ponto de vista pessoal como profissional, e como é necessário compreender essa diferença.

Os estudos de Argyris desembocam nos conceitos de *job enlargement*, *job enrichment* e *empowerment*, que definiremos e exemplificaremos.

A seguir, apresentaremos as diferenças existentes nos vários sistemas de valores.

Mostraremos como a realidade percebida costuma ser diferente da realidade objetiva e como isso interfere nas nossas ações e decisões. Os estudos de Likert comprovam este fato.

Terminaremos este capítulo com um breve estudo dos conflitos, em que resumimos o trabalho de Mary Parker Follet.

4.1 A diversidade das pessoas

4.1.1 É preciso reconhecer que as pessoas são diferentes

As pessoas são diferentes umas das outras: elas vêm de lares diferentes, com educação diferente, expectativas diferentes, percepções diferentes, valores diferentes, religiões diferentes, idiomas diferentes, etnias diversas, condições socioeconômicas diferentes etc. Desde o nascimento as pessoas vão sendo moldadas pelos pais, pelos amigos, pela escola e por todas as experiências pelas quais passaram. Algumas são cultas e outras não, algumas estão acostumadas ao trabalho duro e outras não e assim sucessivamente. O gerente tem de saber administrar essas diferenças. Uma diversidade bem administrada tende a aumentar a eficácia da organização, capitalizando as experiências e percepções diferentes para obter melhores resultados. Devem-se evitar discriminações de qualquer tipo: todas as decisões gerenciais devem ser tomadas de acordo com o trabalho a ser executado, de preferência considerando apenas o mérito de cada um.

Sou diferente de você, longe de lesá-lo, eu o aumento.
Sou diferente de você: não sou seu oposto, eu o complemento.

Saint-Exupéry

Em suma: a diversidade é um princípio natural. Todos nós sabemos o que é. As dificuldades para lidar com ela não podem ser atribuídas ao desconhecimento do que ela é, mas às nossas próprias dificuldades para identificar o valor nela, fruto dos nossos preconceitos.[1]

4.1.2 Administração da diversidade

Uma das formas de administrar a diversidade é evitar todo e qualquer tipo de preconceito e criar situações organizacionais de modo que todos atuem no máximo do seu potencial. Um dos preconceitos que precisa ser evitado é o chamado teto de vidro, isto é, um limite superior máximo para as promoções de mulheres ou de algumas minorias étnicas.

A diversidade deve estar espelhada em toda a cadeia hierárquica, incluindo pessoas de diversas etnias, gêneros, credos etc.

---

[1] PELLICIA, Rolando. Administrar diferenças dá resultados. In: *Harvard Business Review*. Versão brasileira, fev. 2011. p. 77.

Uma das funções mais importantes dos líderes é obter o engajamento dos funcionários, seu compromisso com a empresa, a disposição que têm de ir além da sua função. Mas o engajamento não é suficiente: é fundamental oferecer suporte a esse funcionário. Entre os aspectos que contribuem para gerar esse suporte estão o reconhecimento e a aceitação não só das características individuais (em especial aquelas que são diferentes do grupo), mas sobretudo o aproveitamento delas como forma de complementaridade e enriquecimento dos conhecimentos. Como reconhecer e aproveitar a diversidade da equipe para alcançar os melhores resultados? Diversidade não diz respeito apenas aos aspectos evidentes, como raça, cor, faixa etária, presença de necessidades especiais e orientação sexual, mas também ao histórico profissional, formação educacional, origem socioeconômica e estética pessoal de cada um. São as diferenças mais sutis, como estilo de comportamento e crenças pessoais, que compõem o nó da questão do reconhecimento e aceitação da diversidade. O verdadeiro desafio dos líderes é o reconhecimento da diversidade dos aparentemente iguais.[2]

No caso dos expatriados, é preciso estabelecer para eles programas que abordem e lidem com a questão das diferenças culturais. Como qualquer indivíduo que vai para outra sociedade, o respeito aos costumes e o entendimento das razões dos comportamentos são importantes.[3]

Em relação à estratégia global, a maioria dos líderes empresariais e dos acadêmicos acredita em duas suposições: primeiro, que o desafio central é obter o equilíbrio certo entre economias de escala e a reação às condições locais, e, segundo, quanto mais ênfase as empresas colocam nas economias de escala das suas operações em todo o mundo, mais global será sua estratégia. Essas suposições são problemáticas. O principal objetivo de qualquer estratégia global deve ser administrar as diferenças que surgem nas fronteiras, sejam elas definidas em termos geográficos ou em função de qualquer outra variável.[4]

4.1.3 Exemplo de boa administração da diversidade

Um dos exemplos bem-sucedidos de administração da diversidade foi o empreendido pela IBM desde 1995. Quando pensamos em Lou Gerstner como o responsável pela reviravolta da IBM, vemos uma história de grande êxito empresarial. Menos conhecida é a his-

---

[2] PELLICIA, Rolando, 2011. p. 72 ss.

[3] PELLICIA, Rolando, 2011. p. 72 ss.

[4] GHEMAWAT, Pankaj. Managing differences: the central challenge of global strategies. In: *Harvard Business Review*, March, 2007. p. 59.

tória das pessoas, uma parte integrante dessa história de sucesso e que alterou a composição de uma organização que já era diversificada e criou milhões de dólares em novos negócios.

Na época em que Gerstner assumiu a posição de principal executivo, a IBM já tinha uma longa história de administração progressista em relação aos direitos civis e à igualdade de oportunidades. No entanto, quando Gerstner analisou sua equipe de executivos de topo, sentiu que ela não refletia a diversidade do mercado de talentos da IBM e nem a dos clientes e dos empregados. Para retificar o desequilíbrio criou seis grupos de trabalho, cada um focado em uma minoria específica. A iniciativa requereu muito trabalho e não aconteceu do dia para a noite, porém a IBM mudou bastante. O número de mulheres executivas aumentou em 370%. O número de executivos de minoria étnica nascidos nos Estados Unidos aumentou em 233%. Cinquenta e dois por cento dos membros do Conselho Internacional de Administração, os executivos de alto nível que determinam a estratégia da empresa, é composto por mulheres, minorias étnicas nascidos nos Estados Unidos e pessoas que não são cidadãos norte-americanos.

Uma das razões do êxito da empresa foi a ampliação da sua base de clientes. Ficou claro que a diversidade da sua força de trabalho foi a ponte que permitiu à IBM atrair um conjunto mais diversificado de clientes. Foi fácil concluir que é preciso integrar a diversidade nas práticas administrativas. Administrar a diversidade é uma das competências centrais utilizadas para avaliar o desempenho dos gerentes e é incluída no treinamento obrigatório dos novos administradores.[5]

4.1.4 Desenvolvimento gerencial personalizado

A maior parte das empresas tem problemas com o seu desenvolvimento gerencial. Elas promovem os que têm melhor desempenho para posições gerenciais, proporcionam treinamento em uns poucos workshops e seminários e, a seguir, atiram-nos às feras. No processo darwiniano que se segue, os que têm habilidade para sobreviver e ter êxito são recompensados; os que não têm são penalizados ou realocados em novas posições. Um número alarmante de pessoas está na segunda categoria.

Por que tantas pessoas desperdiçam suas chances de sucesso? Não é porque os novos gerentes não tenham talento ou não possuam as habilidades para a nova posição. Eles falham porque a abordagem de desenvolvimento das suas empresas falhou. Os novos gerentes falham porque as empresas não reconhecem o grau em que características pessoais, ideologias ou comportamentos afetam uma habilidade individual para

---

5 THOMAS, David. Diversity as Strategy. In: *Harvard Business Review*, September, 2004. p. 98 ss.

liderar. A verdade é que as pessoas não verificam suas individualidades antes de se juntar à grande diversidade de uma empresa e nem se encaixam em um único perfil de treinamento de liderança.

Existem quatro tipos básicos de pessoas que entram em programas de desenvolvimento gerencial, cada uma possuindo desafios e oportunidades diferentes. Primeiro, existem os **líderes relutantes**, que parecem possuir todas as habilidades necessárias para serem ótimos gerentes, mas não se imaginam tendo êxito em papel de liderança. Os **líderes arrogantes** têm o problema oposto; acreditam que já possuem todas as habilidades de liderança de que precisarão algum dia. Faltam-lhes a empatia e a humildade características de um líder eficaz. O terceiro grupo de pessoas, os **líderes desconhecidos**, tem a proporção correta de humildade confiança e habilidades de liderança, porém seus talentos passam despercebidos porque não desenvolvem relações fora de um pequeno grupo de colegas próximos. Por fim, existem os ergomaníacos ou ***workaholics***, o tipo mais comum entre os nossos candidatos a gerentes. Esses indivíduos foram recompensados por trabalhar horas excessivas no escritório. Infelizmente, *workaholics* raramente possuem visão e personalidade para inspirar outros.

Identificar quem se encaixa em cada um desses tipos de candidatos a gerentes e projetar programas de desenvolvimento gerencial feitos sob medida para cada um deles traz resultados excelentes. É preciso tratar esses líderes potenciais como indivíduos – focando nas suas personalidades específicas e circunstâncias, oferecendo orientação e proporcionando experiências reais de gerenciamento.

A insegurança inata dos líderes relutantes se manifesta de diversas formas: indecisão, aversão ao risco e tendência a evitar conflitos. Para transformar líderes relutantes em líderes fortes e confiantes, é preciso ajudá-los a mudar suas próprias habilidades, proporcionando treinamento específico em tomada de decisões e conflitos gerenciais e dando-lhes firmes doses de encorajamento.

Os líderes arrogantes são tão inseguros quanto os relutantes, mas eles procuram superar suas dúvidas pessoais convencendo-se a si próprios de que são gerentes excepcionais. Como eles são ambiciosos e sabem criar uma imagem positiva de si, muitas empresas os promovem sem estudá-los. Transformá-los em gerentes capazes requer um rude despertar na forma de duro *feedback*, prática de aprender a ouvir e de trabalho em equipe e mesmo ameaças de demissão.

Líderes desconhecidos são ambiciosos, altamente competentes, mas cautelosos, que formam relações mais devagar do que os outros. Como são quase sempre introvertidos, suas redes de conexões, isto é, suas *networks*, são pequenas e raramente iniciam uma conversa. As pessoas não os consideram para lideranças e eles têm pouco reconhecimento nas suas organizações. Para transformá-los em líderes eficazes requer *feedback* (ver Seção 10.6.5.3. do Capítulo 10), seguido de uma cuidadosa desconstrução de sua crença de que *networking* é perda de tempo. É também útil forçar líderes desconhecidos em encontros com novas pessoas, mas isso requer apoio e monitoração.

Líderes *workaholics* têm personalidades viciadas em trabalho, colocando o trabalho acima da família, crescimento espiritual, esportes, hobbies, amor ou amizade. Claro que esse vício tem vários graus de severidade: existem pessoas que adoram o seu trabalho e trabalham longas horas sem sofrer consequências negativas. Mas casos agudos de *workaholics* comportam-se como o *hamster* em uma roda, trabalhando incessantemente para terminar tarefas diárias. Tipicamente extrovertidos, presos em atividade e ação, os casos mais graves são propensos a sofrer de fadiga crônica, doenças do coração, pressão alta etc. Infelizmente, muitas empresas continuam a recompensar esse tipo de atitude. Nosso desafio com esse grupo de pessoas é demonstrar para eles que seu modo de operação é um jogo de soma zero. Em vez de premiar sua mania, tentamos puni-la.

Enquanto algumas pessoas respondem magnificamente a um tipo de abordagem, outras fracassam com esse mesmo tipo. Líderes relutantes e líderes desconhecidos requerem doses extras de apoio e encorajamento, enquanto ameaças de consequências duras fazem toda a diferença para os líderes arrogantes e *workaholics*.[6]

4.2 Os estudos de Argyris

4.2.1 Maturidade e imaturidade profissional e pessoal

Argyris estudou como as pessoas evoluem de um estágio de imaturidade pessoal e profissional para um de maturidade. Pessoas imaturas tendem a ser passivas e dependentes; a ter interesses superficiais e perspectiva limitada do tempo, têm dificuldade em antecipar e planejar o futuro; tendem a não ter consciência e controle do "eu" e a ter dificuldade de perceber as situações sob o prisma de outras pessoas. Para Argyris, o desenvolvimento da maturidade pessoal e profissional se dá de forma gradual e contínua, desde uma completa imaturidade até a maturidade. Na maturidade, as pessoas tendem a ser ativas e independentes; são capazes de se comportar de diversas maneiras, dependendo das circunstâncias; tendem a ter interesses pro-

---

6 GRIFFIN, Natalie Shope. Personalize your management development. In: *Harvard Business Review*, March, 2003. p. 113 ss.

fundos e ampla perspectiva do tempo, sabendo antecipar situações e planejar; são capazes de ter consciência do "eu", de dominar seus impulsos e de perceber as situações sob o ângulo de terceiros.[7] A maioria das pessoas se encontra em um estágio intermediário entre os dois extremos.

4.2.2 Características da imaturidade e da maturidade

As características da imaturidade e da maturidade são vistas na Quadro 4.1.

Quadro 4.1 • Características da imaturidade e da maturidade

Imaturidade	Maturidade
Comportamento uniforme.	Comportamento variado conforme a situação.
Interesses superficiais.	Interesses profundos.
Perspectiva limitada do tempo ("visão míope").	Ampla perspectiva do tempo (capacidade de planejar).
Posição subordinada.	Posição inferior, igual ou superior.
Falta de consciência e controle do "eu".	Consciência e controle do "eu".
Comunicação precária.	Comunicação eficaz.
Percepção do ponto de vista único (pessoal).	Percepção de vários pontos de vista.

Dependendo do estilo de administração utilizado, as pessoas podem ser estimuladas ou não a amadurecer, podendo chegar a ponto de serem impedidas de se desenvolver por causa das práticas administrativas adotadas.

O uso satisfatório de retardados mentais em alguns serviços repetitivos mostra como o trabalho é planejado, em alguns casos, com nível de exigência muito baixo em termos intelectuais e de maturidade.

4.2.3 Ampliação e enriquecimento do trabalho

Um trabalho repetitivo deveria ser, sempre que possível, automatizado a fim de prescindir do esforço humano. Um trabalho não repetitivo pode ser ampliado e enriquecido.

Argyris propôs um tipo de organização do trabalho que ficou conhecido como *job enlargement*, no qual, as pessoas não se limitam a uma tarefa, mas realizam diversas atividades

---

[7] ARGYRIS, Chris. *Integrating the individual and the organization*. New York: John Wiley, 1964.

correlatas e sequenciais, formando um processo ou parte de um processo, abrangendo um conjunto completo de ações, pelas quais elas se responsabilizam. Por exemplo, em uma linha de produção, a mesma pessoa faria a montagem final, a inspeção da qualidade e o empacotamento. Em uma estação transformadora de energia elétrica, a mesma pessoa faria vários ou mesmo todos os tipos de manutenção, ficando uma pequena equipe responsável pela manutenção de toda a estação, ou de um conjunto de estações próximas, e permitindo que a departamentalização da manutenção de estações da empresa possa ser feita segundo o critério geográfico, em vez do funcional, economizando tempo de transporte de pessoal e equipamentos e identificando melhor as responsabilidades de cada equipe, além de aumentar o moral, o nível de qualificação e a maturidade dos empregados. Esse tipo de organização do trabalho tende a dar resultados superiores em termos de produtividade e de resultados, dependendo do nível de treinamento e de maturidade dos empregados, além de diminuir o número de atividades que não agregam valor ao produto ou serviço.

Job enlargement, *ampliação do trabalho* ou *ampliação horizontal do trabalho* é uma expressão da língua inglesa que significa uma abordagem para descrever funções e cargos que procura aumentar a motivação das pessoas ampliando o número de atividades que lhes são atribuídas. Dessa forma, cada um tem uma participação mais ampla no processo de trabalho.

Job enrichment, *enriquecimento do trabalho* ou *ampliação vertical do trabalho,* é uma expressão da língua inglesa que significa uma abordagem para descrever funções e cargos que procura aumentar a motivação das pessoas alocando a elas atividades variadas que envolvem algum grau de autonomia e de responsabilidade na forma de execução e de controle dos resultados.

O trabalho pode ser ampliado duplamente: vertical e horizontalmente.

Figura 4.1 • Graus de enriquecimento e ampliação do trabalho

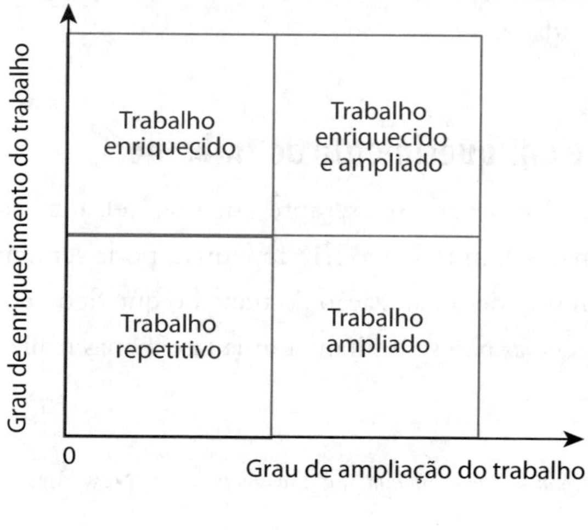

A tendência atual não é mais no sentido de dividir o trabalho em tarefas muito elementares, pois isso cria grandes necessidades de coordenação e comunicação, cada vez mais complexas nas grandes organizações. A ênfase está nos processos, atribuindo a responsabilidade por eles a uma pessoa ou a uma equipe.

4.2.4 *Empowerment*

Estudos subsequentes desdobraram os conceitos descritos, anteriormente apresentados, criando a teoria do ***empowerment*** que sustenta que a motivação individual aumenta e os resultados melhoram quando são dadas às pessoas oportunidades de participar com maior envolvimento e poder decisório no seu trabalho e nas metas a elas pertinentes.

Segundo os idealizadores deste conceito, *empowerment* não é *dar poder* às pessoas, mas permitir que façam uso do poder, conhecimentos e habilidades que já possuem. Para isso, é necessário que os gerentes criem condições favoráveis à aprendizagem, ação e decisão para que as pessoas possam fazer uso da autonomia, iniciativa e responsabilidade e a organização deve proporcionar um ambiente de apoio, voltado para a responsabilidade e o desenvolvimento contínuo, deixando de lado a velha mentalidade de comandar e controlar.[8] Na prática, há que se considerar que se dá algum poder às pessoas, embora dentro de um quadro de referências definido e limitado em um nível estabelecido.

O *empowerment* só traz resultados se tiver o apoio da alta administração. Para implantá-lo, Blanchard et al. definem três condições:

- **Compartilhar informações com todos**: sem informação, as pessoas não podem agir com responsabilidade; com informação, são obrigadas a isto;
- **Criar autonomia por meio de limites**: quando compreendem de que forma sua contribuição influencia os resultados, a motivação e a responsabilidade aumentam;
- **Substituir a hierarquia por equipes autogerenciadas**: ensinar às pessoas o que podem fazer para terem mais autonomia.[9]

Desdobramentos subsequentes do *job enlargement*, *job enrichment* e *empowerment* são encontrados na reengenharia, que usa esses conceitos na reformulação dos processos da

---

[8] BLANCHARD, K.; CARLOS, J. P.; RANDOLPH, A. *Empowerment*: exige mais do que um minuto. Rio de Janeiro: Objetiva, 1996, p. XI e XIV.

[9] BLANCHARD, K.; CARLOS, J. P.; RANDOLPH, 1996, p. 31 a 78.

empresa. Integrar processos traz benefícios, como redução de custos e tempo e diminuição de erros, atrasos e reparos gerados por esses erros.[10]

A reengenharia tem proporcionado melhoras no desempenho, mas não produziu o número necessário de pessoas altamente motivadas para assegurar desempenhos consistentemente altos nas organizações.[11]

Se os administradores desejam que os empregados assumam mais responsabilidade, devem encorajar o comprometimento interno, o qual está intimamente relacionado com o *empowerment*. É importante lembrar que *empowerment* é uma meta da qual as empresas podem se aproximar, sem, contudo, atingir. É possível existirem vários níveis de comprometimento em uma organização e conseguir que o trabalho seja bem-feito. O *empowerment*, portanto, tem seus limites. Infelizmente, alguns administradores trabalham consciente ou inconscientemente contra o *empowerment*, com receio de perda do poder, mas os empregados não se sentirão comprometidos nem motivados se alguém estiver sempre controlando o que eles fazem.[12] É preciso deixar que os empregados tenham certa autonomia e participem das decisões para que se motivem.

Tanto o *job enlargement* como o *job enrichment* e o *empowerment* tendem a aumentar a motivação dos participantes da organização como proporcionar melhores condições para a promoção.

As empresas que usam o *empowerment* devem estar dispostas a aceitar erros involuntários que foram cometidos de boa-fé.

4.3 Sistemas de valores, hábitos e costumes

Cada pessoa constrói desde o seu nascimento seu sistema de valores, de acordo com a educação recebida, o ambiente familiar e a cultura do local em que nasceu e cresceu. Os valores constituem aquilo que cada um acredita que seja válido e importante. A variação da importância de cada valor dá origem à hierarquia de valores, que é específica para cada pessoa.

Uma parte dos valores pode vir diretamente da genética, mas a maior parte é proveniente da influência dos pais, dos professores, da família em geral, dos amigos e do ambiente da criação. Alguns valores são considerados universais: paz, liberdade, progresso,

---

[10] HAMMER, Michael; CHAMPY, James. *Reengenharia*: revolucionando a empresa em função dos clientes, da concorrência e das grandes mudanças da gerência. Rio de Janeiro: Campus. 1994. p. 39.

[11] ARGYRIS, Chris. *Empowerment* in *on managing people*. Boston: Harvard Business School Press, 1999 p.101 ss.

[12] ARGYRIS, Chris, p. 101 ss.

cooperação, equidade, segurança, mas cada país dá mais ou menos ênfase a cada um deles. Os países ocidentais dão grande prioridade à democracia, mas isso nem sempre ocorre nos demais. Os valores de cada pessoa tendem a ser estáveis e são em grande parte construídos nos primeiros anos.

Os sistemas de valores estão na raiz dos hábitos e costumes, que são diferentes em cada país, cada região e mesmo cada família.

Os gerentes devem ser capazes de lidar com pessoas que possuem valores diferentes e nem sempre idênticos aos valores que são priorizados pela organização. O que motiva uns não motiva outros, pois a motivação varia conforme o sistema de valores, os hábitos e os costumes, os quais variam em função da cultura de cada pessoa. Os executivos expatriados devem ser capazes de compreender os valores e os costumes dos habitantes dos países nos quais estão servindo para ter condições de conseguir bom desempenho.

4.4 Percepção

4.4.1 Introdução

A percepção é o resultado do processo pelo qual as pessoas captam, selecionam, interpretam e organizam o que veem, ouvem e sentem para explicar a si mesmas a realidade. Ocorre que a realidade pode ser bem diferente da percepção. As pessoas percebem tudo por meio de um filtro formado pelo seu quadro de referências: valores, preconceitos, necessidades, desejos, experiências etc. Essas referências são criadas aos poucos desde o nascimento. A história de cada um explica como foi sendo "construído" esse quadro de referências e, em função dele, o filtro que faz perceber a realidade com o viés que cada um se permite. Necessidades insatisfeitas podem influenciar fortemente a percepção. As pessoas reagem àquilo que percebem e não à realidade objetiva.

O conceito de percepção é um dos mais antigos da filosofia e da psicologia. No século V a.C., Demócrito, criador da filosofia atomista, dizia que há uma diferença crucial entre o que existe objetivamente no mundo, de modo independente de nós, e o que é apenas subjetivo, ou seja, devido aos efeitos do mundo sobre os nossos sentidos e a nossa mente. O passo decisivo da filosofia atomista foi submeter nossas sensações e percepções naturais das coisas a uma análise rigorosa. Foi mostrar que elas resultam de um processo de interação entre os fenômenos externos, nosso aparelho perceptivo e o nosso sistema nervoso, e oferecer uma teoria detalhada das suas bases físicas, ou seja, do que vai por detrás da nossa experiência mental dos diferentes sons, cores, tatos, gostos e cheiro das coisas. O resultado dessa investigação foi a descoberta de que o mundo que nos é familiar e dentro do qual transcorre a nossa vida subjetiva difere radicalmente do mundo como ele de fato é.[13]

Todos nós percebemos subjetivamente, pelos nossos filtros, não só o ambiente que nos cerca, mas também as pessoas com quem nos relacionamos.

Muitas vezes, construímos estereótipos, isto é, uma crença na existência de um tipo padrão das pessoas de um grupo. A seguir, generalizamos esse padrão para nele incluir todas as pessoas do grupo. Isto é perigoso, porque as pessoas são diferentes e a construção de padrões poucas vezes é válida.

4.4.2 Estudos de Likert sobre percepção

Likert realizou muitos estudos relacionados à percepção, mostrando como as pessoas se enganam em relação à percepção dos outros. É simples compreender esse fato quando se considera que se as pessoas podem ver coisas diferentes em uma mesma imagem tanto mais fácil ocorrer essa diferença de percepção em relação a situações complexas, envolvendo conceitos abstratos e lidando com emoções e interpretação de atos e palavras.

São muito conhecidas as duas imagens mostradas na Figura 4.2. Cada uma permite duas percepções. Muitos só conseguem "ver" uma das duas possibilidades.

Figura 4.2 • Duas imagens em cada figura ou só uma?

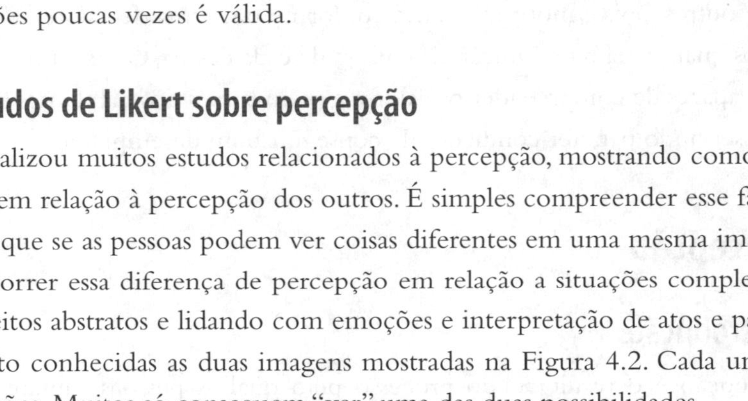

[13] GIANNETTI DA FONSECA, Eduardo. *A ilusão da alma*: biografia de uma ideia fixa. São Paulo: Companhia das Letras, 2010. p. 98 e 99.

Likert pesquisou a extensão em que superiores e subordinados concordam quanto ao grau de aproveitamento pelos superiores de ideias e sugestões de subordinados na solução de problemas relativos ao trabalho. O resultado da percepção de cada grupo, refletida nas respostas que cada um deu às mesmas perguntas, é mostrado na Quadro 4.2.

Quadro 4.2 • Percepções diferentes pelos vários grupos

Extensão em que superiores e subordinados concordam quanto ao aproveitamento pelos superiores de ideias e sugestões de subordinados na solução de problemas relativos ao trabalho				
	A alta administração relata seu estilo	**Os mestres relatam o estilo da alta administração**	**Os mestres relatam seu estilo**	**Os empregados relatam o estilo dos mestres**
Sempre ou quase sempre pedem sugestões aos subordinados	70%	52%	73%	16%
Muitas vezes pedem sugestões aos subordinados	25%	17%	23%	23%
Raramente pedem sugestões aos subordinados	5%	31%	4%	61%

A Quadro 4.2 mostra que o aproveitamento de sugestões dos subordinados é percebido de forma bem diferente pelos vários grupos da organização. Pode-se dizer que cada pessoa percebe sua participação na solução de problemas de forma diversa.

Da mesma forma, a percepção da liberdade de comunicação com as chefias é percebida de forma diferente pelos vários grupos, conforme se vê pelo Quadro 4.3 em que cada grupo respondeu às mesmas questões.

Quadro 4.3 • Percepção diferente das liberdades para falar com os superiores

Grau de liberdade que os empregados sentem para debater com os superiores pontos importantes do trabalho segundo os superiores e os subordinados				
	Pessoal da cúpula falando dos mestres	Mestres falando de si mesmos	Mestres falando dos empregados	Empregados falando de si mesmos
Plena liberdade	90%	67%	85%	51%
Relativa liberdade	10%	23%	15%	29%
Não muita liberdade	-	10%	-	14%
Nenhuma liberdade	-	-	-	6%

Esses estudos mostram como a percepção varia de pessoa para pessoa e como é importante comunicar bem e captar a percepção que o outro teve da comunicação. Quanto maior a precisão das percepções, mais alta a produtividade.

4.4.3 Erros nas avaliações de pessoas

Ao avaliarmos pessoas, devemos lembrar que avaliação existe sempre, toda avaliação é subjetiva e contém alguma distorção.

As distorções mais comuns resultam da não consideração da diversidade das pessoas:

subjetivismo: avaliar em função de valores e objetivos pessoais, que não coincidem com os valores, objetivos e interesses da organização; incluem-se neste erro os preconceitos em relação a etnias, idades, sexos e outros; também denominado parcialidade, se bem que a parcialidade é consciente e o subjetivismo é, em geral, inconsciente;

unilateralidade: valorizar aspectos que o avaliador julga importantes, mas não o são para a empresa ou para a posição que o avaliado ocupa;

efeito halo: julgar todas as características como um conjunto homogêneo, sem considerar as diferenças de cada aspecto da pessoa, isto é, avaliar pela impressão geral do avaliado.

Além dessas distorções temos outras que estão detalhadas na Seção 10.6.3 do Capítulo 10.

4.5 Conflitos

4.5.1 Conceituação

Os conflitos são inevitáveis em qualquer organização. Os desejos e interesses de um grupo ou de uma pessoa muitas vezes divergem dos interesses e desejos de outros grupos ou outras pessoas. Quando um grupo ou pessoa percebe que outro grupo ou pessoa se opõe aos seus interesses, o conflito está criado. Já que o conflito – a diferença – se encontra no mundo e não podemos evitá-lo, deveríamos utilizá-lo. Em vez de condená-lo, deveríamos fazer que trabalhasse a nosso favor. Não devemos ter receio do conflito, porém devemos reconhecer que há uma maneira destrutiva de lidar com tais momentos e uma maneira construtiva.[14]

Os conflitos têm aumentado no passado recente nas grandes organizações e para isso têm contribuído:

- Maior velocidade das mudanças.
- Maior diversidade das pessoas que trabalham na organização.
- Menos comunicação pessoal, que está sendo, em parte, substituída por comunicações eletrônicas.
- Globalização das organizações, abrangendo pessoas com culturas diferentes.[15]

As principais causas de conflitos são:

- Personalidades incompatíveis.
- Sistemas de valores diferentes.
- Atribuições pouco claras.
- Comunicações inadequadas.
- Complexidade organizacional.
- Tarefas interdependentes (uma tarefa depende da conclusão de outra).
- Políticas ou normas pouco claras.
- Pressão exagerada de tempo para a conclusão de alguma coisa.

---

[14] FOLLET, Mary Parker. *Profeta do gerenciamento-conferências selecionadas para a Harvard Business Review*. Tradução brasileira: Rio de Janeiro: Qualitymark, 1997. p. 71ss.

[15] KREITNER, Robert; KINICKI, Angelo. 8. ed. *Organizational behavior*. New York: McGraw-Hill, 2008. p. 374.

- Decisões coletivas por meio de consenso.
- Expectativas pouco realistas.
- Conflitos anteriores não resolvidos.[16]

4.5.2 Como lidar com os conflitos

Existem três maneiras de se lidar com o conflito: dominação, conciliação e integração. A dominação é a vitória de um lado sobre o outro: eu ganho e você perde. Esta é a maneira mais fácil de lidar com o conflito, mas, com frequência, malsucedida. Um perdedor em uma batalha é um inimigo na próxima. A conciliação é a solução de meio-termo. Se essa solução for obtida no interesse da organização, pode ser válida, mas se for no interesse de uma das partes, será prejudicial. Cada lado cede um pouco para ter paz. É a maneira mais comum de acabar com uma controvérsia. Contudo, ninguém fica plenamente satisfeito, porque isso significa a renúncia a algum desejo. A integração é o encontro de uma solução em que todos encontram algum espaço. Ninguém teve de sacrificar coisa alguma. As partes envolvidas trabalham ativamente para encontrar uma solução. A conciliação não cria, ela lida com o que já existe; a integração cria algo novo.[17] A integração envolve uma solução criativa, ou a eliminação de barreiras psicológicas. A dominação consiste em derrotar o oponente eliminando sua ideia. A conciliação consiste em procurar um meio-termo que seja aceitável por ambas as partes, mas se ela não for bem conduzida, o conflito pode reaparecer adiante. A integração consiste em procurar, junto com o oponente, todas as possibilidades para resolver o problema até encontrar uma alternativa que seja aceitável por todos. O primeiro passo para a integração é explicitar as diferenças. Não podemos esperar integrar nossas diferenças a menos que saibamos quais são. Então, a primeira regra para se obter a integração é colocar suas cartas na mesa, enfrentar a verdadeira questão, revelar o conflito, trazer a coisa toda às claras. Uma das mais importantes razões para trazer os desejos de cada lado a um lugar-comum, em que possam ser claramente avaliados, é que a avaliação, frequentemente, conduz à reavaliação e nesse ponto tende a surgir uma ideia criativa que requer certo grau de inteligência, aguda percepção e brilhante inven-

---

[16] JACKSON, T. Cultural values and management ethics : a 10- nation study. In: *Human Relations* Oct. 2001 apud KINICKI, A. *Organizational behavior.* New York: McGraw-Hill, 2008. p. 117.

[17] KINICKI, A., 2008. p. 117.

tividade.[18] Esta é a única maneira de deixar todos satisfeitos, mas nem sempre é possível conseguir a integração e, nesses casos, resta a negociação e a conciliação.

Existe ainda a possibilidade de evitar o conflito retirando o problema das prioridades da organização. Pode ser uma solução válida em alguns casos, mas, provavelmente, esse problema emergirá adiante da mesma forma ou de outra parecida. De certa forma, equivale esconder a sujeira debaixo do tapete.

O conflito pode ser pessoal ou funcional. Será pessoal se for causado por interesses pessoais geralmente em função de valores ou desejos diferentes. O conflito funcional é, em geral, provocado pela competição por recursos limitados ou atribuições mal definidas, gerando superposições de responsabilidades ou demandas incompatíveis com as possibilidades da pessoa.

Muitos conflitos derivam de comunicações ambíguas ou malfeitas, que foram interpretadas erradamente pelo emissor ou pelo receptor.

Um conflito bem resolvido deve gerar um acordo, relações mais amigáveis e um aprendizado sobre os fatos envolvidos.

O conflito pode ser altamente negativo para a organização, mas, se for adequadamente conduzido, pode ser fonte de soluções criativas e de oportunidades para encontrar novos caminhos e para compreender melhor os oponentes, dissipando dúvidas e desacordos. Os conflitos são parte necessária dos processos de mudança e, se administrados corretamente, podem ser os motores do progresso. Mesmo uma ideia ruim pode, depois de um trabalho de busca de soluções, gerar algo interessante para a organização. O conflito fornece *feedback* sobre os sentimentos das pessoas, permitindo uma ação quando necessária.

Um conflito mal administrado tende a gerar estresse nas pessoas envolvidas, em virtude da insegurança de enfrentar um desafio percebido sobre o qual elas não têm controle.

Segundo Tim Ursini, as pessoas tendem a evitar conflitos por terem medo de alguns dos seguintes motivos: rejeição, perda de uma relação, raiva, ser visto como egoísta, dizer algo errado, ferir alguém, obter algo a que não tenha direito.[19]

Os conflitos, junto com as ambiguidades e a sobrecarga no trabalho, são os maiores causadores de estresse.

---

[18] KINICKI, A., 2008. p. 117.

[19] KINICKI, Angelo. *Organizational behavior*: core concepts. New York: McGraw-Hill; Irwin, 2008. p.117.

Termos-Chave

Ver significado desses termos no site do livro.

Ampliação do trabalho

Conflito

Efeito halo

Empowerment

Enriquecimento do trabalho

Maturidade profissional

Percepção

Recenticidade

Subjetivismo

Unilateralidade

Casos para Debate em Sala de Aula

Conflitos de autoridades

Comente o seguinte diálogo:

Fernando (diretor de pessoal): Fui informado de que você autorizou quatro horas extras diárias para a seção de tratamento térmico, quando a norma interna, com a qual você concordou, prevê um máximo de duas horas diárias.

Antônio (diretor de produção): Minha concordância, na ocasião da emissão, foi com o caso geral, mas esta semana foi excepcional, tínhamos de entregar no prazo o pedido da PS-Equipamentos, que é um ótimo cliente.

Fernando: Você estudou alternativas? Pediu à área comercial que negociasse o prazo com o cliente? Você sabe que horas extras em excesso fatigam o empregado e diminuem a produtividade durante longo período. Você tentou deslocar pessoal de outras áreas?

Antônio: Não convinha incomodar a PS, que é um dos nossos melhores clientes. O penúltimo pedido foi entregue com dois dias de atraso e não impressionou bem. Não poderíamos repetir o erro. O trabalho a ser feito era muito técnico, não poderia aproveitar pessoal de outras unidades.

Fernando: Por que você não me informou a respeito do problema? Poderíamos estudar, com antecedência, outra solução.

Antônio: A culpa é destas normas rígidas que nos impõem e nos impossibilitam de cumprir os prazos e executar bons serviços. Deixe tudo por minha conta que cumprirei minhas metas sem prejudicar a empresa.

Diga que tipo de autoridade tem cada um deles, qual a origem deste conflito, onde houve falhas, como se deveria prosseguir de agora em diante.

Decisão difícil

Rui, 29 anos, trabalha há seis anos na diretoria de finanças da empresa Auto Peças S.A., departamentalizada no 1° nível pelo critério funcional. É responsável pela programação do fluxo de caixa e relacionamento com bancos. Foi promovido por mérito três vezes, chegando ao nível de gerente logo abaixo de diretoria. A empresa produz duas linhas de autopeças.

Há cinco meses, a empresa criou um comitê para estudar se deveria abrir nova linha de produtos. O presidente pediu a cada diretor que indicasse um membro da sua diretoria para o grupo e nomeou o diretor de marketing coordenador do comitê. O diretor de Finanças indicou Rui como seu representante, que, como membro do comitê, presta contas ao diretor de marketing, que não se dá bem com o de finanças.

Com sua nova incumbência, seu trabalho dobrou. As cobranças do diretor de marketing são implacáveis, obrigando-o a trabalhar dez horas por dia. O diretor de finanças é muito compreensivo e ensina a Rui tudo o que sabe. O de marketing, ao contrário, faz mistério e, com frequência, faz exigências adicionais ao trabalho feito, talvez por causa do seu relacionamento ruim com o diretor de finanças e por ver em Rui uma pessoa de confiança dele. Recém-casado, Rui sente que o volume de trabalho prejudica sua vida familiar. Por outro lado, sua participação no comitê despertou-lhe para sua verdadeira vocação: marketing! Apesar da atuação do diretor de marketing, Rui sente-se atraído pelo que tem aprendido nesta área que o fascina, mas sente que não aguentará durante muito tempo esse ritmo, que deve continuar muitos meses.

Ele fica diante das seguintes alternativas:

1. Pedir sua substituição no comitê.
2. Pedir demissão e procurar emprego na área de marketing.

3. Pedir transferência para a área de marketing da empresa.
4. Deixar tudo como está até o fim dos trabalhos do comitê.

Faça uma análise das alternativas e recomende uma, justificando-a e dizendo os fatores considerados prioritários em cada uma.

Pessoal para uma nova loja

A empresa comercial "Lojas Inglesas" estará em breve inaugurando nova loja na cidade de Malmequer. Para isso, o gerente de recursos humanos, Sr. Mauro, constituiu três comissões, formadas por empregados de recrutamento e seleção, de treinamento e de administração de salários. Cinco empregados de cada uma dessas seções foram transferidos para aquela cidade. Dessa forma, os empregados deslocados da matriz que atuam em recrutamento e seleção formariam a comissão responsável pela admissão de pessoal e, assim, sucessivamente. Cada comissão era chefiada por um administrador que atuava em cada uma dessas áreas.

Dada a competência dos administradores, o Sr. Mauro acreditava que não haveria problemas no desempenho das tarefas, isto é, A *seleção* seria responsável pela contratação de empregados administrativos e vendedores, *administração de salários* pela determinação de salários, e *treinamento* teria a responsabilidade de preparar os novos empregados para exercer suas funções com eficiência. Como as funções de cada comissão estavam bem claras, o Sr. Mauro acreditava que não haveria grandes problemas. O tempo revelou o contrário.

A remuneração fixada por *administração de salários* tornava inviável a contratação de pessoas competentes, que era o objetivo da *seleção*. Assim, a demora na contratação de pessoas estava inviabilizando a atuação da comissão de treinamento, em função da escassez de tempo.

Não tardou que os grupos conflitassem entre si. *Seleção* passou a aprovar apenas candidatos cuja pretensão salarial era alta para que a *administração de salários* não aprovasse, demonstrando para *treinamento* que quem estava emperrando o processo era *administração de salários*. A comissão de treinamento passou a se queixar diretamente ao Sr. Mauro, provocando a ira das demais comissões.

O Sr. Mauro procurou você para analisar o problema e recomendar a solução, sem considerar a alternativa radical de dissolver o grupo atual. Faça isto agora, por escrito.

(Exame Nacional de Cursos – 1996)

Como identificar os elementos-chave e suas necessidades?

Imagine que você seja o chefe de uma grande unidade organizacional e conclui que seus subordinados não estão produzindo tudo o que poderiam. Resolve motivá-los a produzir mais.

Verifica que alguns subordinados devem ser mais importantes para o aumento da produção.

Como você faria para identificar quais seriam esses elementos-chave? O que faria para procurar identificar as principais necessidades desses elementos? Como você estimaria seus vários níveis de aspiração? Que providências e atitudes tomaria como consequência desta identificação?

A ideia do conflito

No senso comum, a ideia de conflito aparece geralmente associada a algum sentido negativo como desavença, desarmonia, desacordo, desentendimento, intriga, incongruência, discordância, oposição, dentre outros. Apesar disso, o conflito é uma condição geral dos homens, assim como das organizações. Denota a existência de ideias, sentimentos, ações e/ou interesses divergentes. O reconhecimento e a análise do conflito no contexto da teoria administrativa contribuíram para o seu entendimento como possuindo também uma dimensão positiva. Dentro das organizações, verificam-se diversos tipos de conflito como: de interesses, hierárquico, de identidade, de personalidade, entre outros.

Como pode ser o conflito percebido positivamente nas organizações?

Conflito de autoridades

O principal contador da divisão de Minas Gerais de uma grande companhia, estruturada em centros de lucro por áreas geográficas, reporta-se ao gerente geral da divisão daquele Estado. Os sistemas contábeis, formulários, plano de contas e os procedimentos contábeis são projetados na administração central da companhia e aprovados pelo controlador aí sediado. O contador de Minas Gerais deve seguir estes procedimentos. Pergunta-se:

a) Quem é o chefe do contador da divisão de Minas Gerais?

b) Qual é a natureza da responsabilidade do gerente geral da divisão? Qual a "cobrança" que lhe é feita?

c) Podem existir conflitos entre o gerente geral e o controlador? Em caso afirmativo, como poderiam ser evitados?

d) Qual a autoridade do controlador sobre o contador da divisão?

Autoridade funcional?

Comente a seguinte afirmação:

"Sou contra a existência de autoridade funcional. Na prática, ela só serve para criar conflitos entre os que possuem autoridade de linha e aqueles que estão investidos de autoridade funcional. Como seria possível evitar conflitos se aquele que diz o que deve ser feito não está investido da autoridade para estabelecer as regras que devem ser seguidas?"

Exercícios

1. Por que há, em muitas empresas, um conflito entre as autoridades de linha e funcional? Pode esse conflito ser resolvido? Como? Exemplifique.
2. Por que existem conflitos entre as autoridades de linha e as assessorias? Podem esses conflitos ser eliminados ou atenuados? Como?
3. Dê um exemplo de reestruturação organizacional em que fique caracterizado um esforço no sentido de se implantar o conceito de ampliação do trabalho.
4. Que medidas poderia eu tomar para aumentar a maturidade pessoal e profissional dos meus subordinados?

CAPÍTULO 5

ESTILOS DE GESTÃO

APRESENTAÇÃO

Neste capítulo, estudaremos os estilos de gestão, começando com as teorias X e Y de McGregor. Os gerentes que atuam na teoria X não acreditam que as pessoas gostem do trabalho, os que atuam na teoria Y acreditam que as pessoas, devidamente estimuladas, podem gostar do trabalho.

Mencionaremos a teoria Z de Ouchi, que compara os estilos japonês e norte-americano.

Relataremos, a seguir, os estudos de Likert sobre os modos de atuação dos supervisores, o papel dos gerentes de nível intermediário e os estilos de administração.

Um dos pontos importantes deste capítulo é o estudo da grade gerencial de Blake e Mouton e dos estilos de gestão dos gerentes que atuam nos pontos extremos e no ponto central dessa grade.

A seguir, estudaremos a concepção de Reddin e a teoria 3D que se baseia e aperfeiçoa os estudos de Blake e Mouton.

Por fim, mostraremos em que consiste a curva de maturidade, que resume e simplifica as conclusões de Reddin.

5.1 Introdução

Antes dos estudos realizados em Hawthorne, a maioria dos administradores adotava estilos autoritários, fundamentados nos princípios da Escola de Administração Científica. A partir das conclusões de Elton Mayo, houve a preocupação de manter um ambiente agradável no trabalho, na expectativa de que isso seria suficiente para aumentar a produção (ver Seção 3.3, do Capítulo 3). Aos poucos, verificou-se que isso era necessário, mas não seria suficiente, e foram feitos vários estudos para se determinar como deveriam ser tratadas as pessoas da empresa.

Todas as pessoas têm um estilo natural de gestão, formado desde o nascimento em função da educação, do ambiente em que foi criado e também da genética de cada um. Da mesma forma, cada situação requer um estilo específico para dar os melhores resultados. Ao assumir uma nova posição, o administrador deve procurar identificar qual o estilo de gestão mais adequado para aquela situação. A conclusão final é que, antes de tudo, é preciso conhecer os subordinados para definir o melhor estilo de gestão.

5.2 As teorias X e Y de McGregor

McGregor estudou as formas mais adequadas de administrar e de conduzir os subordinados para alcançar melhores resultados e identificou dois estilos de gestão a que chamou de teoria X e teoria Y.

A **teoria X**, segundo McGregor, é praticada pelos administradores que não acreditam nas pessoas e impõem forte dependência dos subordinados em relação às chefias. Ela pressupõe que o ser humano tem aversão ao trabalho e, portanto, a maioria das pessoas precisa ser coagida, controlada, dirigida, ameaçada de punição e premiada materialmente para se esforçar e produzir de forma eficiente e eficaz.

A **teoria Y** tem uma visão oposta: pressupõe que o ser humano aceita responsabilidades e pode considerar o trabalho da mesma forma que um jogo. Para produzir de forma eficiente e eficaz, as pessoas devem ser motivadas em função das suas necessidades específicas, que podem incluir o relacionamento no trabalho, a perspectiva de valorização profissional e pessoal e o desafio de um projeto profissional interessante.

Segundo McGregor, a teoria X poderia ser válida no início do século XX, mas as mudanças no ambiente tornaram-na anacrônica e é necessário procurar, na medida do possível, fazer os administradores praticarem a teoria Y.[1]

Podemos assim resumir as pressuposições da teoria X:

---

1 McGREGOR, Douglas. *O lado humano da empresa*. São Paulo: Martins Fontes, 1980. p. 41 a 116.

1. O ser humano tem aversão ao trabalho e o evita sempre que possível.
2. Devido a esta característica humana, de aversão ao trabalho, a maioria das pessoas precisa ser coagida, controlada, dirigida e ameaçada de punição ou premiada, para se esforçar e produzir.
3. O ser humano, de modo geral, prefere ser dirigido, quer evitar responsabilidades, tem pouca ambição e quer segurança acima de tudo.

As pressuposições da teoria Y podem ser assim resumidas:

1. O dispêndio de esforço físico e mental no trabalho é tão natural como o jogo ou o descanso.
2. O controle externo e a ameaça de punição não são os únicos meios de estimular o trabalho em vista dos objetivos organizacionais. O homem está sempre disposto a se autodirigir e a se autocontrolar a serviço de objetivos com os quais se compromete.
3. O compromisso com objetivos depende das recompensas associadas à sua consecução.
4. O ser humano aprende, sob condições adequadas, a aceitar responsabilidades e a procurá-las.
5. A capacidade de usar alto grau de imaginação e criatividade na solução de problemas da empresa é mais amplamente distribuída na população do que geralmente se pensa.
6. Nas condições atuais da vida moderna, as potencialidades intelectuais do ser humano são apenas parcialmente usadas.

Quadro 5.1 • Características da teoria X

Pressupostos ⟹	As pessoas são preguiçosas e não gostam de responsabilidades
Objetivo das pessoas ⟹	Segurança Individual
Motivação para produzir ⟹	Emprego e remuneração
Instrumentos do empresário e dos gerentes ⟹	Disciplina Prêmios materiais "Stick and carrot"

Quadro 5.2 • Características da teoria Y

Pressupostos ⟹	As pessoas **não** são preguiçosas e assumem responsabilidades
Objetivo das pessoas ⟹	Realização pessoal e profissional
Motivação para produzir ⟹	Participação

Os estudos de McGregor foram importantes pelo pioneirismo e pela criação das teorias X e Y. McGregor defendia a ideia de que a teoria Y era a correta dentro da realidade norte-americana das décadas de 1950 e 1960. Estudos subsequentes mostraram que, embora McGregor estivesse certo na maioria dos casos, havia situações de exceção em que a aplicação da teoria X proporcionava resultados melhores que a teoria Y.

Cumpre salientar que nossas crenças e expectativas sobre as atitudes das pessoas influenciam seu comportamento, atuando como profecias autorrealizadoras, que é uma teoria segundo a qual certas previsões acabam se realizando porque as pessoas acreditam nelas, agindo e investindo recursos para a sua concretização, de modo a aumentar a probabilidade de que elas se realizem. A forma como os administradores tratam seus subordinados é influenciada pelo que estes esperam deles. As expectativas têm influência profunda no comportamento. Expectativas de desempenho muito alto podem aumentá-lo de fato, enquanto expectativas de baixo desempenho tendem a diminuí-lo. Além disso, nosso exemplo tende a produzir nos outros o tipo de comportamento que eles observam em nós. O mais importante não é o que o administrador diz, mas a forma como ele se comporta. As mensagens são comunicadas inconscientemente. Isso é mais crítico para os jovens que estão no seu primeiro emprego.

Uma das vantagens de confiar nas pessoas é, portanto, o fato de que as pessoas tendem a corresponder a essa confiança, enquanto a falta de confiança gera nas pessoas comportamentos negativos, corroendo a motivação intrínseca, mas a motivação intrínseca é essencial para se obter desempenho extraordinário.

Os médicos e psicanalistas sabem há muito tempo que sua expectativa em relação à recuperação dos pacientes tem grande influência na cura.

5.3 A teoria Z de Ouchi

5.3.1 Em que consiste

A teoria Z foi idealizada por William Ouchi, no livro que leva este nome, em uma referência intencional à distinção feita anteriormente entre a teoria X e a teoria Y de administração de Douglas McGregor.[2]

A primeira lição da teoria Z é a confiança. Por estranho que pareça, *produtividade e confiança andam de mãos dadas*... Outra lição importante que a teoria Z traduz da prática japone-

---

[2] OUCHI, William. *Teoria Z*: como as empresas podem enfrentar o desafio japonês. 10. ed. São Paulo: Nobel, 1988. p. 71.

sa para o modo norte-americano é a sutileza. Os relacionamentos entre as pessoas são sempre complexos e estão em mudança. Um supervisor que conheça seus subordinados pode identificar personalidades com precisão, decidir quem trabalha com quem, e formar equipes de trabalho eficazes. Produtividade, confiança e sutileza não só proporcionam maior produtividade por meio de coordenação mais efetiva, como se encontram inextricavelmente ligadas entre si. Há também o lado humano: como é que uma pessoa tratada com desconfiança no trabalho se sente quando está em casa?[3]

As promoções são sempre internas. Uma vez contratado, quase sempre recém-formado, o empregado era mantido até a aposentadoria compulsória. Embora a tradição do emprego vitalício não exista mais, a rotatividade no Japão ainda é muito baixa em comparação com a dos países ocidentais. A tradição de segurança no emprego cria um vínculo muito forte entre a empresa e o empregado, estimulando a empresa a investir em treinamento.

5.3.2 O trabalho em grupo

Um ponto importante desse modelo é o trabalho em grupo. Provavelmente, a característica mais conhecida das organizações japonesas é a participação na tomada de decisões. Na organização típica norte-americana o chefe de departamento, o gerente de divisão e o presidente acham, cada um por si, que a responsabilidade dos outros cessa ali, que só eles devem assumir a responsabilidade de tomar as decisões. A tomada de decisão por consenso tem sido objeto de uma grande quantidade de pesquisas na Europa e nos Estados Unidos e os dados sugerem nitidamente que uma abordagem de consenso produz decisões mais criativas e uma implantação mais efetiva que a tomada de decisão individual. Todavia, o que ocorre em uma organização japonesa é de muito maior alcance e sutileza que essa abordagem participativa. Quando é preciso tomar uma decisão importante em uma organização japonesa, todos os que sentirão seu efeito estarão envolvidos no processo de decisão. No caso de uma decisão sobre onde localizar uma nova fábrica, sobre mudar ou não um processo de produção, ou outro evento de importância, frequentemente haverá sessenta ou oitenta pessoas diretamente envolvidas na tomada de decisão. Uma equipe de três receberá a missão de falar a todas as sessenta ou oitenta pessoas e, cada vez que surgir uma modificação significativa, será necessário entrar em contato com todas elas novamente. A equipe repetirá esse processo até que seja alcançado um verdadeiro consenso. Tomar uma decisão dessa maneira leva muito tempo, mas, uma vez que se chega a

---

[3] OUCHI, William, 1988. p. 5 ss.

ela, todos os afetados por ela têm maior probabilidade de apoiá-la. Compreensão e apoio podem substituir o verdadeiro conteúdo da decisão, já que cinco ou seis alternativas concorrentes podem ser igualmente boas ou más. O importante não é a decisão em si, mas quanto as pessoas estão comprometidas e informadas. As "melhores" decisões podem dar errado, assim como as "piores" podem funcionar bem.[4]

5.3.3 As organizações japonesas e norte-americanas

Ouchi resumiu na Quadro 5.3 os contrastes entre as empresas japonesas e norte-americanas.

Quadro 5.3 • Diferenças entre as organizações japonesas e norte-americanas

Organizações japonesas	Organizações norte-americanas
Emprego vitalício	Emprego em curto prazo
Avaliação e promoção lentas	Avaliação e promoção rápidas
Trajetórias de carreira não especializadas	Trajetórias de carreira especializadas
Mecanismos de controle implícitos	Mecanismos de controle explícitos
Tomada de decisão coletiva	Tomada de decisão individual
Responsabilidade coletiva	Responsabilidade individual
Interesse holístico	Interesse segmentado

Ouchi verificou que algumas empresas norte-americanas se aproximavam desse modelo, que por isso chamou de teoria Z, considerando não ser exclusivo de empresas japonesas. As empresas norte-americanas – IBM, Procter & Gamble, Hewlett-Packard – começaram a se afastar desse modelo na década de 1990, pelos seus sinais de inadequação à era pós-industrial.

Em meados da década de 1990, as próprias empresas japonesas abandonaram a maior parte das características desse modelo, especialmente no que diz respeito à garantia de emprego vitalício, por não ser mais eficiente na nova economia do conhecimento e da informação. Cumpre salientar que o emprego vitalício nunca foi uma obrigatoriedade legal, sendo apenas um costume tradicional e mesmo no período de grande progresso econômico do Japão, do final da guerra até a década de 1980, apenas as grandes empresas o utilizavam.

---

[4] OUCHI, William, 1988. p. 44 ss.

5.4 Os estudos de Likert sobre estilos de gestão

5.4.1 Tipos de supervisão

Likert definiu dois tipos de supervisor: o que trabalha concentrado no serviço e o que trabalha concentrado nos subordinados, visando a motivá-los para alcançar as metas. São conceitos diferentes das teorias X e Y de McGregor, mas podemos fazer uma analogia dizendo que os supervisores concentrados no serviço estão mais próximos da teoria X e os que se preocupam em motivar os subordinados próximos da teoria Y. Foi, a seguir, medida a produção das unidades sob a responsabilidade de cada um desses supervisores e classificados os resultados em seções de alta e de baixa produção. As proporções dos resultados são mostradas na Figura 5.1.[5] Uma supervisão muito rigorosa abafa o desenvolvimento dos subordinados.

Figura 5.1 • Estilos dos supervisores de primeira linha

	Concentrados no serviço	Concentrados no empregado
Seções de alta produção	1	1 2 3 4 5 6
Seções de baixa produção	1 2 3 4 5 6 7	1 2 3

Outro estudo semelhante foi feito em relação a seções em que o supervisor adotava um estilo de supervisão rigorosa em comparação com seções em que o supervisor adotava um estilo de supervisão geral, dando mais autonomia aos subordinados. As proporções dos resultados são mostradas na Figura 5.2.

Figura 5.2 • Produção das supervisões rigorosa e geral

	Aplicação de supervisão rigorosa	Aplicação de supervisão geral
Seções de alta produção	1	1 2 3 4 5 6 7 8 9
Seções de baixa produção	1 2 3 4 5 6 7 8	1 2 3 4

5 LIKERT, Rensis. *Novos padrões de administração*. São Paulo: Livraria Pioneira Editora, 1971.

5.4.2 O pino de ligação: a gerência intermediária

Um dos estudos mais importantes de Likert foi o papel de todos os que têm posição de chefia na ligação dos seus subordinados com a organização. Esse estudo, denominado em inglês *linking-pin*, foi traduzido, em alguns textos, como "elo de ligação", expressão imprópria, não só por se tratar de pleonasmo, como pela sua inadequação em relação às imagens gráficas produzidas pela equipe de Likert, em que a representação das chefias é feita por meio de pinos e não de elos.

Likert estudou o papel dos chefes intermediários como elementos de ligação entre os subordinados e a organização. Salientou a importância do papel dessas chefias na integração dos subordinados e destes com a organização. Para operar eficientemente, um supervisor deve possuir suficiente prestígio junto a seu superior para influenciar suas decisões. Outras pesquisas mostram que a aptidão para exercer influência de baixo para cima afeta não só o moral e a motivação dos subordinados como a produtividade.[6] Esses resultados mostram que a capacidade de exercer influência de baixo para cima e de cima para baixo é essencial ao administrador. Cabe assim aos chefes intermediários o papel de representar a organização diante dos subordinados, influenciá-los favoravelmente, e ser capaz de influenciar a própria chefia no que for importante para o grupo. Os chefes intermediários devem defender a empresa diante de seus subordinados. Nem sempre isto é fácil, uma vez que podem estar em desacordo com as medidas tomadas, mas é preciso que ele apoie essas medidas para não desagregar a equipe e integrá-la à organização.

A forma convencional de administrar pode ser representada da forma mostrada na Figura 5.3.

Figura 5.3 • Forma convencional de administrar

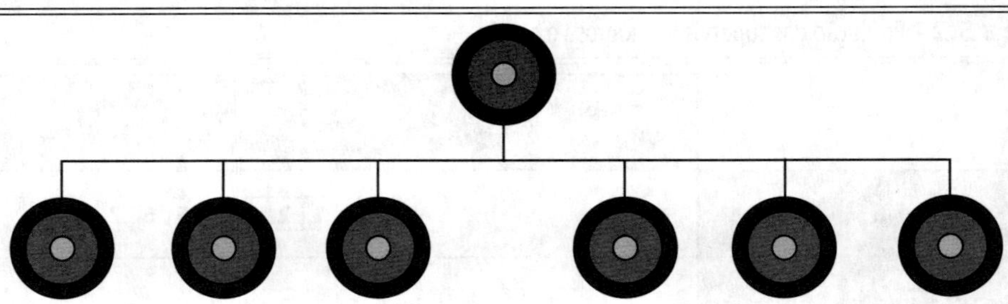

[6] LIKERT, Rensis, 1961. p. 121 ss.

Essa forma de representação indica que as pessoas trabalham de forma mais ou menos isolada dentro das suas unidades, com pouca integração entre si e com as suas chefias. Esse tipo de atuação não tende a motivar os empregados nem a integrá-los com a organização, e não conduz a resultados favoráveis.

Segundo Likert, o papel das chefias intermediárias na integração das pessoas e na integração destas com a organização torna mais conveniente a representação da forma de administrar conforme indicada na Figura 5.4.

Figura 5.4 • **Representação da forma ideal de administração segundo Likert**

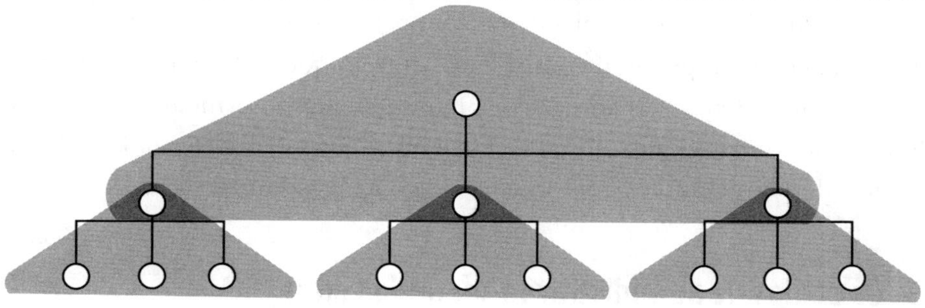

Essa forma de representação torna claro o papel das chefias intermediárias como elementos integradores e solidarizantes entre os subordinados e a organização. A conclusão do estudo de Likert foi que a administração só fará pleno uso das capacidades potenciais de seus recursos humanos quando cada pessoa na organização for membro de um ou mais grupos de trabalho, identificados com a organização, operando eficientemente, tendo alto senso de lealdade grupal e institucional, usando técnicas eficazes de interação e com altas metas de desempenho.[7]

No entanto, apesar do papel importante e delicado que cabe aos gerentes de nível intermediário, eles foram os mais sacrificados no passado recente em virtude das novas técnicas de administração, que diminuíram a segurança no emprego e a preocupação com a carreira dos colaboradores e a aumentaram a preocupação com a redução de custos, que gerou inúmeras decisões de *downsizing*, que reduziram o número de níveis hierárquicos, atingindo principalmente os gerentes intermediários.

Os executivos são a parte humana visível da empresa. Se ela quiser sinalizar que respeita e prioriza seu pessoal, o exemplo tem de vir dos seus administradores. São

[7] LIKERT, Rensis., 1961. p. 129.

eles que atuam como modelo dos subordinados e fortalecem a cultura empresarial. É preciso que as empresas reconheçam esse papel importante dos executivos e que os prestigiem e os recompensem por isso. Apesar disso, como são atualmente menos numerosos, eles têm sido sufocados por demandas externas e pressões da alta administração. Em virtude disso, em muitas empresas os problemas têm se concentrado no meio da hierarquia e não no topo ou na base. Desses administradores, exige-se, muitas vezes, uma colaboração sem limites, a representação sem críticas da empresa para os subordinados e uma participação ativa no processo de identificação dos que devem ser desligados. Ninguém faz isso com alegria. Algumas empresas "sufocam" esses gerentes intermediários dos quais elas dependem para as suas operações. Além disso, tem havido, em algumas empresas, inconsistências entre o que a alta administração diz e o que ela faz. Por essa razão, as atitudes de alguns gerentes intermediários estão se tornando mais próximas do pessoal operacional que do pessoal de topo. Tem diminuído a confiança do pessoal intermediário em relação à alta administração.

5.4.3 Os estilos de administração segundo Likert

Likert define quatro sistemas de administração: autoritário forte, autoritário benévolo, participativo consultivo e grupo participativo.[8]

O sistema autoritário forte aproxima-se do que McGregor definiu como teoria X, enquanto o sistema denominado grupo participativo pode ser considerado como a teoria Y levada ao extremo. O autoritário benévolo e o participativo consultivo são intermediários entre os dois extremos.

Um dos aspectos importantes dos estudos de Likert é que eles já concluíam, na década de 1950, que uma supervisão eficiente é um processo versátil e relativo e depende de muitos fatores, especialmente do tipo de subordinados.

A reação do subordinado à conduta do supervisor depende da relação entre o ato do supervisor, tal como ele é entendido pelo subordinado e das expectativas, valores e habilidades do subordinado.

A supervisão é sempre um processo relativo. Para ser eficaz e comunicar como é devido, um líder precisa adaptar seu comportamento, levando em conta as expectativas, valores e habilidades daqueles com quem está interagindo.

8 LIKERT, Rensis, 1961. p. 258 e ss.

5.5 A grade gerencial

5.5.1 A concepção de Blake e Mouton

Os estudos relatados até aqui classificaram os estilos de gestão em dois grupos: o que dá ênfase às tarefas e ao controle dos resultados e o que dá ênfase ao relacionamento com as pessoas para por meio delas obter os resultados desejados. Robert Blake e Jane Mouton idealizaram uma rede, em coordenadas cartesianas, a que denominaram grade gerencial (*managerial grid*), na qual é possível mostrar os dois tipos de ênfase.

A **grade gerencial** é um gráfico cartesiano para medir o estilo de gestão em termos da sua preocupação prioritária em relação às pessoas e ao relacionamento; ou à produção, às tarefas e as atividades. No eixo das abscissas, são plotadas as prioridades em relação à produção, às tarefas e às atividades, e no das ordenadas, as prioridades em relação às pessoas e ao relacionamento, como mostrado na Figura 5.5.

Figura 5.5 • A grade gerencial

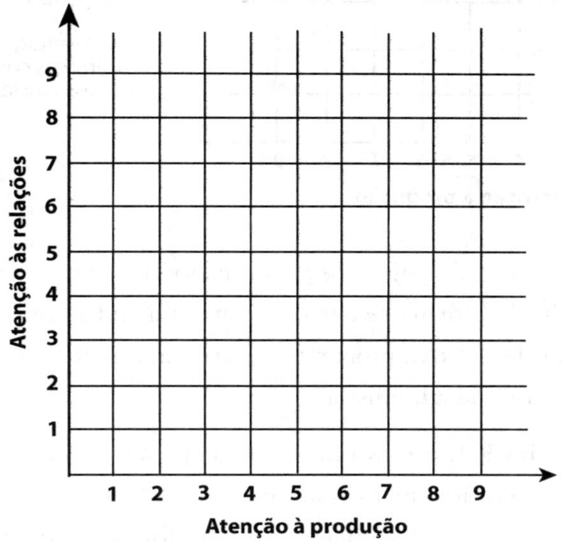

Em cada eixo são marcados intervalos de números inteiros, de 1 a 9. Assim, o ponto representado pelas coordenadas 9,1, indica um estilo que evidencia o máximo de preocupação com a estruturação de tarefas e a cobrança de resultados e o mínimo de preocupação com o relacionamento interpessoal. O ponto 1,9 representa um estilo caracterizado pelo máximo de preocupação com o relacionamento interpessoal e o mínimo de preocupação com a estruturação das tarefas e cobrança dos resultados.

Existem 81 estilos de gestão, mas a diferença entre estilos muito próximos é ínfima: os estilos 7,8 e 6,8 são quase iguais. Assim, o estudo dos estilos extremos e do intermediário 5,5 nos dá uma ideia clara do que significa cada um.

Os cinco estilos básicos estão representados na Figura 5.6, com a síntese das suas características.

Figura 5.6 • Os cinco estilos básicos

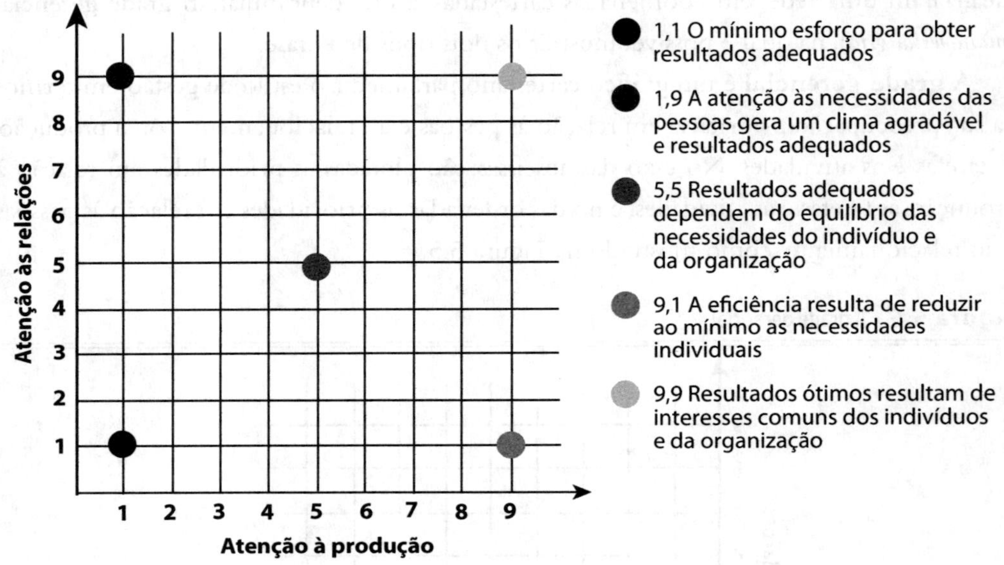

Cada um desses estilos de gestão foi examinado em termos de convicções, forma de lidar com subordinados, forma de decidir, maneira de lidar com conflitos e emoções, critérios de avaliação de pessoas, procurando explicar, a partir da infância, como cada pessoa adquiriu seu estilo de administrar.[9]

- **Estilo Gerencial 9,1**: o máximo de preocupação com a produção e o mínimo com pessoas. A relação superior/subordinado é baseada em *autoridade e obediência*. O subordinado deve executar o que lhe foi ordenado, nem mais nem menos.[10] A produção está acima de qualquer coisa. O conflito interpessoal tem de ser

[9] BLAKE, Robert; MOUTON, Jane S. *The managerial grid*. Houston: Gulf Publishing Co., 1964. Tradução brasileira: BLAKE, Robert; MOUTON, Jane S. *O grid gerencial*. 3. ed.São Paulo: Livraria Pioneira Editora, 1978.

[10] BLAKE, Robert; MOUTON, Jane S., 1978. p. 19.

elimnado imediatamente. O gerente 9,1 tende a ser impermeável a críticas.[11] Em um processo de mudança, ele procura "manobrar" de modo a não perder o controle sobre as pessoas que se subordinam a ele.

- **Estilo Gerencial 1,9**: esse estilo representa o máximo de preocupação com as pessoas e o mínimo com a produção. Uma atitude radical nesse estilo acredita que "você não deve forçar as pessoas a produzir, porque, se o fizer, elas param e resistem". O gerente do tipo 1,9 oferece compreensão, aceitação e entendimento. Sua principal característica é ajudar. Ele espera, em contrapartida, receber extrema lealdade. Para ele, pessoas motivadas farão o que for pedido sem supervisão rígida. A pessoa que age de acordo com a orientação 1,9 tende a ver sua unidade como uma *grande família feliz*. Se tiver de tomar uma decisão ou dar uma ordem de que o grupo não goste, tentará tudo para evitá-la, ou, se inevitável, procurará fazê-la da maneira mais suave e gentil possível. O gerente 1,9 está muito preocupado com sua aceitação. Os conflitos devem ser evitados e o apaziguamento é a solução. A administração do conflito sob a orientação 1,9 é a de um supervisor que tenta, por todos os meios, a harmonia.[12] De certa forma, ele se submete à sua equipe e depende integralmente dela. Não decide nada sem obter primeiro o consenso da equipe.
- **Estilo Gerencial 1,1**: o administrador que atua nesse estilo demonstra pouca preocupação com a produção ou as pessoas. Esse tipo de gerente prefere ser deixado só, permitindo que seus subordinados cuidem de si mesmos e desenvolvam suas próprias condições, lidando com os problemas da maneira que lhes convier. Em relação ao conflito, pessoas desse estilo optam por evitá-lo, retirando-se dos limites físicos impostos pela situação conflitante. O gerente 1,1 não demonstra atitudes positivas e desempenha suas atividades de maneira passiva. Observações típicas desse gerente: meu objetivo é não criar problemas, a melhor maneira de conseguir isso é ficando "fora de cena"[13] e mantendo-me discreto nada me acontecerá.
- **Estilo Gerencial 5,5**: parte-se do pressuposto de que é impossível conciliar os objetivos dos empregados com os da organização. Esse administrador fica em uma posição intermediária, não procurando uma posição ótima nem para a produção nem para as pessoas, pois isso seria inatingível. O estilo 5,5 apoia-se firme-

---

[11] BLAKE, Robert; MOUTON, Jane S. 1978. p. 28, 31 e 39.
[12] BLAKE, Robert; MOUTON, Jane S. 1978. p. 55 a 64.
[13] BLAKE, Robert; MOUTON, Jane S. 1978. p. 81 a 100.

mente nas tradições, no passado e nos regulamentos. A autoridade não deve ser sentida direta e pessoalmente pelos subordinados, mas indiretamente, por meio da alusão aos procedimentos e práticas estabelecidos. O moral também é importante: ele pode ser alto mantendo-se um equilíbrio entre a ênfase na produção e a satisfação das pessoas com seu trabalho. Para ele, raramente é um ato inteligente entrar num conflito de frente, pois ao fazê-lo, alguém ganha e alguém perde (e um perdedor numa luta é um inimigo na próxima batalha). O melhor é dar tempo ao tempo. Optando por não fazer nada até a situação esfriar, ele acha que poderá encontrar uma base para unir os oponentes e proporcionar uma chance para encontrar uma solução.[14]

- **Estilo Gerencial 9,9**: contrariamente às demais abordagens, tem-se como premissa que não existe conflito inerente entre os objetivos de produção e as necessidades das pessoas. Ou seja, pessoas e produção estão interligadas. A orientação 9,9 tem a seguinte premissa: quando os indivíduos que precisam coordenar suas atividades estão cientes dos objetivos da organização e têm interesse pelos resultados, não é mais necessário que a direção e o controle sejam exercidos pelo chefe por meio da obediência e autoridade, nem mediante lealdade ou apoio superficial e nem pelo conhecimento e obediência às práticas e procedimentos. O conceito gerencial 9,9 enfatiza a unidade de esforços dos indivíduos na ação conjunta da equipe e a interdependência entre os membros nos assuntos que exigem esforço conjugado, assim como ação independente quanto àqueles que não o exigem. Para ele, apesar de, por um lado, o conflito poder retardar ou impedir a realização de metas organizacionais e objetivos pessoais, de outro, pode estimular a inovação, a criatividade e a elaboração de novas ideias que possibilitem o crescimento da organização. O problema não está na presença do conflito, pois ele sempre existirá. A chave está *em como ele é administrado*. O equacionamento do problema está na confrontação direta, isto é, "abrir o jogo": trazê-lo à tona, onde ele possa ser examinado e avaliado por todos os envolvidos. Assim, as razões de sua ocorrência podem ser examinadas e avaliadas. As condições para seu equacionamento podem ser discutidas por todos os que foram afetados.[15]
- Os autores concluem que o estilo correto é o 9,9, ponto contestado por estudos subsequentes, mostrando não existir um estilo ideal. O estilo ideal varia conforme

[14] BLAKE, Robert; MOUTON, Jane S. 1978. p. 105 a 128.
[15] BLAKE, Robert; MOUTON, Jane S. 1978. p. 133 a 169.

as circunstâncias. No entanto, Blake e Mouton tiveram o mérito de introduzir o conceito de grade gerencial. Além disso, o minucioso estudo dos estilos básicos, inclusive com a análise das situações infantis que geraram cada estilo, proporcionou contribuições importantes para a compreensão das formas de administrar. Essas contribuições foram muito utilizadas em estudos posteriores.

5.5.2 A concepção de Reddin: a teoria 3D

5.5.2.1 A eficácia e os estilos básicos

A teoria de Reddin, ou da eficácia gerencial, é chamada teoria 3 D, porque introduz uma terceira dimensão no plano cartesiano da grade gerencial, visando à obtenção da eficácia.

Reddin diz que a principal função do administrador é a obtenção de resultados, isto é, o administrador deve ser, antes de tudo, eficaz. Ele faz uma distinção entre a eficácia do líder – o grau no qual o líder influencia seus seguidores na realização dos objetivos do grupo – e a eficácia gerencial: o grau no qual um gerente alcança as exigências de sua posição.

Os quatro estilos básicos de gestão, que ele denomina separado, relacionado, integrado e dedicado, podem ser apresentados no plano cartesiano da grade gerencial, conforme mostrado na Figura 5.7.

Figura 5.7 • Os estilos básicos de Reddin mostrados na grade gerencial

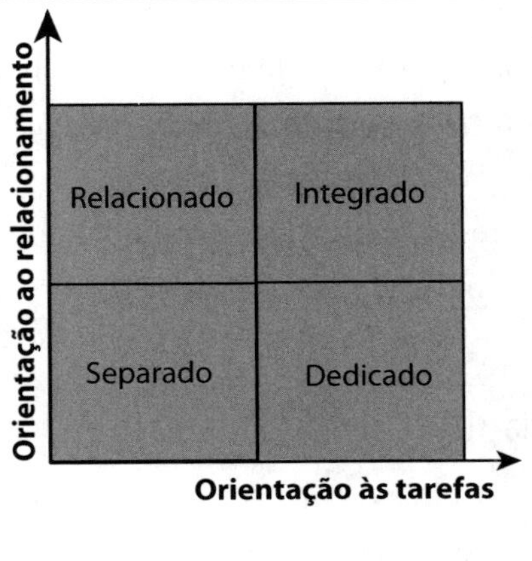

Os estilos básicos de Reddin podem ser assim caracterizados:

a) o gerente separado

- cauteloso, cuidadoso, conservador, ordenado;
- prefere as coisas escritas, procedimentos, fatos;

- busca princípios estabelecidos;
- exato, preciso, correto, perfeccionista;
- constante, deliberado, paciente;
- calmo, modesto, discreto.

b) o gerente relacionado

- as pessoas vêm em primeiro lugar;
- enfatiza o desenvolvimento pessoal;
- informal, tranquilo, passa inadvertido;
- grandes conversações;
- simpático, aprovador, acolhedor, amistoso;
- cria uma atmosfera de segurança.

c) o gerente dedicado

- resoluto, agressivo, confiante em si mesmo;
- ativo, possante, iniciador;
- fixa tarefas individuais, responsabilidades, padrões;
- seguro, independente, ambicioso;
- emprega recompensas, punições, controles;
- a tarefa vem em primeiro lugar.

d) o gerente integrado

- obtém sua autoridade por meio de metas, ideais, políticas;
- integra o indivíduo com a organização;
- quer participação, pouca diferença de poder;
- prefere objetivos e responsabilidades divididos;
- interessado pelas técnicas motivacionais.

5.5.2.2 Um esboço da teoria 3D

Até aqui, a teoria 3D seria uma variante da grade de Blake e Mouton. As inovações de Reddin consistem em perceber que esses estilos básicos se modificam em outros semelhantes e no reconhecimento do fato de que não existe um estilo ideal, o qual depende do ambiente em que atua o gerente. Esses estilos se transformam em outros similares mais eficazes ou menos, mostrados na Quadro 5.4.

Quadro 5.4 • Estilos mais e menos eficazes

Estilo básico	Estilo gerencial menos eficaz	Estilo gerencial mais eficaz
Integrado	Transigente	Executivo
Dedicado	Autocrata	Autocrata benevolente
Relacionado	Missionário	Promotor
Separado	Desertor	Burocrata

Os oito estilos, variantes dos básicos, representam oito tipos adicionais de comportamento, isto é, os quatro estilos básicos usados de forma adequada ou inadequada. Podemos representar doze estilos de gestão, incluindo um terceiro eixo cartesiano para representar a eficácia, como mostra a Figura 5.8.[16]

Figura 5.8 • A grade gerencial com o eixo da eficácia

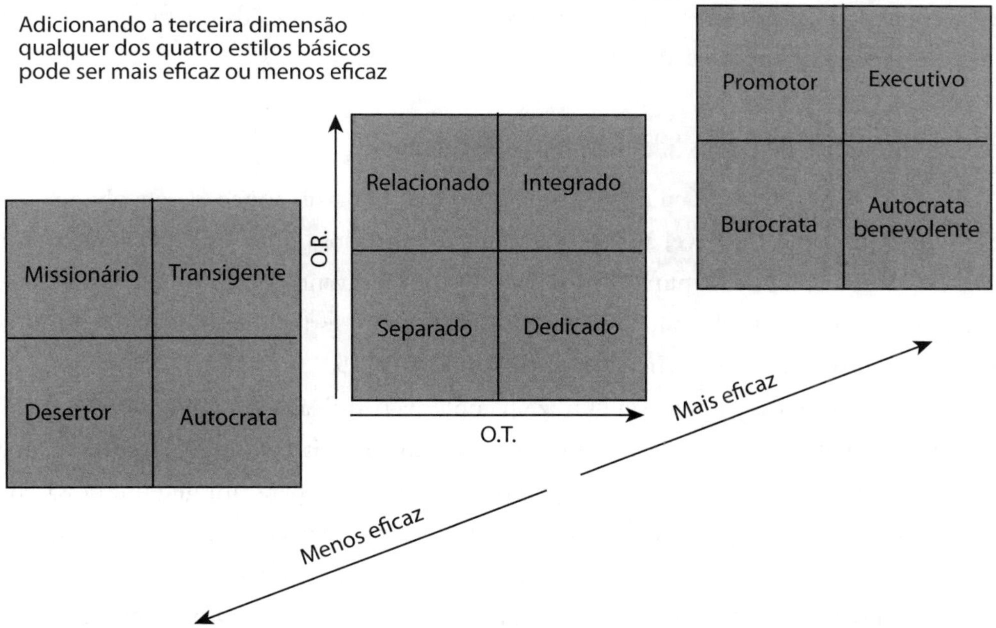

Reddin afirmava que tudo indica que a noção de um estilo ideal único não é válida, não havendo evidência consistente de que um estilo seja mais eficaz que outro. O gerente ideal deve ter flexibilidade para mudar o estilo de acordo com os ambientes, interno e externo, em que atua.

[16] REDDIN, W. J. *Eficácia gerencial*. São Paulo: Atlas, 1970.

Fatores a considerar na determinação do estilo gerencial mais adequado

Expectativas dos subordinados

Estilo da alta administração – Tradições e cultura da empresa – Objetivos e estratégia da empresa – Estilo do antecessor (chefe anterior).

Tipos de subordinados

Qualificação profissional dos subordinados – Tipo (sofisticação) da tecnologia usada – Qualificação pessoal dos subordinados, isto é, maturidade, personalidade, educação, entre outros.

Características do ambiente externo

Ambiente sociocultural do local – Estágio de desenvolvimento do país – Condições do mercado de trabalho.

As características de cada fator tendem a tornar mais eficaz um ou outro estilo. Esse conjunto de fatores indicará como mais adequado um determinado estilo gerencial, que é representado na grade cartesiana por uma área de atuação dentro da qual o gerente teria um comportamento apropriado.

5.5.2.3 Exemplos de estilos adequados e inadequados

Em um ambiente sociocultural sem sofisticação, em país pouco desenvolvido, com mercado de trabalho favorável à empresa, com subordinados pouco qualificados, em uma empresa que favoreça a disciplina e use tecnologia pouco avançada, o estilo mais adequado será o do gerente dedicado, que deverá ser mais eficaz no estilo autocrata benevolente. A representação na grade cartesiana é mostrada na Figura 5.9.

Imaginemos outra empresa que utilize tecnologia sofisticada em um ambiente sociocultural desenvolvido, em que o mercado de trabalho não seja favorável à empresa, a qual privilegie a inovação e criatividade. O estilo mais adequado para um gerente dessa empresa, se tiver subordinados qualificados e maduros, tanto profissional como pessoalmente, deveria ser o relacionado, e será provavelmente mais eficaz se atuar como promotor, isto é, alguém que tenha confiança nas pessoas, perceba seu trabalho como relacionado com o desenvolvimento dos trabalhos dos outros, assegurando uma atmosfera de trabalho que conduza ao compromisso de seus subordinados com o trabalho.[17] Essa forma de atuação é representada na Figura 5.10.

---

[17] REDDIN, W. J., 1970. p. 233.

Figura 5.9 • Área de atuação do gerente dedicado

Área que define o estilo adequado para um gerente atuando em um ambiente sociocultural sem sofisticação, em um país pouco desenvolvido, com o mercado de trabalho favorável à empresa, com subordinados pouco qualificados, tanto profissionalmente como pessoalmente, em uma empresa que favoreça a disciplina e use tecnologia pouco avançada

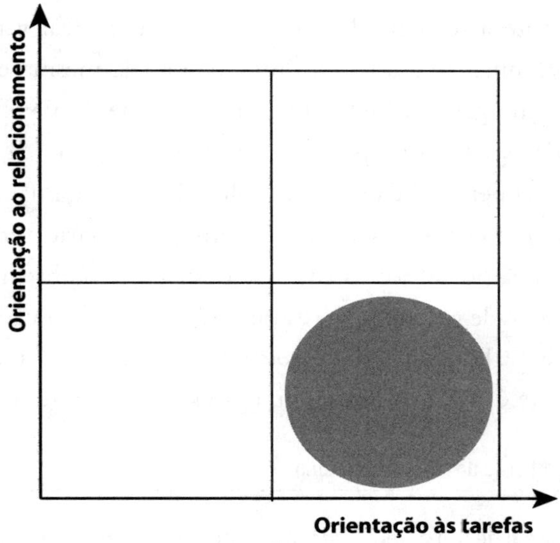

Figura 5.10 • Área de atuação do gerente relacionado

Área que define o estilo adequado para um gerente atuando em uma empresa que utilize tecnologia altamente sofisticada, em um ambiente sociocultural desenvolvido, em que o mercado de trabalho não seja muito favorável à empresa, a qual privilegie a inovação e a criatividade, se ele tiver subordinados altamente qualificados e muito maduros, tanto pessoalmente como profissionalmente

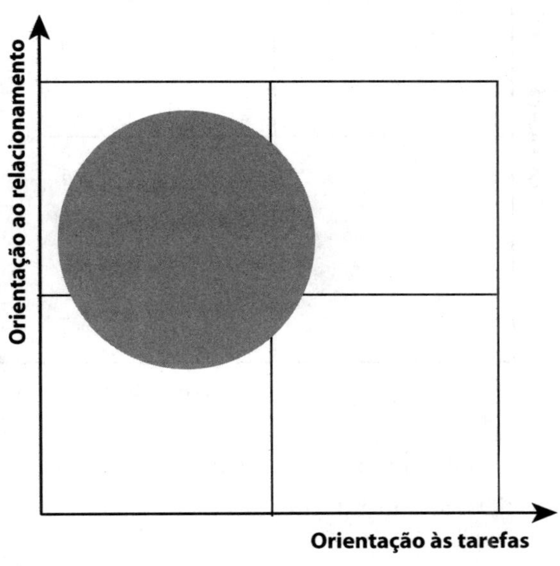

Nesses dois exemplos, foi fácil definir o estilo mais adequado para o gerente. Existem casos complexos, em que temos de considerar todos os fatores que influenciam a determinação do estilo gerencial mais adequado e que nem sempre apontam nitidamente para determinada área da grade.

O ponto importante a ser considerado é que o estilo ideal varia de empresa para empresa e também de uma situação para outra, dentro da mesma empresa. Além disso, cada pessoa tem seu estilo gerencial próprio e maior ou menor flexibilidade para adaptar esse estilo às circunstâncias. O estilo pessoal é formado por meio da educação da pessoa, dos seus valores e da sua personalidade e vai evoluindo desde a infância. Reddin diz que, além de determinarmos o estilo pessoal de cada um, é necessário verificarmos o grau de flexibilidade que a pessoa possui para adaptar seu estilo às circunstâncias. O estilo não se resume a um ponto na grade gerencial, mas a uma área, que será tanto maior quanto maior a flexibilidade do gerente. Podemos, portanto, representar, no gráfico da grade gerencial, a área na qual um gerente é capaz de atuar, como mostrado na Figura 5.11.

Figura 5.11 • Área de atuação do gerente dedicado

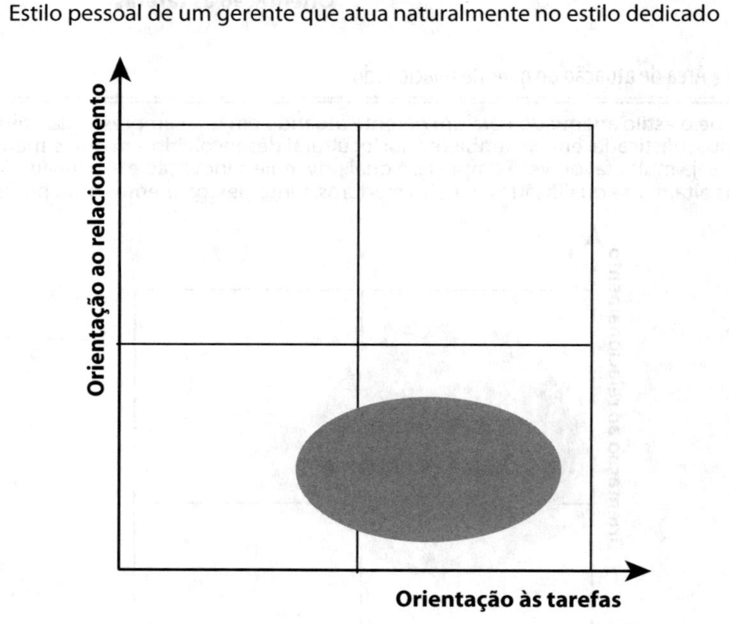

Esse gerente atua naturalmente no estilo dedicado, mas não demonstra flexibilidade para atuar em outros estilos. Sua área de atuação é pequena.

Figura 5.12 • Área de atuação do gerente que atua como dedicado e integrado

Estilo pessoal de um gerente que atua naturalmente nos estilos dedicado e integrado

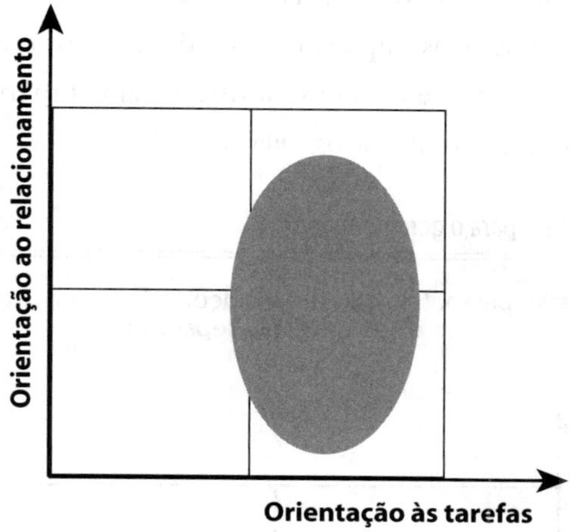

Esse gerente demonstra mais flexibilidade que o anterior, atuando em uma faixa mais ampla, em dois estilos. Ainda assim, pode ter dificuldades se a situação exigir sua atuação nos estilos relacionado ou separado. Sua eficácia dependerá do estilo exigido pela situação.

A teoria de Reddin diz que o gerente deve analisar a situação para saber qual o estilo mais eficaz naquela circunstância específica e aumentar sua flexibilidade, procurando aproximar seu estilo pessoal do exigido pela situação.

Figura 5.13 • Gerente dedicado que deveria atuar como relacionado ou separado

Estilo pessoal de um gerente que atua naturalmente nos estilos dedicado e pouco no separado e cuja situação exige um estilo separado ou relacionado

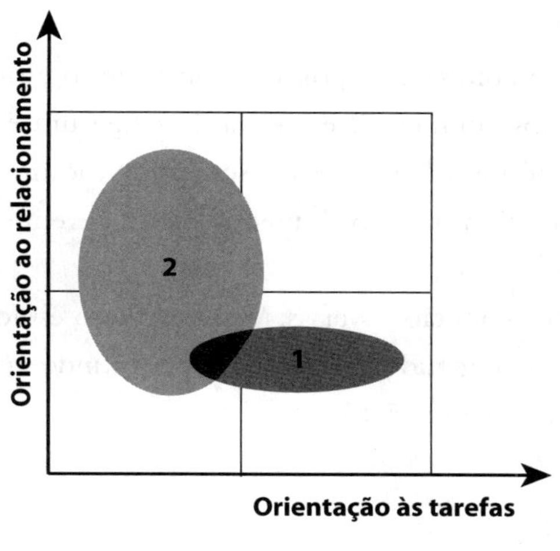

Esse gerente tem seu estilo pessoal indicado pela elipse número 1 da figura, situada na sua maior parte no estilo dedicado. O estilo ideal para a situação em que se encontra seria a área delimitada pela elipse número 2, situada nos estilos separado e relacionado. Há uma área de intersecção entre as duas elipses, mostrando que o gerente poderá ser eficiente, mas a área é pequena, e o gerente deverá se esforçar para aumentar sua flexibilidade e ter condições de atuar nos estilos requeridos pela situação.

Figura 5.14 • Situação difícil para o gerente ser eficaz

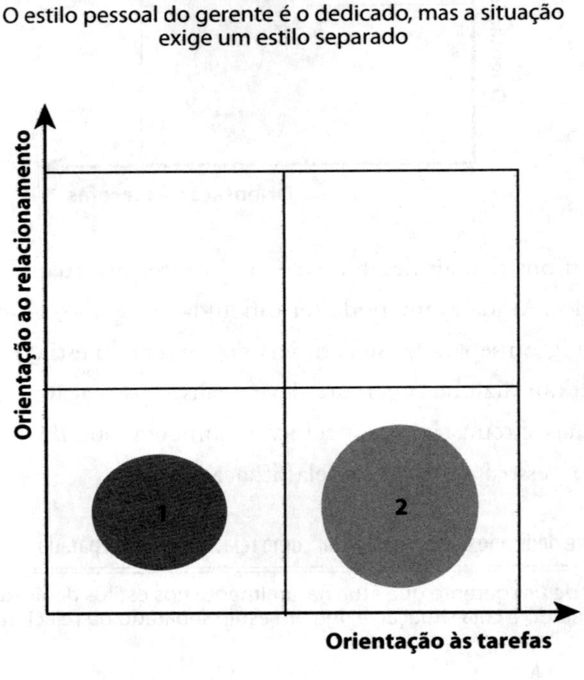

Temos aqui uma situação complicada, pois o gerente tem o estilo pessoal dedicado, conforme mostrado pela elipse número 2 e a situação exige um estilo separado, conforme indicado pela elipse número 1.As duas elipses não se tocam. Não há intersecção, isto é, a intersecção é um conjunto vazio. A menos que o gerente se reprograme não terá condições de ser eficaz.

Nem sempre teremos situações tão adversas. Muitas vezes o estilo do gerente e o requerido pela situação apresentam grandes intersecções, permitindo uma atuação eficaz do gerente, conforme mostrado na Figura 5.15.

Figura 5.15 • Estilo natural do gerente adequado à situação

Tanto o estilo pessoal do gerente como o mais adequado para a situação são do tipo integrado

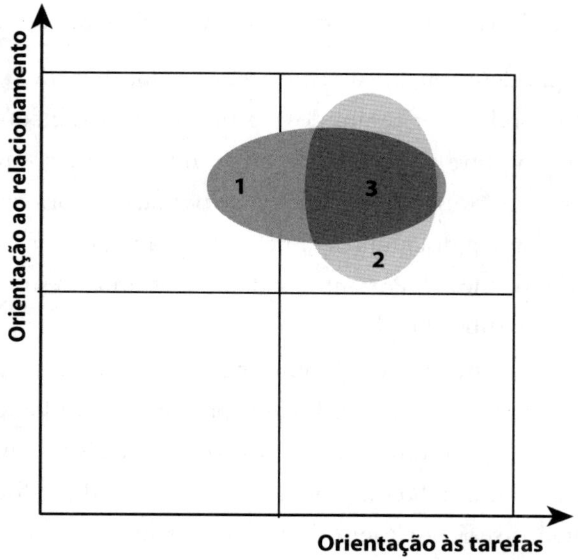

Nesse caso, temos o gerente adequado para a situação, com grande área de intersecção entre as áreas que definem seu estilo pessoal e o mais adequado no momento. O estilo pessoal do gerente é mostrado na elipse número 1 e o estilo exigido pela situação, na elipse número 2. A intersecção está indicada pelo número 3.

O ponto fundamental da teria 3D ou da eficácia gerencial é que não existe estilo ideal para todas as situações, isto é, não existe um que seja superior aos demais. O melhor estilo depende da situação em que se encontra o gerente, que deve se preocupar com sua flexibilidade, de modo a saber analisar a situação em que se encontra e adaptar seu estilo. Devemos procurar um gerente cujo estilo pessoal seja adequado à condição em que vai atuar, para não exigir grande necessidade de adaptação. Reddin tem todo um processo para determinar o estilo pessoal de cada um e o da situação em que deve atuar.

A conclusão é, portanto, que as pessoas não são commodities e não podem ser tratadas todas igualmente.

5.5.3 Teoria da curva da maturidade

A teoria da **curva da maturidade** é baseada na da eficácia gerencial, porém simplificada, tanto na determinação do estilo básico requerido pela situação como na definição da forma de atuação do gerente.

Os pontos essenciais da teoria da curva da maturidade são:

a) Os fatores que determinam o estilo mais adequado para cada situação, embora sejam muitos, podem ser resumidos no tipo de subordinado do gerente, pois há forte correlação entre os fatores. Se uma empresa opera em um ambiente altamente desenvolvido, usando tecnologia de ponta, deve priorizar a criatividade e o desempenho sobre a disciplina; seu pessoal, em maioria, deverá ter alta maturidade pessoal e profissional. Portanto, podemos resumir o estilo ideal, considerando apenas o tipo de subordinado.

b) A forma ideal de atuação do gerente pode ser resumida na maneira como ele deve agir em relação aos subordinados para obter resultados. Se os subordinados têm maturidade muito baixa, em nível que denominamos M1, o estilo do gerente deve ser o que Reddin define como dedicado. A forma mais eficaz para obter resultados será por meio de ordens. Assim, o gerente deve *determinar* ou *ordenar.* À medida que aumenta o nível de maturidade dos subordinados, passando a um nível que denominamos M2, não adianta ordenar, será preciso que os subordinados compreendam a razão das ordens. Deverá, portanto, *persuadir.* Esse estilo de gestão estaria próximo àquele que Reddin denomina integrado. Aumentando ainda mais a maturidade dos subordinados, para um nível que chamamos M3, o gerente não deveria decidir sozinho, mas *compartilhar* a decisão com os subordinados. Esse estilo estaria próximo do estilo que Reddin define como relacionado. Por fim, quando os subordinados têm alta maturidade, no nível chamado M4, a melhor forma de obter resultados seria estabelecer aonde se deseja chegar e deixar aos subordinados a escolha da maneira mais adequada. Ele deveria, portanto *delegar.*[18]

Os estilos gerenciais podem ser mostrados por meio de uma curva desenhada sobre a grade, conforme se vê na Figura 5.16.

---

[18] CENTRO DE PRODUTIVIDADE DO BRASIL. *Liderança situacional.* São Paulo, 1991.

Figura 5.16 • A curva da maturidade no *grid* gerencial

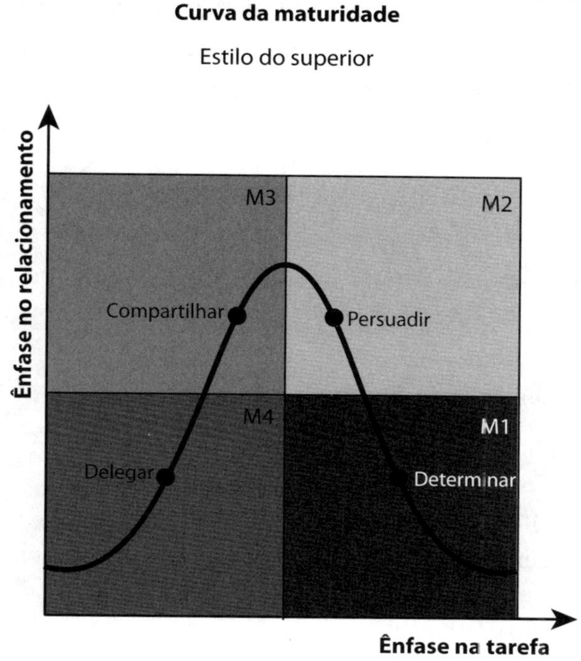

Um capataz de construção civil deve dar ordens. Não pode agir da mesma forma o gerente de um órgão de pesquisas de um laboratório ou os membros de um conselho de administração de uma empresa. No quadrante M1 o gerente será autoritário; no quadrante M2, ele partilhará a influência; no M3, ele compartilha o poder e no M4, ele distribui o poder.

Um aspecto importante de um bom administrador é sua capacidade de persuasão. O que está cada vez mais claro é que a época do chefe que ordena e comanda tende a desaparecer à medida que o mundo se desenvolve: fatores como a internet, e-mail, mudanças nos meios de comunicação, ciclo de vida dos produtos e das empresas cada vez mais curtos, aumento do nível de exigência do consumidor e globalização diminuíram o poder da hierarquia tradicional, fizeram as ideias e as pessoas fluírem de forma cada vez mais livre pelas organizações e as decisões serem tomadas próximas ao mercado. Essas mudanças convergem para o seguinte: o trabalho é feito em um ambiente em que as pessoas não perguntam o que devo fazer? Mas por que devo fazê-lo? [19]

[19] CONGER, Jay A. The necessary art of persuasion. In: *Harvard Business Review*, May-June, 1998. p. 84 ss.

A persuasão não é só tentar convencer na base de sólidos argumentos, mas, principalmente, vender suas ideias, aprender e negociar. Quem persuade corre o risco de ser persuadido, mas isso é normal em um processo de negociação. Às vezes é preciso mudar a maneira de persuadir. Deve-se sensibilizar a pessoa a quem se procura convencer. Não adianta apenas ter argumentos irrespondíveis, é necessário apresentar as ideias de forma eficiente.[20]

Termos-Chave

Ver significado desses termos no site do livro.

Grade gerencial

Pino de ligação

Teoria da curva da maturidade

Teoria da eficácia gerencial

Teoria X

Teoria Y

Teoria Z

Casos para Debate em Sala de Aula

Executivo autoritário bem-sucedido

Um executivo é colocado na chefia do departamento "A", sabendo que será avaliado positivamente e recompensado, se o departamento alcançar alta produção. Pressiona seus subordinados e a produção sobe muito. A aferição das variáveis de resultado final indica que ele é um "excelente gerente". Após um ano, é promovido a outro departamento graças à sua boa reputação e emprega o mesmo método. Nesse ínterim, as variáveis inter-

[20] WILLIAMS, Gary A.; MILLER, Robert B. Change the way you persuade. In: *Harvard Business Review*, May, 2003. p. 65 ss.

venientes vão se deteriorando no departamento "A" e atitudes hostis vão se formando no pessoal do departamento, as quais, por serem camufladas, **não chegam ao conhecimento da alta administração**. Logo que ele é transferido, você é nomeado para substituí-lo no departamento "A" e, nessa ocasião, os resultados da pressão exagerada começam a evidenciar-se em diminuição de lealdade à organização, falta de motivação, pedidos de demissão dos melhores empregados, atrasos e perda de produção. Você corre o risco de ser mal avaliado, por causa do comportamento do gerente promovido, e ficar com reputação de "gerente medíocre", pois, ao assumir, as variáveis de resultado final começam a piorar.

Analise essa situação e indique:

a) O que aconteceu de fato durante a administração do gerente anterior? Ele foi um bom gerente? Como poderíamos classificar seu estilo de gestão? Esse estilo foi bom? Quais os aspectos positivos e negativos da administração dele? Que fatos e que variáveis deveríamos considerar ao avaliar seu desempenho?

b) O que faria você ao assumir o departamento nessa situação? Que medidas tomaria? Que comunicações faria a quem? Por quê?

Novo gerente de compras

Após trabalhar por mais de 25 anos na empresa brasileira de equipamentos hidráulicos, o engenheiro Carlos aposentou-se como gerente do departamento de compras. Antes de ingressar nesta empresa, ele havia trabalhado em outras, por quase 11 anos.

O afastamento do engenheiro Carlos desencadeou uma série de problemas para o diretor da empresa, o Sr. Marcos. Embora houvesse a suposição de que o então assistente do engenheiro Carlos, o engenheiro Fernando, estivesse devidamente preparado para substituí-lo, a realidade revelou o contrário.

A fim de solucionar esse problema, a empresa contratou externamente o engenheiro Caldas para gerenciar o departamento de compras, ao mesmo tempo em que o engenheiro Fernando era transferido para outra área da empresa.

Com a admissão do engenheiro Caldas, observou-se que, em pouco tempo, o departamento voltou a exibir certa eficiência do ponto de vista técnico. Ocorre, porém, que esse engenheiro nunca havia exercido posições de natureza administrativa e passou a exibir atitudes altamente controladoras, interferindo no processo de trabalho dos compradores, centralizando decisões, demonstrando certa arrogância diante de seus subordinados. Pouco a pouco, revelou ser técnico competente, mas um péssimo gerente: os empregados começaram a conflitar entre si, a desmotivação às tarefas passou a ser alta, o absenteísmo aumentou.

O Sr. Marcos, diretor da empresa, convidou você, na condição de consultor, para explicar os erros que aconteceram na empresa e propor solução para evitar que tais desacertos se repetissem no futuro. Faça isto agora, por escrito.

Aceitação das políticas e decisões

Comente a declaração abaixo, que foi feita pelo presidente de uma empresa média operando no ramo comercial:

"Por que deveria eu perder tempo para procurar saber se minhas políticas e decisões são aceitas pelos empregados e seus grupos informais? Pago as pessoas para trabalhar e se não gostam das minhas decisões e políticas, digo-lhes que peçam demissão. Se grupos informais minarem minha autoridade, despeço todos os seus membros! Estou dirigindo uma empresa comercial e não um clube de senhoras desocupadas e não tenho tempo para me preocupar com grupos informais."

Exercícios

1. Disse um supervisor de produção: "Há alguns anos, eu ordenava a um operário o que queria que ele fizesse e ele fazia. Ele já esperava que se dissesse a ele o que deveria ser feito e não duvidava do meu direito de lhe dar ordens. Hoje, os mesmos operários pedem justificativas de tudo e precisam ser convencidos sobre o que fazer. Por que mudar o que estava dando certo?" Você concorda com este supervisor? Que comentários faria sobre sua afirmação? Qual seu estilo de gestão? Por que as ordens davam certo?
2. Qual o estilo ideal de administração? Por quê?
3. Pode um bom administrador, sem problemas pessoais, competente e com grande experiência, fracassar em uma nova posição? Por quê? Exemplifique.
4. Quais as principais diferenças entre a teoria da grade gerencial de Blake e Mouton e a teoria 3D ou da eficácia de Reddin?
5. Dentro do enfoque da grade gerencial de Blake e Mouton, qual desses conjuntos de características mais se assemelha ao estilo 9,1? Justifique a sua resposta.

a) agradável, simpático, tranquilo;
b) agressivo, decidido, resoluto;
c) meticuloso, cauteloso, discreto.

6. Dentro do enfoque da grade gerencial de Blake e Mouton, qual desses conjuntos de características mais se assemelha ao estilo 1,9? Justifique a sua resposta.

a) ambicioso, seguro, independente;
b) pragmático, realista, contemporizador;
c) informal, amistoso, acolhedor.

CAPÍTULO 6

LIDERANÇA

APRESENTAÇÃO

Neste capítulo, estudaremos em que consiste a liderança e as suas características. Mostraremos como a liderança varia em função das circunstâncias, mas a importância de uma boa liderança não pode ser subestimada. Veremos que os líderes são agentes de mudança e são indispensáveis em situações instáveis.

Vamos relatar os vários tipos de poder: o poder legítimo, o poder referente e o poder do saber. Teceremos algumas considerações sobre o que faz o líder, de acordo com as opiniões de vários autores. Mostraremos que o líder deve ter desenvolvido uma imagem mental de um estado futuro possível e desejável da organização e deve ser capaz de comunicar a nova visão. Lembraremos algumas frases famosas sobre liderança. Vamos procurar identificar as diferenças entre o líder e o administrador. Verificaremos que as principais características de um líder são a confiança em si, a crença no que faz, a visão clara aonde quer chegar e a capacidade de comunicação. Mostraremos como é difícil encontrar traços comuns nos líderes. Líderes são humanos e também erram.

Também relataremos as opiniões de vários grandes líderes sobre as características que eles deveriam ter. Abordaremos as várias formas de liderar. Resumiremos a opinião de Daniel Goleman sobre a importância da inteligência emocional para os líderes: autoconhecimento, autocontrole, motivação, empatia e habilidade social. Faremos uma análise dos líderes narcisistas, como eles podem ser úteis em situações específicas e o risco que eles representam. Vamos analisar alguns casos de liderança situacional. Relataremos e discutiremos alguns mitos sobre liderança. Faremos uma relação dos líderes problemáticos. Mostraremos a importância da formação de lideranças. Terminaremos com o relato do papel do principal executivo: o líder da empresa.

6.1 Conceituação

Etimologicamente, *liderar* significa conduzir.[1] Líder é o que conduz o grupo. Em que consiste conduzir? A resposta pode ser encontrada nas biografias de Moisés, Péricles, Júlio César, Jesus Cristo, Martin Luther, Niccolò Machiavelli, James Madison, Gandhi, Lênin, Winston Churchill, Charles de Gaulle, Dean Acheson, Mao Tsé-Tung, Chester Barnard, Martin Luther King Jr., John Gardner e Henry Kissinger.[2] A primeira questão é até que ponto o líder conduz os acontecimentos e é capaz de reverter seu curso, até que ponto o líder transforma seus seguidores mudando seus objetivos, valores, crenças e aspirações.

Podemos dizer que liderança é o uso de poder e influência para dirigir as atividades dos seguidores para atingir determinados objetivos. Uma liderança será eficaz se suas ações fazem atingir os objetivos da sua unidade e garantem o comprometimento contínuo dos seus seguidores.[3]

6.1.1 Teoria de Tolstoi

Tolstoi, no seu famoso romance *Guerra e Paz* defende o ponto de vista de que o líder é fruto das circunstâncias e que seus atos são tão conduzidos quanto os dos seus liderados:

> Os atos de Napoleão e de Alexandre, de uma palavra de quem, pareceria, que os acontecimentos se produziriam ou não, eram tão pouco livres quanto os dos soldados que faziam a campanha [da guerra], por sorteio ou recrutamento. Não poderia ser de outra forma, pois, para que a vontade de Napoleão e Alexandre

---

1 *To lead* em inglês significa conduzir. *Leader* é aquele que conduz o grupo.

2 BENNIS, W.; NANUS, B. *Líderes*: estratégias para assumir a verdadeira liderança. São Paulo: Editora Harbra Ltda., 1998. p. 3.

3 COLQUITT, Jason A.; LEPINE, Jeffery A.; WESSON Michael J. *Organizational behavior*: improving performance and commitment in the workplace. 2. ed. New York: McGraw-Hill, 2011. p. 451.

> (mestres aparentes do acontecimento [a guerra franco-russa do século XIX]) fosse cumprida, seria preciso a concordância de inumeráveis circunstâncias; se tivesse faltado apenas uma, nada teria acontecido. Era preciso que milhões de homens, nas mãos dos quais se encontrava a força efetiva, os soldados que atiravam, que transportavam víveres e canhões, era preciso que esses homens aceitassem cumprir a vontade desses indivíduos isolados e fracos e que para isto fossem determinados por um número infinito de causas diversas e complexas. O fatalismo na história é inevitável para explicar fenômenos irracionais. Quanto mais nos esforçamos para explicá-los logicamente, tanto mais nos aparecerão incompreensíveis.
>
> Todo homem vive para si, exerce sua liberdade para atingir fins particulares e sente, de todo o seu ser, que ele pode cumprir ou não tal ou tal ato, mas, a partir do momento em que ele o cumpriu, este ato, cumprido em determinado momento, torna-se irrevogável e pertence à história, de onde ele cessa de ser livre, mas toma uma significação predeterminada. O ato cumprido é irrevogável e, por sua concordância no tempo com milhões de atos cumpridos por outros homens, adquire um valor histórico. Quanto mais alto estiver o homem na escala social, maior o número daqueles com os quais ele estará ligado, e maior seu poder sobre os outros homens, mais evidente será o caráter predeterminado e inevitável dos seus atos. O coração dos reis está nas mãos de Deus. O rei é o escravo da história.[4]

A opinião de Tolstoi diminui a força da liderança. Parece haver, porém, muito exagero nessa formulação, mas há alguma verdade na explicação. *O líder depende, em algum grau, das circunstâncias.* O ponto central da questão é: até que ponto o líder conduz os liderados porque os convenceu de que devem desejar os objetivos que ele promete atingir, ou é aceito como líder porque promete alcançar os resultados que os liderados já desejavam, em função de circunstâncias para as quais pouco contribuiu. O certo é que circunstâncias diferentes requerem líderes com características diferentes. A liderança é um conceito relativo: não há líder sem seguidores; não há líder no vácuo.

6.1.2 Teoria de Kouzes e Posner

Uma opinião oposta à de Tolstoi é a de Kouzes e Posner, que argumentam que não tem sentido falar sobre liderança se não acreditarmos que as pessoas podem fazer a diferença na vida dos outros. Se acharmos que as pessoas não têm poder para influenciar os

---

[4] TOLSTOI, Léon. *Guerre et paix*. Paris: Livre de Poche, v. II, p. 5 e 6, 1972.

acontecimentos e que somente a história modela o comportamento então não fará sentido estudar em que consiste a liderança.[5]

6.1.3 A Importância do líder

A versão tradicional de liderança superestima a importância da contribuição do líder. Essa versão supõe que a liderança seja originária das qualidades pessoais do líder.[6] Há várias interpretações do que seja liderança, mas cada uma continua como explicação incompleta e inadequada – e a maioria discordando entre si.[7] São mais de 130 definições de liderança e mais de 5 mil estudos sobre suas características, o que torna praticamente impossível escolher apenas uma como a mais correta.[8] O que não pode ser descartada é a influência das circunstâncias e dos próprios liderados.

A importância de uma boa liderança não pode ser subestimada. Uma empresa descapitalizada pode tomar dinheiro emprestado, uma em má localização pode ser mudada, assim como o produto ou o processo produtivo. Mas uma empresa que tenha falta de liderança tem pouca oportunidade de sobreviver.[9] É preciso lembrar que líderes são pessoas humanas com qualidades e defeitos, alguns são neuróticos, outros equilibrados.

Cumpre salientar que *o líder é muito mais necessário nas situações instáveis*. O líder é necessário para mudar. *Líderes são agentes de mudança* e devem ser capazes de inspirar coragem aos seus seguidores.

6.1.4 O líder na empresa

Podemos dizer que, do ponto de vista da administração, *liderar* é conduzir um grupo de pessoas, influenciando seus comportamentos e suas ações, para atingir objetivos e metas de interesse comum desse grupo, de acordo com uma visão do futuro baseada num conjunto coerente de ideias e princípios.

---

5 KOUZES, James M.; POSNER, Barry Z. A credibilidade faz a diferença. In: *Gestão de pessoas*. Fundação Dom Cabral, 2001. p. 237.

6 SECORD, Paul F.; BACKMAN, C. W. *Social psychology.* New York: McGraw-Hill, 1964. p. 352ss.

7 BENNIS, Warren; NANUS, B., 1998. p. 4.

8 BLECHER, N. *O caldeirão dos bruxos*. Prefácio do livro de MICKLETHWAIT, John; WOOLDRIDGE, Adrian. *Os bruxos da administração*: como entender a Babel dos gurus empresariais. Rio de Janeiro: Campus, 1998. p. XIII.

9 BENNIS, Warren; NANUS, Burt. 1998. p. 18.

O líder empresarial deve ser capaz de alcançar objetivos por meio dos liderados e, para isso, conforme o tipo de liderado e a ocasião, ele age de diferentes maneiras: ele ordena, comanda, motiva, persuade, dá exemplos pessoais, compartilha os problemas e ações, ou delega e cobra resultados, alterando a forma de agir de acordo com a necessidade de cada momento e com o tipo de liderado, visando a alcançar os objetivos da empresa.

6.2 Tipos de poder

Os líderes influenciam as pessoas por meio do poder de que dispõem. Podemos definir poder de duas maneiras: (a) como Max Weber, segundo o qual poder é a capacidade de controlar indivíduos, eventos ou recursos, fazendo que aconteça aquilo que a pessoa quer, a despeito de obstáculos ou oposições, ou, (b) como a capacidade para influenciar decisões, pessoas e o uso de recursos.

Podemos distinguir três tipos de poder:

O **poder legítimo** é o conferido pela posição ocupada na organização. Inclui, quase sempre, dois poderes que o complementam: o poder de recompensa e o coercitivo ou de punição, instrumentos para o exercício do poder legítimo.[10]

O **poder referente** é a influência exercida pelo líder em virtude da afeição e do respeito que as pessoas têm por ele, em função das suas qualidades como seu caráter, a força de sua personalidade, sua coragem, sua capacidade de agir e sua ousadia. O fundamento básico do poder referente é o exemplo. Os líderes carismáticos têm esse tipo de poder no mais alto grau. O líder deve ser um modelo exemplar para seus seguidores. Ele não deve exigir o que não esteja disposto ele mesmo a fazer.

O **poder do saber**, baseado nos conhecimentos que a pessoa tem. Inclui os conhecimentos técnicos, a experiência e o poder da informação. Algumas pessoas não cedem informações para reter esse tipo de poder.

Assim, apesar da estrutura formal conceder poder legítimo igual a todas as pessoas de um mesmo nível, além do mesmo acesso ao uso das recompensas e punições, a forma como as pessoas os utilizam varia bastante. Por exemplo, um administrador pode usar seu poder de forma criativa e marcante, maximizando sua influência na estrutura. Outro, entretanto, pode subaproveitar os recursos disponíveis.[11] Tanto a forma de utilização do

---

[10] Pode haver poder coercitivo sem poder legítimo, como no caso de um grupo de bandidos que sequestra um inocente para pedir resgate; bem como em situações informais, poder de recompensa também sem poder legítimo.

[11] KATZ, Daniel; KAHN, Robert L. *Psicologia social das organizações*. 2. ed. São Paulo: Atlas, 1976. p. 343-344.

poder legítimo como as ações do administrador, à parte sua utilização do poder formal, influenciam seu poder referente. O poder legítimo se estiver desacompanhado do poder referente e do poder do saber pode ocasionar um desempenho apático.[12]

> Quase todas as pessoas podem fazer face à adversidade, mas se você quiser testar a capacidade de alguém, dê-lhe o poder.
>
> *A. Lincoln*[13]

> O poder intoxica as pessoas. Quando uma pessoa está intoxicada pelo álcool pode recuperar-se, mas quando intoxicada pelo poder raramente se recupera.
>
> *J. F. Byrnes*

> O poder corrompe. O poder absoluto corrompe absolutamente.
>
> *Lord Acton*

> Nada prejudica tanto uma autoridade quanto o uso indiscriminado dela.
>
> *A. Kingston*

> O ponto culminante de uma administração é saber bem o grau de poder que deve ser usado em cada circunstância.
>
> *Barão de Montesquieu*

Fazer um bom trabalho não é suficiente para se obter poder. É preciso também ser notado: ter visibilidade. Não basta botar o ovo, é preciso cacarejar. Ficar o tempo todo no palco é exaustivo, mas não se pode ficar completamente fora dele.[14]

6.3 O que faz o líder

É verdade que os líderes defendem valores que representam a vontade coletiva, do contrário, não seriam capazes de mobilizar os liderados à ação. No entanto, não fazem

12 KATZ, Daniel; KAHN, Robert L., 1976. p. 343-344.

13 Apud BOYER, Luc; BUREAU, Romain. *600 citations pour réfléchir*. Paris: Les Éditions d'Organisation, 1997.

14 KOUZES, James M.; POSNER, Barry Z. *O desafio da liderança*. 6. ed. Rio de Janeiro: Campus, 1997. p. 254.

apenas isso. A variedade dos tipos de liderança torna difícil estabelecer com precisão o que faz um líder. Cada autor tem sua versão.

Um líder não é um gerente no sentido formal, mas alguém que é considerado o principal responsável pela realização dos objetivos do grupo.[15]

1. Para W. J. Reddin
   - defende valores que representam a vontade coletiva, do contrário, não seria capaz de mobilizar os liderados à ação;
   - busca e define o consenso em uma causa comum;
   - cria o espírito de equipe;
   - promove a dedicação dos liderados;
   - promove a lealdade à organização e aos seus valores;
   - cria orgulho pela equipe, pela organização e pelos seus objetivos;
   - gera confiança quanto aos resultados a serem obtidos.
2. Para John Gardner[16]
   - estabelece os objetivos;
   - motiva os liderados;
   - cria, mantém e administra uma equipe de bom nível;
   - explica as razões do que deve ser feito;
   - serve de símbolo para os liderados;
   - representa externamente a equipe;
   - renova os sistemas complexos que ele lidera.
3. Para Bengt Karlöf[17]
   - fornece diretrizes para o que deve ser feito;
   - faz as pessoas cooperar;
   - fornece a energia necessária para alcançar as metas fixadas.

---

[15] REDDIN, W. J. *Eficácia gerencial*. p. 23.

[16] GARDNER, John W. *On leadership*. New York: The Freepress, 1990.

[17] KARLÖF, Bengt. *Conceitos básicos de administração*: um guia prático. Nobel, 1994. p. 115.

6.4 As principais responsabilidades dos líderes

Há quatro responsabilidades básicas dos líderes:[18]

1. **O líder deve ter desenvolvido uma imagem mental de um estado futuro possível e desejável da organização.** Um líder bem-sucedido é o que vê outro quadro ainda não atualizado, que vê hoje coisas que ainda não estão lá, mas estarão no futuro. Ele faz as pessoas à sua volta entenderem que não é seu objetivo que tem de ser realizado, mas o objetivo do grupo, um propósito comum, nascido dos desejos de todos.[19] Muitos acreditam que a única postura do líder é a de elaborar uma visão que os liderados sejam capazes de adotar como sua, porque é realmente sua.[20] Na realidade, o que é crucial sobre a visão não é sua originalidade, mas quão adequada ela é às necessidades e desejos dos seguidores, no caso de empresas: empregados, administradores, clientes e *stakeholders.*[21] Em outras palavras, como diz Jack Welch, ex-presidente e CEO da General Electric e um dos mais bem-sucedidos executivos norte-americanos: os bons líderes empresariais criam uma visão, articulam a visão, vivem apaixonadamente esta visão e a conduzem incansavelmente à realização. Acima de tudo, porém, os bons líderes são abertos: são informais. Eles não se apegam aos canais formais de comunicação, *circulam pela organização para alcançar diretamente as pessoas.*[22]

2. **O líder deve comunicar a nova visão.** A organização precisa ser mobilizada para aceitar a nova visão e fazê-la acontecer. Portanto, *uma característica importante de um bom líder é saber comunicar.* Ele deve conseguir passar a mensagem para todos, para que eles entendam qual é o propósito comum que precisa ser alcançado e para que se motivem para isso. Assim, *um líder está constantemente comunicando-se com todos e partilhando suas informações.*

3. **O líder precisa criar confiança por meio do posicionamento.** O líder deve mostrar coerência, energia, honestidade e coragem. As pessoas confiam em líderes assim. Elas precisam saber qual a posição do líder em relação à organização

---

18 BENNIS, Warren; NANUS, Burt, 1998. p. 73 -180.

19 FOLLET, Mary Parker. *Dynamic administration.* New York: Harper & Row, 1941. p. 143-144 apud BENNIS, Warren e NANUS, Burt, 1998. p. 117.

20 TOOLE, James (vice-presidente do Aspen Institute). In: *Exame,* 12 ago. 1998. p. 123.

21 KOTTER, John. What leaders realy do. In: *On leadership.* Harvard Business School Press, 1998. p. 37 ss.

22 WELCH, Jack. *Speed, simplicity, self-confidence* – in leaders on leadership an interview to Noel Tichy and Ram Charan. Boston: Harvard Business Review Book, 1995. p. 16.

e como ele se posiciona em relação ao ambiente. Um líder aético só consegue se manter na liderança de seguidores pouco qualificados.

4. **Líderes são aprendizes perpétuos.** A aprendizagem é o combustível essencial para o líder. O aprendizado constante é a fonte de energia que mantém a liderança acesa, que faz surgir o entendimento, novas ideias e desafios. Além de si próprio, o líder estimula também os seguidores a aprender.

Um dos riscos que um líder precisa evitar é o isolamento. Para isso, é necessário comunicar-se com frequência, ter confiança nos que o cercam e criar condições para que eles também tenham confiança na sua liderança.

Às vezes, os líderes têm problemas porque se cercam de seguidores que os enganam com bajulações e os isolam das realidades inconfortáveis. Os líderes que gostam de ser bajulados acabam isolados e ignorando as informações negativas que eles deveriam ter.[23] É preciso criar condições para que os seguidores tenham coragem de contar a verdade, seja ela qual for.

Nos momentos das grandes decisões, muitos líderes preferem aceitar a opinião da maioria dos seguidores, pois, na maioria dos casos, a maioria tende a estar certa. No entanto, há casos em que a maioria pode estar espetacularmente errada. O líder que automaticamente rejeita a opinião dos seguidores pode ser tão estúpido quanto o que aceita sem pensar a opinião da maioria. É preciso, considerar, porém, que se a decisão não é tão crucial, pode ser preferível aceitar uma alternativa ruim que impor a que parece a mais correta, a fim de que se verifique na prática o que é mais adequado. Uma imposição pode minar o comprometimento dos seguidores.[24]

6.5 Algumas frases sobre liderança

Não há maus regimentos, apenas maus coronéis.

Napoleão Bonaparte

---

[23] OFFERMAN, Lynn R. When follwers become toxic. In: *Harvard Business Review,* January 2004. p. 55 ss.

[24] OFFERMAN, Lynn R., January 2004. p. 55 ss.

Líder é o que tem capacidade de conseguir que outras pessoas façam o que não querem e, ainda assim, gostem de fazê-lo.

Harry Truman

Líder é o que tem capacidade de arregimentar pessoas para um propósito comum e personalidade que inspire confiança.

Marechal Montgomery

O forte rei faz forte a fraca gente.

Luiz Vaz de Camões

Ninguém será um grande líder se quiser fazer tudo sozinho e receber todo o crédito pelo que está sendo feito.

Andrew Carnegie

Um general é tão bom ou ruim quanto as tropas que comanda.

Douglas MacArthur

Eu devo seguir o povo. Não sou seu líder?

Benjamin Disraeli

Os melhores líderes se cercam de pessoas mais espertas do que ele, admitem isso francamente e estão dispostos a pagar pelo seu talento.

Amos Parrish

Um líder tem duas importantes características: primeiro, sabe aonde quer chegar e, segundo, é capaz de persuadir outras pessoas a seguirem-no.

M. Robespierre

Parodiando Camões, podemos dizer que o forte gerente faz forte a fraca equipe.

6.6 Diferenças entre o líder e o administrador

Vários autores tentaram estabelecer diferenças entre o líder e o administrador.

Liderar é diferente de administrar, mas não pelas razões que a maioria das pessoas imagina. Liderança não é mística nem misteriosa. Não tem nada a ver com carisma ou outros traços exóticos de personalidade. Nem é exclusiva de uns poucos escolhidos. Liderança e administração são dois sistemas de ação complementares, necessários ambos para o êxito de um negócio em um ambiente volátil. A liderança complementa a administração, não a substitui. Nem todos são bons em administração e liderança. Muitos líderes não são bons administradores e vice-versa.[25]

Warren Bennis diz que administrar é assumir responsabilidade, fazer acontecer; liderar é influenciar, guiar em direção. Para ele, o líder opera sobre os recursos emocionais e espirituais da organização, sobre seus valores, comprometimento e aspirações. Em contraste, o administrador opera sobre os recursos físicos da organização, sobre seu capital, habilidades humanas, matérias-primas e tecnologia.[26] O gerente administra; o líder inova. O gerente focaliza em sistemas e estruturas; o líder focaliza-se nas pessoas. O gerente apoia-se no controle; o líder inspira confiança. O gerente pergunta como e quando; o líder pergunta o quê e por quê. O líder se preocupa com a eficácia, o administrador tende a se preocupar mais com a eficiência.[27]

Uma liderança forte com uma administração fraca é, na maioria dos casos, pior do que o contrário. O real desafio é combinar uma liderança forte com uma administração forte e usar cada uma para equilibrar a outra.[28]

Administrar é saber lidar com a complexidade. Suas práticas e seus procedimentos são a resposta para a emergência das grandes organizações dos séculos XX e XXI. Sem boa administração, as empresas tornam-se caóticas e ficam ameaçadas na sua própria existência.[29] Uma cultura administrativa dá ênfase à racionalidade e ao controle. Não é necessário ser gênio nem herói para ser um bom administrador. É preciso persistência, trabalho duro, inteligência, habilidade analítica e, talvez mais importante, tolerância e boa vontade. Os administradores tendem a ser reativos, envolvendo uma combinação de pessoas e ideias in-

---

25 KOTTER, John, 1998. p. 37 ss.

26 BENNIS, Warren; NANUS, Burt, 1998. p. 77.

27 BENNIS, Warren apud BERGAMINI, Cecília. Liderança como administração do sentido. In: *Gestão das pessoas*. Fundação Dom Cabral, 2001. p. 90-91.

28 BENNIS, Warren apud BERGAMINI, Cecília, 2001. p. 90-91.

29 KOTTER, John, 1998. p. 37 ss.

teragindo para estabelecer estratégias e tomar decisões.[30] Os administradores consideram-se responsáveis para cuidar das empresas da melhor forma possível na forma como elas existem.

Liderar é saber lidar com a mudança. O aumento da sua importância deriva da velocidade das mudanças no passado recente: mudanças tecnológicas, aumento da competitividade, desregulamentação, globalização, envelhecimento da população e outras. Não basta aperfeiçoar a maneira de fazer as coisas. Para sobreviver, é preciso mudanças mais profundas que requerem liderança. Essas duas funções diferentes: lidar com a complexidade e lidar com a mudança moldam as atividades características da administração e da liderança.[31] A influência que um líder exerce, alterando a maneira de pensar e agir, evocando imagens concretas e estabelecendo objetivos, determina a direção que o negócio deve seguir. O resultado disso é a mudança na maneira de pensar das pessoas em relação ao que é desejável, possível e necessário.

A busca da mudança é uma aventura que põe à prova nossas capacidades e habilidades. Faz aflorar talentos adormecidos. É o lugar do treinamento da liderança. E mesmo que o desafio da mudança seja árduo, ele é também estimulante e agradável. Para que os líderes consigam extrair o melhor de si e dos outros, eles devem se sentir intrinsecamente motivados por suas tarefas.[32]

As empresas administram a complexidade planejando, orçando e controlando. Estabelecendo metas, determinando os passos e os recursos para atingi-las. Por outro lado, liderar uma empresa para uma mudança construtiva começa pelo desenvolvimento da visão do futuro, estabelecendo a direção a ser seguida e as estratégias necessárias para alcançar essa visão. Por fim, os administradores asseguram a execução dos planos por meio do controle e da solução dos problemas e os líderes pela motivação e inspiração dos seguidores. Motivar as pessoas empurrando-as na direção certa é diferente de usar mecanismos de controle para satisfazer as necessidades humanas de realização, para obter um sentimento de "pertença", reconhecimento, autoestima ou habilidade para conseguir atingir os ideais.[33]

Líderes são agentes de mudança, desafiam o estabelecido, e isso não se faz sem risco. Os líderes trabalham a partir de uma posição de alto risco. Conduzir uma organização durante um período de mudança pode ser perigoso e tem sido a ruína de muitos líderes.

---

30 ZALEZNIK, Abraham. *Managers and leaders*: are they different? In: *On leadership*. Harvard Business School Press, 1998. p. 61 ss.

31 KOTTER, John, 1998. p. 37 ss.

32 KOUZES, James M.; POSNER, Barry Z., 1997. p. 57.

33 KOUZES, James M.; POSNER, Barry Z., 1997. p. 57.

Para evitar os perigos, Heifetz e Linsky sugerem algumas poucas regras básicas para governar suas ações e dar orientação às decisões e às ações. Eles começam assim: pensem nos inúmeros executivos nos últimos anos que, algumas vezes, depois de êxito considerável, foram esmagados e "queimados". Ou pense em pessoas que você conheça em posições menos proeminentes, talvez pessoas lançando significativas iniciativas de mudanças nas suas organizações, que se viram subitamente sem emprego. Pense sobre você mesmo: ao exercer liderança, foi alguma vez destituído do cargo ou colocado de lado? Temos de considerar que liderar é perigoso. Prosseguem com alguns conselhos: (a) opere acima das brigas e conflitos; (b) coopte os não comprometidos; (c) "cozinhe" os conflitos: administrar conflitos é um dos maiores desafios de um líder. O conflito pode envolver resistência a mudanças, ou pode envolver pontos de vista diferentes sobre como uma mudança deve ser conduzida. Na maioria dos casos será latente. Por isso, a maioria das organizações é alérgica a conflitos, mas os conflitos são parte necessária dos processos de mudança e, se administrados corretamente, podem ser os motores do progresso; (d) delegue o trabalho para onde ele deve ser colocado. Como mudanças significativas requerem adaptações de pessoas ao longo de toda a organização, os líderes devem resistir à reação de proporcionar respostas a todas as dúvidas das pessoas. Em vez disso, transfira para os subordinados as soluções de alguns problemas. Além disso, é preciso que o líder encontre um tempo livre para meditar sobre as dificuldades que tem encontrado e para estabilizar seu estado psicológico.[34]

Mandelli aponta as seguintes diferenças:[35]

- O gerente administra, o líder inova.
- O gerente é uma cópia, o líder um original.
- O gerente mantém, o líder desenvolve.
- O gerente prioriza sistemas e estruturas, o líder prioriza as pessoas.
- O gerente depende de controle, o líder inspira confiança.
- O gerente tem uma visão de curto prazo, o líder a perspectiva de futuro.
- O gerente pergunta como e quando, o líder o que e por quê.
- O gerente vive com os olhos voltados para o possível, o líder com os olhos no horizonte.

---

34 HEIFETZ, R. A.; LINSKY, M. A survival guide for leaders. In: *Harvard Business Review*, June 2002. p. 65ss.

35 MANDELLI, Pedro. *Gestão de pessoas*: compreendendo o essencial. Apostila do módulo de recursos humanos da Fundação Dom Cabral, 2001.

- O gerente imita, o líder inventa.
- O gerente aceita o *status quo*, o líder o desafia e busca alternativas para ele.
- O gerente é o bom soldado clássico, o líder é seu próprio comandante.
- O gerente faz as coisas direito (eficiente), o líder faz a coisa certa (eficaz).

Os bons administradores devem procurar se inspirar na forma de agir dos líderes, obtendo a confiança e o apoio genuíno dos seus subordinados, que atuarão como seus seguidores. Os líderes usam as relações informais com mais facilidade do que as estruturas formais usadas pelos administradores.

Os líderes despertam paixões, os administradores cuidam das necessidades e dos interesses dos subordinados.

Domina-se mais facilmente as pessoas excitando suas paixões do que se ocupando das suas necessidades e interesses.

Gustave Le Bon[36]

6.7 As características de um líder

6.7.1 Confiança em si

Uma característica comum aos líderes é a confiança que têm em si. Nenhum líder ou candidato a tal inspira mais confiança em seus liderados ou seguidores potenciais do que a que ele mesmo deposita em si e o demonstra. Se nem eu aposto em mim, quem apostará? Se não me tenho em alta conta, como esperar que os outros me respeitem? Se não estou absolutamente convicto das minhas crenças, como os outros acreditarão no que digo? Se o líder tiver uma dúvida seus seguidores terão várias.[37] Duvidar de si é, para o líder, duplamente nocivo: não só arrefece o entusiasmo e mina a inspiração do líder, como inspira a desconfiança e inocula o desânimo entre os liderados.[38]

6.7.2 Crença no que faz

Outra característica comum é acreditar com paixão no que prega e faz. Ninguém pode seguir alguém que não acredite no que está fazendo. O líder encoraja os seguidores

---

[36] Apud BOYER, Luc; BUREAU, 1997.

[37] McNEILLY, Mark. *Sun Tzu e a arte dos negócios*. Rio de Janeiro: Campus, 1998. p. 106.

[38] GIANNETTI DA FONSECA, E. *Autoengano*. São Paulo: Companhia das Letras, 1998. p. 147.

e mostra às pessoas que elas podem vencer. O encorajamento é a maneira como os líderes se relacionam. Os líderes atraem os seguidores pela sua fé na capacidade das pessoas para se adaptar, crescer e aprender.[39]

Nada de grande foi realizado sem paixão.

Hegel

6.7.3 Visão clara aonde quer chegar

Por fim, uma característica fundamental é a visão clara de onde quer chegar e a capacidade de comunicá-la. *A criação e transmissão da visão para os seguidores são qualidades indispensáveis ao líder.* A criação da visão não deve ser exclusiva do líder, mas sim compartilhada com os seguidores. Não haverá seguidores se as pessoas acreditarem que a visão não é também delas. O líder comunica não só pelas palavras, mas principalmente por meio dos seus atos e exemplos, que devem estar coerentes com o que ele prega. O bom líder age de acordo com o que diz. Se o que é feito não estiver de acordo com o que é dito, o líder ficará desacreditado e os seguidores o abandonarão.

Nada é tão contagioso quanto o exemplo.

La Rochefoucauld

6.7.4 Capacidade de comunicação

Um erro grave em comunicação é tentar comunicar apenas em grandes reuniões, especialmente quando a situação não é boa. Nessas ocasiões, é preciso atingir o pessoal operacional por meio dos seus supervisores, fazendo tantas reuniões em pequenos grupos quantas forem necessárias para atingir todos os supervisores e, por meio deles, o pessoal de nível mais baixo.

O bom líder conhece seus seguidores, seus valores, costumes, suas necessidades e seus desejos e fala uma linguagem que eles entendem. Enriquece sua comunicação com exemplos concretos, histórias, símbolos, metáforas e parábolas para tornar claras suas visões

---

39 KOUZES, James M.; POSNER, Barry Z., 1997.

abstratas.[40] Outro aspecto importante na comunicação do bom líder é que ele sabe ouvir. As pessoas ouvem com mais atenção aqueles que as ouvem.[41]

6.7.5 Expectativas elevadas e reconhecimento do mérito

Os líderes bem-sucedidos têm níveis elevados de expectativas para si e para seus seguidores. Essas expectativas constituem a moldura nas quais as pessoas enquadram a realidade e são a base das profecias autorrealizadoras.[42] Esses líderes reconhecem o mérito e as contribuições de seus seguidores e creditam o mérito aos que o merecem. Não creditar o mérito onde é devido destrói todo o sentimento de confiança.[43] Os elogios são uma forma de reconhecimento importante, mas subutilizada. Às vezes, bastam duas palavras: muito obrigado.[44] Outras vezes, é preciso celebrar as realizações da equipe como forma de motivação para conquistas futuras.

6.8 Traços comuns dos líderes?

Uma das maiores controvérsias a respeito de liderança diz respeito à possibilidade de se identificar traços comuns para os líderes. A *liderança* somente faz sentido quando especificamos para que fim e em que circunstâncias se espera que o líder deva agir. Mesmo assim, na maioria dos livros sobre psicologia industrial encontramos uma lista, maior ou menor, de qualidades de liderança, que nos fala, por exemplo, que o líder deve ter inteligência e bom julgamento, discernimento e imaginação, habilidade em aceitar responsabilidades, senso de humor, personalidade equilibrada e senso de justiça. Essa lista é fornecida por May Smith, que, aparentemente, está interessada na personalidade do líder como pessoa mais ou menos isolada. Quando consideramos homens como Hitler, Stalin, Napoleão, os Wesley, John Knox e Oliver Cromwell, ou mulheres como Mary Baker Eddy, a rainha Elizabeth I e Pankhurst, torna-se absurdo dizer que um líder deve ser equilibrado e possuir senso de humor ou de justiça. Alguns dos mais bem-sucedidos líderes da história têm sido neuróticos, insanos, epilépticos, destituídos de humor, de

---

[40] KOUZES, James M.; POSNER, Barry Z., 1997. p 150.

[41] KOUZES, James M.; POSNER, Barry Z., 1997. p.181.

[42] KOUZES, James M.; POSNER, Barry Z., 1997. p.291.

[43] BARTOLOME, F. Nobody trusts the boss completely. In: *Harvard Business Review*, Mar.-Apr. 1989.

[44] KOUZES, James M.; POSNER, Barry Z., 1997. p. 300.

mente estreita, injustos e autoritários; há líderes religiosos possuídos de um senso patológico de culpa, líderes políticos com ilusões de onipotência e ditadores militares com ilusões de perseguição. Se for feita a objeção de que estamos interessados na indústria e não em religião, política, ou assuntos militares, é fácil mostrar como os grandes "capitães de indústria" também têm tido deficiências de qualidades recomendadas pelos psicólogos: homens como Hearst, Ford, Carnegie e Morgan não foram modelos de virtude ou normalidade. Vendo o problema historicamente, temos boas razões para crer que a anormalidade mental não é desvantagem em um líder e, mesmo, pode ser uma vantagem, enquanto este seja insano na direção apropriada. Hitler, com sua paranoia, e Hearst e Ford, com suas neuroses de obsessão, obtiveram sucesso precisamente porque tinham esses defeitos e estes estavam, por acaso, adequados à situação existente.[45] A política está cheia de exemplos de líderes que nem sempre se comportam como pessoas justas, honestas e éticas. É impossível negar que pessoas pouco confiáveis ocuparam posições de liderança e obtiveram êxito.

6.9 Os líderes também erram

Líderes são humanos e erram. O reconhecimento de que nem sempre os líderes se comportam da melhor forma fez os fundadores da federação norte-americana estabelecerem um sistema de equilíbrio de poderes para evitar possíveis excessos das autoridades públicas. Eles reconheceram que a liderança é facilmente corrompida e montaram mecanismos para impedir que os líderes possam fazer muita coisa sem o consenso dos seus seguidores. A constituição norte-americana foi estabelecida para impedir que uma liderança má possa se perpetuar. Imaginar que todos os grandes líderes são boas pessoas é ficar cego para a realidade da condição humana. Todos aceitam o fato de que é possível aprender com líderes bem-sucedidos, mas seria um erro supor que não se pode aprender com líderes fracassados. Somente quando reconhecemos e administramos nossos fracassos, alcançamos a grandeza.[46]

45 BROWN, J. A. C. *Psicologia social da indústria*. São Paulo: Atlas, 1967. p. 174 e 174.

46 KELLERMAN, Barbara. Leadership: warts and all. In: *Harvard Business Review*, January 2004. p. 40 ss.

6.10 Opiniões sobre as características que deveriam ter os líderes

Embora concordemos com a tese da impossibilidade de se determinar características gerais válidas para um líder, convém examinar o que dizem a este respeito alguns líderes e estudiosos do assunto.

Segundo o Marechal Montgomery, o líder deve ser capaz de:

- ver com clareza os seus objetivos e se esforçar para alcançá-los;
- tomar decisões e ter calma na hora da crise;
- verificar o cumprimento das ordens;
- julgar as pessoas e fazer as pessoas certas ocuparem os lugares certos nos momentos certos;
- compreender que a diversidade das pessoas traz força para a equipe;
- visualizar o sistema como um todo, ver o conjunto.

Em relação à verificação do cumprimento de ordens, o mesmo Montgomery acredita que é um erro pensar que, uma vez dada uma ordem, nada mais há a fazer. É preciso verificar se ela está sendo executada dentro do espírito com que foi concebida.

A Scott Paper assim determinava as características de um bom líder empresarial: (a) vasto conhecimento do negócio e da organização; (b) vasta rede de relações na organização e no ramo de negócios em que ela atua; (c) boa reputação em virtude do seu passado; (d) grande habilidade humana; (e) habilidade conceitual para pensar estrategicamente; (f) valores pessoais que reflitam: integridade e franqueza, respeito às pessoas, compromisso com a aprendizagem; (g) motivação para vencer e criar este desejo nos seguidores, para focalizar na ação, para mostrar e instilar entusiasmo, coragem para eliminar quem não possui essas qualidades.

Pesquisas de James M. Kouzes e Barry Z. Posner mostraram que o que as pessoas mais buscam e admiram em um líder são: honestidade, competência, que seja ético e dinâmico, que inspire os seguidores pelos seus atos e que seja capaz de olhar para o futuro. Ações são mais importantes do que palavras; são as ações que demonstram o compromisso do líder.[47]

Respondendo a uma pergunta, Peter Drucker disse que considerava Harry Truman e Jack Welch dois dentre os maiores líderes norte-americanos do século XX. O que têm em comum um presidente falecido há tempos e o presidente de uma grande multinacional?

---

[47] KOUZES, James M.; POSNER, 2001. p. 258.

Ambos revelaram uma qualidade rara: veem o mundo como ele é e não como gostariam que fosse. Eles sabem que líderes não são senhores de si mesmos, mas sim pessoas *que subordinam seus desejos, gostos e suas preferências à prosperidade das instituições a que servem.*[48]

Em estudo feito por Warren Bennis e Burt Nanus, com noventa líderes, encontraram-se cinco habilidades primordiais: *aceitar as pessoas como elas são*, não como você gostaria que fossem; abordar relacionamentos e problemas em termos do presente e não do passado; tratar os que estão perto de você com a mesma atenção cordial que concede a estranhos e a pessoas que conhece casualmente; *confiar nos outros*, mesmo quando o risco parece grande e agir sem a aprovação e o reconhecimento constante dos outros.[49]

Um líder deve fazer seus seguidores saberem que não os considera inferiores, mas os mantém numa distância psicológica que os permite aceitar sua autoridade sem ressentimento. Isto é importante porque quando se aceita ordens de outras pessoas, fica-se limitado na autonomia e independência e se faz não o que se deseja, mas o que o líder deseja.[50]

Os líderes precisam ter qualidades adicionais, além de visão e energia. Os líderes devem ter quatro qualidades além das conhecidas: (a) devem seletivamente reconhecer suas fraquezas; (b) devem confiar fortemente na intuição para avaliar o momento e o rumo de suas ações; (c) devem administrar seus subordinados com algo que denominamos forte empatia; (d) devem revelar suas diferenças em relação aos demais.[51]

Outro aspecto a ser considerado é a diferença entre ser respeitado ou amado como líder. Os líderes são frequentemente respeitados, mas raramente amados. Se ele consegue proporcionar resultados e recompensas, pode-se esperar que os liderados o respeitem, mas, no longo prazo, seu controle sobre as recompensas dos membros do grupo e seu *status* superior podem produzir sentimentos ambivalentes em relação a ele.[52] Já foi muitas vezes dito que se um líder tiver de escolher entre ser respeitado e ser amado deve preferir o primeiro, porque é possível obter o respeito de todos os liderados, mas impossível ser amado por todos. Ou como disse Maquiavel, surge aqui uma questão: "se para o príncipe é melhor ser amado ou temido, ou vice-versa".

---

[48] DRUCKER, Peter F. Seeing things as they really are. Entrevista concedida a Robert Lenzner e Stephen S. Johnson e publicada na *Forbes*, 10 mar. 1997. p. 122 e ss.

[49] BENNIS, Warren; NANUS, Burt., 1998. p. 56 e 57.

[50] PRENTICE, W. C. H. Understanding leadership. In: *Harvard Business Review*, Jan. 2004. p. 102 ss.

[51] GOFFEE, R.; GARETH, J. *Why should anyone be led by you?* In: *Harvard Business Review*, Sept.-Oct. 2000. p. 63 ss.

[52] HOMANS, C. G. apud SECORD, Paul F.; BACKMAN, C. W., 1964. p. 362.

O que é melhor: ser amado ou temido?

O certo é que o melhor seriam ambas as coisas, mas é difícil juntá-las. Assim, entre uma e outra, é mais seguro ser temido que amado. Isto porque os homens são, geralmente, ingratos, volúveis, simuladores, covardes e gananciosos e enquanto recebem favores de quem está no poder lhe oferecem a vida, os filhos e os bens, mas quando a adversidade se avizinha, desaparecem. E o príncipe que acreditou neles e não se preparou para o infortúnio está arruinado, porque os que se tornam amigos do governo em busca de vantagens e não por grandeza d'alma são interesseiros e fogem na hora incerta. *E os homens têm mais facilidade em trair os que se fazem amar do que os que se fazem temer.* O amor cria um vínculo de gratidão que se rompe facilmente, porque o homem é de mau caráter, enquanto o temor é seguro pelo liame do receio do castigo, que traz o homem submetido. O príncipe deve, no entanto, ser temido, de modo que não sendo amado também não seja odiado. E ele pode ser temido e não ser odiado, desde que respeite os bens e as mulheres dos seus súditos e quando for preciso matar alguém faça com justificação e causa manifesta... Voltando ao tema de ser temido ou ser amado, direi que o amor dos homens depende deles, enquanto o temor depende da vontade do príncipe e que, assim sendo, um príncipe sábio deve preferir o que depende dele e não dos outros, evitando apenas ser odiado.[53]

Paixão e integridade são características indispensáveis a um líder. Nenhuma grande instituição pode subsistir sem um grande líder.[54] Um líder atrai amor e ódio. As organizações dominadas por líderes parecem turbulentas, intensas e, às vezes, desorganizadas. Tal atmosfera intensifica a motivação individual e produz resultados imprevisíveis.[55]

Por último, um líder deve ser capaz de suportar ambiguidades, incertezas, frustrações e sofrimentos e deve saber quando deve ser tolerante com seus seguidores.

6.11 Formas de liderar

Não se pode dizer que exista um estilo ideal de liderança para todos os casos. O estilo de liderança é uma *variável dependente*, isto é, que depende ou é seguida de algo mais. Já o cenário e as circunstâncias são a *variável independente*.[56]

---

53 MACHIAVELLI, N. Il príncipe. Roma: Tascabili Economici Newton, 1995. p. 62.

54 GESTNER, Louis *Who says elephants can't dance?*, p. 235 a 241.

55 ZALEZNIK, Abraham., 1998. p. 61 ss.

56 PERROW, Charles. *Análise organizacional*: um enfoque sociológico. São Paulo: Atlas, 1972. p. 26.

Os verdadeiros líderes precisam conhecer melhor que ninguém seus próprios seguidores naquilo que eles realmente buscam, mesmo sem ter clara consciência disso.[57]

Um bom líder deve procurar a lealdade dos seus seguidores. Novas pesquisas mostram que as empresas com clientes, investidores e empregados leais têm em comum um seis princípios básicos. Os seis princípios são: (a) *Pregue aquilo que você pratica*. Muitos líderes empresariais ficam hesitantes em trombetear seus mais profundos valores. Acreditam que as ações falam mais alto que as palavras. Mas somente pregando a importância da lealdade em termos claros e precisos podem as empresas prevalecer em relação ao "dogma" da era digital que descarta que a lealdade continua relevante para o sucesso no mundo de hoje. Não basta ter os valores certos. É preciso torná-los claros para todos por meio de palavras e atos. (b) *Jogue o jogo do ganha-ganha*. Ao criar lealdade, não basta que seus competidores percam. É preciso que seus associados ganhem. Parece óbvio, mas muitos não percebem. Os líderes que se dedicam a tratar corretamente as pessoas proporcionam valor superior aos clientes, o que resulta em melhores resultados e mais facilidade em reter os melhores empregados. (c) *Seja exigente*. À primeira vista, esse conselho pode parecer arrogante, mas arrogância é pensar que sua empresa pode ser todas as coisas para todos os clientes. Uma empresa humilde sabe que só pode satisfazer a alguns clientes, e faz o possível para torná-los felizes. (d) *Num mundo complexo, as pessoas precisam de equipes pequenas* para simplificar a responsabilidade e a prestação de contas. Precisam também de regras simples para orientar as decisões. (e) *Recompense os resultados favoráveis*. Reserve os melhores negócios para os clientes mais leais e as melhores oportunidades para os melhores empregados e associados. (f) *Ouça muito e fale de forma direta*. Visite *call centers*, *chat rooms* da Internet. Proporcione um ambiente em que seja seguro ao pessoal fazer críticas sinceras.[58]

6.12 Liderança e inteligência emocional

Daniel Goleman verificou que embora as qualidades tradicionalmente associadas com liderança – como obstinação, inteligência, determinação e visão – sejam necessárias para o êxito, são, porém, insuficientes. Líderes verdadeiramente eficientes se distinguem por alto grau de inteligência emocional, que abrange autoconhecimento, autocontrole, motivação, empatia e habilidade social. É verdade que diferentes situações requerem diferentes tipos de liderança, mas Goleman argumenta que os líderes mais eficientes são

---

[57] BERGAMINI, Cecília., 2001. p. 95.

[58] REICHHELD, Frederick F. Lead for loyalty. In: *Harvard Business Review*, July-Aug. 2001. p. 76 ss.

semelhantes em um aspecto crucial: todos têm o que se tornou conhecido como inteligência emocional. Não significa que o QI ou habilidades técnicas sejam irrelevantes. Elas têm sua importância, especialmente como requisitos para as posições executivas iniciais, mas as pesquisas mostram que a inteligência emocional é a condição *sine qua non* para a liderança. Sem ela, uma pessoa pode ter o melhor treinamento do mundo, mas não será um grande líder.[59]

Autoconhecimento é o primeiro componente da inteligência emocional. Pessoas que têm alto grau de autoconhecimento reconhecem como seus sentimentos afetam a eles próprios, aos outros e ao desempenho no trabalho. Autoconhecimento envolve a compreensão clara dos seus valores e objetivos. As pessoas que o possuem sentem-se à vontade falando sobre suas limitações e pontos fortes. Sabem também quando pedir ajuda e os riscos que assumem são calculados.[60] *"Conhece-te a ti mesmo" era a inscrição no alto do oráculo de Delfos. Até hoje é um preceito fundamental para qualquer pessoa que queira ser bem-sucedida. O autoconhecimento requer a aceitação de feedback. Pessoas que não se conhecem têm dificuldade em aceitar o que os outros dizem a respeito dela.*

Impulsos biológicos conduzem nossas emoções. Não podemos viver sem eles. Autocontrole é o componente da inteligência emocional que nos liberta de sermos prisioneiros de nossos sentimentos. Isso é muito importante para criar um ambiente de confiança e justiça. Em tal ambiente, as lutas internas diminuem e a produtividade aumenta. Além disso, o autocontrole ajuda a aumentar a integridade, que é não apenas uma virtude pessoal, mas uma força para a organização. Muitas coisas negativas que acontecem em uma organização são consequência de explosões por falta de autocontrole. Às vezes, o autocontrole é confundido com frieza e falta de paixão, mas as pessoas podem ser apaixonadas e saber se controlar.[61]

Se existe uma característica que todos os líderes possuem é motivação. Líderes procuram obter êxito além das expectativas. Os líderes são motivados por fatores internos: um desejo profundamente enraizado de realização pela própria realização em si. Eles tendem a se manter realisticamente otimistas mesmo quando os indicadores indicam que as coisas não estão indo bem. Por fim, eles tendem a ter forte comprometimento com sua organização.[62]

---

[59] GOLEMAN, Daniel. *What makes a leader?* In: *Harvard Business Review*, January 2004. p. 82 ss.

[60] GOLEMAN, Daniel, January 2004. p. 82 ss.

[61] GOLEMAN, Daniel, January 2004. p. 82 ss.

[62] GOLEMAN, Daniel, January 2004. p. 82 ss.

De todos os componentes da inteligência emocional, a empatia é a mais facilmente reconhecível. Para um líder, não significa procurar agradar a todos ou tornar seus os sentimentos dos outros. Seria um pesadelo. Significa considerar ponderadamente os sentimentos dos outros no processo de tomar decisões inteligentes. A empatia é um componente cada vez mais importante em virtude do uso crescente de trabalhos em equipe, do processo de globalização e da necessidade de reter talentos.[63]

Habilidade social não é amizade, trata-se da capacidade de mover as pessoas na direção desejada. As pessoas com esta habilidade tendem a ter um grande círculo de conhecimentos pessoais e procuram encontrar interesses comuns com essas pessoas. Trata-se da culminação das demais dimensões da inteligência emocional. Essas pessoas parecem, às vezes, não estar trabalhando, batendo papo com colegas ou contando anedotas. Elas criam laços fortes com pessoas que podem algum dia ajudá-las. Nenhum líder é uma ilha. Ele deve alcançar os resultados por meio dos seus seguidores.[64]

Goleman mostra que a inteligência emocional pode ser desenvolvida. Em geral, ela aumenta com a idade. Inteligência emocional pode ser desenvolvida por meio da motivação, da prática e do *feedback*. A inteligência emocional não será desenvolvida sem um sincero desejo e esforço contínuo. Um breve seminário não adiantará muito.[65]

6.13 Líderes narcisistas

Não há quem não goste de um elogio sincero, mas líderes narcisistas são mais comuns do que se imagina, e esse narcisismo pode chegar a níveis muito prejudiciais ao líder e a seus seguidores. A maior parte dos líderes que estudamos na história tem traços narcisistas que foram úteis para inspirar as pessoas e moldar o futuro.[66]

Narcisismo é considerado um termo pejorativo, mas todas as pessoas, especialmente os líderes, têm necessidade de certa dose de narcisismo para sobreviver. É o motor que conduz a liderança. Confiança, tenacidade e segurança não podem existir sem ele. Precisamos aceitar uma pequena dose de loucura nos nossos líderes. Como líderes narcisistas são muitas vezes carismáticos, os seguidores começam a projetar suas fantasias de grandeza nesses líderes, tornando tudo surrealista. Um dos problemas dos líderes narci-

[63] GOLEMAN, Daniel, January 2004. p. 82 ss.

[64] GOLEMAN, Daniel, January 2004. p. 82 ss.

[65] GOLEMAN, Daniel, January 2004. p. 82 ss..

[66] MACCOBY, Michael. Narcisistic leaders: the incredible pros, the inevitable cons. In: *Harvard Business Review*, January 2004. p. 92 ss.

sistas é que eles tendem inadvertidamente a ativar o lado narcisista dos seus seguidores.[67] Muitos líderes empresariais têm traços narcisistas. Isso pode ser útil para empresas que precisam estimular paixão no seu pessoal, mas pode ser perigoso em muitos casos. Os narcisistas tendem a ser isolados emocionalmente e altamente desconfiados. Percepção de ameaças imaginárias ou reais pode desencadear raiva. Realizações podem alimentar sentimentos de grandiosidade.

Não é surpreendente que a maioria das pessoas pense no narcisismo como algo negativo. No entanto, ele pode ser útil e, às vezes, até necessário. Jack Welch, Lee Iacocca e George Soros são exemplos de narcisistas produtivos. Eles são mais necessários em épocas de transições e mudanças, especialmente em tempos caóticos. Nessas ocasiões, os líderes proporcionam o rumo indispensável à integração dos esforços. Narcisistas produtivos assumem riscos e conduzem seus seguidores a mudanças. Geralmente são grandes oradores e creem que palavras podem mover montanhas. O perigo ocorre quando o líder não tem bom autoconhecimento e se torna sonhador fora da realidade. Eles não aprendem facilmente com os outros e imaginam grandes esquemas, acreditando na ilusão de que somente circunstâncias ou inimigos podem impedir seu êxito. Essa tendência para a grandiosidade é seu calcanhar de Aquiles, que pode levá-los à paranoia. Raramente aceitam discordâncias e sua excessiva sensibilidade às críticas torna-os impermeáveis quando ameaçados ou atacados. Estão muito mais interessados em controlar os outros do que em conhecer a si mesmos. Líderes narcisistas são obsessivos na busca do êxito e veem tudo como ameaças.[68]

6.14 Liderança situacional

Os que advogam que liderança se exerce em situações específicas, dizem que *liderança é o processo de exercer influência sobre o comportamento das pessoas para atingir objetivos em determinadas situações*. Isso não é a mesma coisa que dizer que o líder é o principal responsável pela realização dos objetivos do grupo.

Por exemplo, se um bebê chora com fome e os pais se apressam em preparar a mamadeira, de acordo com a primeira definição, o líder seria o bebê, mas ninguém imaginaria que ele seria o principal responsável pela realização dos objetivos. Vejamos outra situação,

[67] COUTU, Diane L. Putting leaders on the couch, entrevista concedida por Manfred F. R. Kets de Vries e publicada na *Harvard Business Review*, jan. 2004. p. 65 ss.

[68] MACCOBY, Michael, January 2004. p. 92 ss.

em que um veleiro, em meio à tempestade, tem sua estabilidade piorada pela posição das velas. Se um grumete, no nível hierárquico mais baixo, sobe a um mastro para resolver o problema e começa a gritar para o pessoal no convés: "Joguem-me um facão! Segurem a ponta desta corda!" Naquele instante, o líder será ele, independentemente do nível hierárquico, pois será o principal responsável pela obtenção de resultados. Ao mesmo tempo, estará exercendo influência sobre o comportamento das pessoas para atingir objetivos. A identificação do líder daquele momento, nesse caso, é clara.

Os que defendem a tese da liderança situacional advogam que o comportamento do líder é o previsto na curva de maturidade, isto é, o comportamento do líder deve variar conforme a maturidade dos liderados.

6.15 Mitos sobre liderança

É necessário dissipar alguns mitos sobre liderança, como: [69]

- **Mito 1:** a Liderança é uma habilidade rara.
- **Mito 2:** os líderes são natos, não feitos.

Anteriormente, considerava-se a liderança uma qualidade nata de algumas pessoas, e quem não a possuía teria de se contentar em ser eternamente liderado. Hoje, sabe-se que, embora alguns tenham de fato qualidades natas de liderança, *é possível treinar a maioria das pessoas para exercer lideranças dentro de determinados contextos.* A maioria das pessoas pode ser treinada para atuar eficazmente como líder de equipes. Nem todos podem ser treinados para atuar eficazmente como líder de grandes e complexas organizações, quanto mais como líder de uma nação. Liderança é um dom que alguns têm em maior proporção do que outros, mas pode ser desenvolvido. Os cursos de liderança procuram identificar o estilo pessoal de cada um e ensinar como ele deve agir para conseguir liderar e não apenas chefiar os subordinados.

Uma coisa é desenvolver qualidades de liderança, outra é tornar-se um grande líder de uma grande e complexa organização.

As pessoas nascem com algumas características de personalidade: algumas são mais dominantes que outras; umas mais otimistas, outras pessimistas; umas gostam mais de matemática que de poesia. Apesar dessas disposições natas serem compensadas com treinamento e outras formas de educação, é difícil alterar inclinações profundas. Assim, o mais importante atributo

---

[69] BENNIS, Warren; NANUS, Burt, 1998. p. 186 ss.

para liderança é o desejo de liderar: querer ser líder. Habilidades e competências gerenciais podem ser desenvolvidas nas pessoas, mas a paixão para liderar uma grande organização não pode.[70] Seria fútil esperar que todos os administradores fossem grandes líderes. Em uma sociedade com milhões de administradores, não há como todos serem grandes líderes. A liderança de grandes e complexas organizações acaba sendo rara exceção confinada a poucos indivíduos.[71] As habilidades para liderar são desenvolvidas ao longo de muitos anos. Como passamos a maior parte do tempo no trabalho, a capacidade para liderar deve ser aprendida no próprio trabalho.

A suposição de que se pode aprender a administrar fez surgirem inúmeros cursos de administração. Alguns alunos desses cursos melhoraram significativamente sua competência para administrar, embora complementado pelo treinamento no trabalho. Da mesma forma o treinamento de liderança pode proporcionar melhorias, mesmo que nem todos se tornem grandes líderes.

- **Mito 3:** os líderes são carismáticos. Alguns o são, a maioria não é.
- **Mito 4:** a liderança existe apenas na cúpula da organização.
- **Mito 5:** o líder controla dirige, impulsiona, manipula.

Este talvez seja o mais nocivo de todos os mitos. Os líderes conseguem traduzir intenções em realidade alinhando as energias da organização por trás de metas atrativas e motivadoras.

Kouzes e Posner apontam outro mito: os líderes são visionários prescientes, com poderes mágicos. Os líderes devem ter uma visão, mas essa visão pode nascer de um pensamento original ou representar a inspiração de outra pessoa.[72] Outros autores reconhecem outros mitos: (a) todos podem ser grandes líderes; (b) líderes proporcionam resultados econômicos para os negócios; (c) as pessoas que chegam ao topo da hierarquia são líderes; (d) líderes são grandes orientadores.[73]

6.16 Líderes problemáticos

Os líderes problemáticos ou ruins foram classificados por Robbins e Finley[74] em categorias como líderes burros; ignorantes; adestrados; muito bondosos; que se fecham às

---

70 NICHOLSON, Nigel. *How hardwired is human behaviour?* In: *Harvard Business Review*, Jul.-Aug. 1998. p. 146.

71 DRUCKER, Peter F. *Management*: tasks, responsibilities, practices. London: Heinemmann, 1974. p. 368.

72 KOUZES, James M.; POSNER, Barry Z., 1997. p. 16.

73 GOFFEE, R.; GARETH, J., Sept.-Oct. 2000. p. 63 ss.

74 ROBBINS, Harvey; FINLEY, Michael. *Por que as equipes não funcionam*. 4. ed. Rio de janeiro: Campus, 1997. p. 87 a 101.

novas ideias; com estilos inapropriados para a situação; que se colocam adiante da equipe; que não conhecem realmente a equipe; inconstantes; que não conseguem ser seguidores; que se recusam a reconhecer os membros da equipe; que têm "peixinhos"; que não permitem o fracasso; que protegem e culpam; sem ética; arrogantes; soberbos; distantes; que deixam de servir de modelos para o comportamento da equipe; negligentes quanto às necessidades profissionais dos membros da equipe; que não estão dispostos a lutar pela equipe; que não estão dispostos a assumir riscos; que não permitem o conflito; que não valorizam a diversidade; passivos; que não creditam o mérito aos que o merecem; que não cumprem as promessas.

Líderes ruins dão ênfase ao controle e gostam de atacar os subordinados pessoalmente.

6.17 Formação de lideranças

A formação de lideranças deve ser uma das preocupações constantes de qualquer organização. No entanto, nem sempre é fácil. Calcular o retorno sobre esse investimento é muito difícil, embora seja talvez um dos que proporcionem maior retorno. Uma das formas de assegurar a formação de lideranças é subordinar o principal executivo de recursos humanos ao principal executivo da empresa e atribuir-lhe, entre outras, a missão específica de formar líderes.[75] Pessoas visionárias são importantes, mais importantes, porém, são aquelas que se caracterizam por desenvolver o talento que existe nas empresas, os verdadeiros exploradores do potencial de outras pessoas.[76]

6.18 O principal executivo: o líder da empresa

A liderança na empresa é exercida pelo principal executivo, que pode ter o título de presidente do conselho de administração ou diretor presidente.

As responsabilidades do principal executivo da empresa variam conforme o ramo de negócio, o tamanho e a estrutura organizacional da empresa, a qualificação dos diretores e executivos de alto nível, o nível de sofisticação da tecnologia utilizada, bem como da sua forma jurídica, da sua vinculação ou não a um grupo empresarial, do desenvolvimento sociocultural da região em que opera e de uma infinidade de outras variáveis. Alguns pontos, porém, são inquestionáveis: (a) toda organização requer uma liderança, de preferência forte, personificada na figura do seu principal executivo; (b) algumas responsabilidades

---

[75] KESNER, Idalene. Leadership development: perk or priority? In: *Harvard Business Review*, maio 2003. p. 23 ss.

[76] PETERS, Tom. Uma liderança sob medida. In: *HSM Management*, maio-jun. 2002. p. 56 ss.

são inerentes a esse principal executivo, independentemente da empresa em que atua; (c) a atuação do principal executivo é vital para a determinação do êxito ou do fracasso da organização, sendo mesmo o ponto mais importante para a obtenção de resultados favoráveis em médio e longo prazos.

É fato conhecido que o principal executivo lidera a empresa, projetando sua personalidade sobre ela e imbuindo-a de suas qualidades e defeitos. Os executivos de nível intermediário absorvem, em maior ou menor grau, o estilo de gestão do principal executivo, atuando, assim, como extensões dessa liderança. É sobre o principal executivo que repousa a responsabilidade máxima pelos resultados e pelo desenvolvimento da empresa. É nele que tem origem a liderança que vai permear toda a organização com a filosofia, os princípios e os valores aprovados pelo conselho de administração e é dele que os conselheiros e os acionistas vão cobrar resultados. Consequentemente, a distância entre o grau de responsabilidade do principal executivo e o dos demais diretores e executivos é enorme. Mesmo que a empresa possua um conselho de administração atuante e competente, a necessidade da liderança proporcionada por um principal executivo forte é incontestável. O desafio é como obter o melhor de dois mundos: *a energia e a capacidade de decisão de um forte principal executivo e o envolvimento de um Conselho de Administração bem informado e atuante.*[77] O principal executivo deve ter uma boa visão sistêmica da empresa. Está fadado ao fracasso o principal executivo que administra uma das funções ou ramo de negócio, em vez de administrar o conjunto.

Termos-Chave

Ver significado desses termos no site do livro.

Inteligência emocional
Liderança
Liderança situacional
Poder coercitivo
Poder de recompensa
Poder do saber

---

[77] CABOT, Louis W. On an Effective Board in *Harvard Business Review*. Sept.- Oct. 1976; pgs. 40 a 46.

Poder legítimo

Poder referente

Casos para Debate em Sala de Aula

O líder deve procurar ser temido ou amado?

Como deve agir um líder? Ele deve procurar ser amado ou temido? Qual das duas situações é melhor para ele?

O poder formal dispensa os demais tipos de poder?

"Numa empresa, o poder proporcionado pela chefia pode ser um meio de se obter aceitação pelos subordinados. Mas, se você possui o poder formal necessário, por que se preocupar com outras formas de poder? A gente está em um negócio para ganhar dinheiro e não para ganhar popularidade."

Comente essa afirmação e explique se a capacidade de um chefe de ganhar a aceitação dos subordinados pode ajudar a aumentar os lucros da empresa.

Exercícios

1. Um bom líder será sempre um bom administrador? E um bom administrador será sempre um bom líder? Por quê? Explique sua resposta.
2. Uma grande empresa produtora de veículos, com estrutura divisional, altamente descentralizada, decidiu centralizar na administração central, para fabricação dos veículos em todas as divisões, as compras de chapas planas de aço laminadas a frio de pequena espessura, bem como as de vidros planos. Com isso, ganhou grande poder de barganha junto aos fornecedores, em virtude do aumento do volume comprado, e conseguiu preços muito mais baratos para a empresa. Os custos das divisões responsáveis pelos resultados diminuíram muito, permitindo a obtenção de lucros maiores. Para surpresa do

presidente, os diretores dos centros de resultado, apesar de beneficiados pelo aumento dos lucros de suas respectivas divisões, ficaram revoltados com a decisão, alegando perda de autoridade e que não seria possível atribuir a eles a responsabilidade pelos resultados, uma vez que itens importantes de compras fugiam à sua alçada. O presidente chamou os diretores corporativos de recursos humanos e finanças para examinar o caso. O diretor corporativo de recursos humanos alegou que era apenas uma questão de vaidade, mas não se podia deixar de se considerar os aspectos motivacionais dos principais responsáveis pelos lucros da empresa.O diretor financeiro ficou furioso, alegando que todos deviam ser chamados a dar uma explicação lógica para essa atitude.O presidente disse que voltar atrás era impossível, mas era preciso dar a eles uma satisfação, mas qual? Se você fosse o presidente, o que faria?

3. Você reconhece que Pedrinho é seu melhor subordinado e tem qualidades de liderança. Você o recomendaria para um programa de desenvolvimento de executivos ou o consideraria uma ameaça à sua posição? Por quê?
4. Líderes podem ser desnecessários a uma empresa? Quando?

CAPÍTULO 7

COMUNICAÇÃO

APRESENTAÇÃO

Neste capítulo, estudaremos o processo de comunicação e a sua importância para a administração. Mostraremos como o administrador vive em um oceano de comunicações, como é vital a necessidade da precisão na comunicação e como se deve, antes de tudo, saber ouvir.

Relataremos a opinião de executivos bem-sucedidos sobre as vantagens da boa comunicação.

Teceremos algumas considerações sobre os termos técnicos de cada profissão e como eles são úteis para os especialistas.

Estudaremos os meios de comunicação na empresa: o contato direto, os documentos escritos, os meios eletrônicos.

Analisaremos os tipos de comunicação na empresa: as ordens dos superiores e as qualidades que elas devem ter, o *feedback* aos subordinados, as prestações de contas dos subordinados, as comunicações para coordenações de atividades, as comunicações nos grupos informais e as das empresas para os funcionários. Mostraremos os canais para ouvir o pessoal da empresa e os mecanismos para a obtenção do *feedback* dos subordinados.

A seguir, veremos, em detalhe, as características da boa comunicação e que ela começa pela capacidade de saber ouvir. A boa comunicação deve ser objetiva, clara, correta, precisa e concisa e deve manter a fidelidade ao pensamento original.

Faremos um estudo sobre as filtragens na comunicação, sobre as percepções de cada pessoa e sobre as barreiras psicológicas que distorcem as comunicações.

7.1 O processo de comunicação

O tempo todo, nas empresas, em nosso tempo livre, na escola, em família, temos de conviver e lidar com outras pessoas. Nossas ações com os outros são quase sempre atos comunicativos, verbais ou não. *A comunicação, intercâmbio de informação e transmissão de significado, é a própria essência de um sistema social ou uma organização.*[1] O administrador vive em um oceano de comunicações. Comunica-se com os chefes, com seus pares, com os subordinados e com seus clientes internos e externos durante todo o tempo em que está trabalhando. Podemos, portanto, concluir que a comunicação é um processo contínuo em qualquer organização e como tal deve ser tratada pelos administradores.

A comunicação é uma *mensagem* que envolve a transmissão de conteúdos emocionais ou intelectuais, na maioria dos casos ambos estão presentes. A comunicação envolve um fluxo de mão dupla, com um emissor e um receptor, em que o que recebe a informação responde a ela de alguma forma, de imediato ou após certo tempo.

A mensagem pode ser transmitida na forma de um documento ou de uma comunicação visual ou audível.

Boa parte de nossos problemas resulta de comunicações inadequadas, inoportunas ou falhas. Todo processo de comunicação verbal ou escrita é falho e sujeito a distorções, que se devem, principalmente, ao fato de que é necessário que o emissor codifique seu pensamento em palavras, que transmita sua mensagem sob forma codificada e que o receptor decodifique essas palavras em novo pensamento, fazendo, nessa codificação e decodificação, ocorrerem distorções relativamente fortes. Além disso, existe o ruído, que é tudo aquilo que não faz parte nem do emissor nem do receptor, mas interfere na mensagem distorcendo-a. Esse processo, muito conhecido e bastante divulgado, foi esquematizado por especialistas em comunicações e é reproduzido na Figura 7.1.[2] Uma forma de ruído muito comum são as diferenças semânticas de uma região para outra ou de uma língua para outra.

---

[1] KATZ, D.; KAHN, R. *Psicologia social das organizações.* 2. ed. São Paulo: Atlas, 1976. p. 256.

[2] Esse fato foi originalmente descrito por José Ortega y Gasset no prólogo para franceses do seu livro *La rebelión de las masas.* Madrid: Colección Austral. Espasa-Calpe, 1986. p. 34-35.

Figura 1 • O processo de comunicação

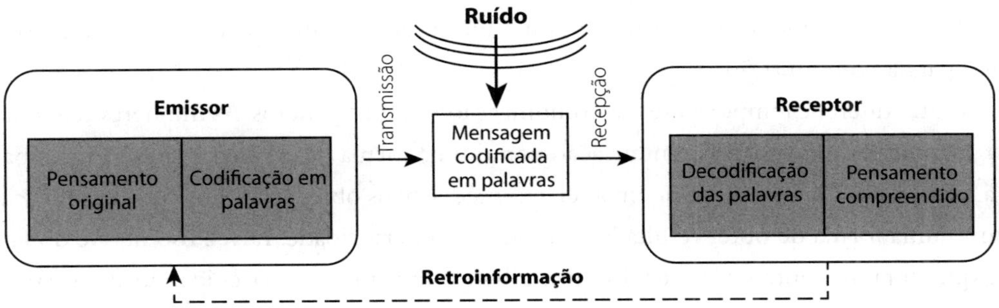

> Nós fracassamos na tradução do que sentimos: o pensamento é incomensuravelmente maior do que a linguagem.
>
> *Henri Bergson*[3]

> Não confio nos que não se comunicam. Eles são a causa de todas as violências.
>
> *Jean-Paul Sartre*

Em qualquer tipo de comunicação, é indispensável o uso da palavra exata para exprimir o pensamento desejado. A diferença entre a palavra quase certa e a palavra certa é enorme: é a diferença entre o vaga-lume e o relâmpago.[4]

> Se a linguagem não é correta, o que é dito não é o que se pretende dizer; se o que é dito não é o que se pretende dizer, o que deve ser feito fica por fazer.
>
> *Confúcio, 2500 a.C.*

Uma das formas de se procurar obter a comunicação correta é inserir no processo a retroinformação, isto é, introduzir o mecanismo de *feedback*. Mesmo assim as distorções podem continuar.

Além disso, tudo o que ouvimos é filtrado pela forma como nos vemos e pelo nosso quadro de referências formado por todo o nosso passado: conhecimentos, experiências, preconceitos e cultura. Por tudo isso, o processo de comunicação é sempre distorcido.

---

3 Apud BOYER, Luc; BUREAU, Romain. *600 citations pour réfléchir*. Paris: Les Éditions d'Organisation, 1997.

4 TWAIN, Mark. Carta para George Bainton, em 15 de outubro de 1888.

O aumento da diversidade das pessoas em uma empresa tende a aumentar esse tipo de filtragem.

A maneira como as pessoas processam e interpretam as informações criam uma barreira para a comunicação.

Outra diferença importante é a comunicação entre os gêneros. As mulheres tendem a ser mais prolixas e a usar a comunicação como uma forma de ampliar as relações pessoais e a intimidade. Os homens tendem a ser, em média, mais objetivos e a usar a comunicação como uma forma de obter resultados ou mostrar superioridade. Talvez isso derive do fato de que durante centenas de séculos as mulheres ficavam em casa cuidando das crianças e se relacionando com outras mulheres, enquanto os homens iam caçar e tinham de se comunicar de forma muito curta e objetiva para não espantar a caça.

7.2 A importância da comunicação para o administrador

Não é necessário ressaltar a importância da comunicação para o administrador. Se ele precisa acima de tudo saber lidar com as pessoas, a boa comunicação com essas pessoas é fundamental para obter os resultados desejados.

Pelo esquema mostrado anteriormente, fica claro que a comunicação requer não só boa capacidade para traduzir o pensamento nas palavras corretas, mas também a capacidade de saber ouvir: de decodificar a mensagem corretamente, prestando atenção e colocando-se no ponto de vista do emissor.

Quando se pergunta a um dirigente de empresa o que ele faz durante o dia de trabalho ele responde que passa o tempo todo tomando decisões, planejando, coordenando, controlando e que seu sucesso depende disso. Sua reposta corresponde ao que lhe cabe fazer, segundo os estudos de Fayol, mas não diz como isso é feito. De acordo com um estudo clássico de Mintzberg, a essência das funções de um dirigente é executada mediante intensas trocas verbais com seus chefes, seus pares de outras unidades, seus subordinados e com uma grande quantidade de pessoas de fora da organização, que absorvem dois terços do seu tempo.[5]

Uma pesquisa entre os assinantes da *Harvard Business Review* pôs a capacidade de comunicar como o principal requisito a ser examinado para se promover um executivo. Um artigo desta revista diz: *qual é o maior problema que os homens de negócio têm que enfrentar atualmente? A resposta é: As pessoas não sabem escrever! O que eles aprendem na escola atualmente?*

---

[5] CHANLAT, Alain; BÉDARD, Renée. La gestion une affaire de parole. In: *l'Individu dans l'Organisation*: les dimensions oubliées. Québec: Les Presses de l'Université Laval et les Éditions ESKA, 1990. p. 79.

A habilidade de escrever bem é um ativo muito valorizado nas empresas. Os executivos tornam-se cada vez mais conscientes da sua capacidade para redigir bem quando definem as prioridades para subir na empresa.[6]

Segundo Jack Welch, um dos executivos mais bem-sucedidos do fim do século XX:[7]

- é preciso investir na comunicação. Tempo e dinheiro investidos na comunicação com os funcionários são os melhores investimentos em curto e longo prazos no desempenho empresarial;
- a comunicação é o caminho direto para a inovação;
- a comunicação clara cria expectativas claras. A clareza da comunicação é refletida na clareza das expectativas;
- a comunicação torna a vida mais simples;
- é preciso ser frontal; como afirmou Paul Gavin, da Motorola: diga-lhes a verdade, em primeiro lugar porque é a opção mais acertada e, em segundo, porque eles acabarão por descobrir de qualquer forma. A comunicação honesta é sempre a melhor atitude para o longo prazo, apesar de tentações ilusórias de curto prazo.

7.3 Os termos técnicos de cada profissão

Um aspecto importante nas comunicações são os termos específicos da profissão. Todas as profissões usam algumas palavras que definem conceitos e ideias que lhes são específicos. Os leigos no assunto referem-se a esses termos como jargões, vendo-os como uma barreira que os profissionais levantam para protegê-los da competição ou das críticas. A linguagem usada pelos advogados é muitas vezes criticada por isso. Existe, porém, um aspecto útil e sério para o uso de linguagem especializada pelos profissionais. O que pode parecer para *outsiders* como jargão, é, frequentemente, um meio eficiente de comunicação, permitindo que ideias possam ser compactadas numa palavra ou frase. Quando um médico usa o termo febril significa que a temperatura do corpo ultrapassa determinado número. Portanto, a linguagem técnica apoia o raciocínio de Lorde Kelvin: quando você consegue medir o que está sendo dito e expressá-lo em números, você sabe algo sobre o assunto; mas quando não consegue medir, quando não consegue expressar-se em núme-

---

6 FIELDEN, John. What do you mean I can't write? In: *Harvard Business Review*, May-June 1964.

7 CRAINER, Stewart. *Jack Welch*: dez segredos do gestor mais eficaz do mundo. Portugal: Abril/Controljornal Editora Ltda., 1999. p. 94.

ros, seu conhecimento é pequeno e insatisfatório: pode ser o começo de um conhecimento, mas não avançou ainda, nos seus pensamentos, para o estágio científico.[8]

Como seria classificada a linguagem administrativa em termos desses critérios? Não há dúvida de que existe um jargão: "os estrategistas devem concentrar-se nas competências diferenciadas do núcleo da instituição para encontrar abordagens holísticas que obtenham vantagens competitivas sustentadas". As pessoas usando essa linguagem devem saber o que estão dizendo. Como os não especialistas não sabem, esse jargão torna-se para eles inadequado, confuso e impreciso.[9]

Embora maus profissionais escondam suas fraquezas por trás de linguagens herméticas e, às vezes, sem sentido, a necessidade de palavras específicas e bem-definidas para cada profissão é amplamente reconhecida como instrumento poderoso de comunicação, pela precisão e capacidade de síntese que proporcionam. O domínio dos termos técnicos da especialidade é indispensável a qualquer profissional de bom nível.

7.4 Os meios de comunicação na empresa

7.4.1 O contato direto

O **contato direto**, apesar do imenso desenvolvimento das telecomunicações, continua sendo insubstituível como instrumento de comunicação. Existem sinais e indícios, voluntários ou involuntários, que somente são proporcionados pelo contato direto:

- a aparência física;
- um gesto;
- um olhar ou o contato com o olho do interlocutor;
- um franzir da testa;
- um sorriso;
- a postura;
- movimentos do corpo;
- uma expressão facial;
- o modo de trajar.

---

8 KELVIN, William Thomson. *Popular lectures and addresses in bartletts's familiar quotations*. apud HILMER, Frederick G.; DONALDSON, Lex. *Management redeemed*: debunking the fads that undermine our corporation. New York, NY: The Free Press, 1996. p. 183-184.

9 HILMER, Frederick G.; DONALDSON, Lex, 1996. p. 183 e 184.

Há muitos anos se sabe que as pessoas se comunicam não só pelas palavras, mas também pelo seu corpo. No Ocidente, as pessoas tendem a tocar nas pessoas com quem têm intimidade e de quem gostam. Inclinar-se na direção do que fala tende a representar abertura para ouvir. Cruzar os braços na frente do corpo indica, em geral, uma posição defensiva. Em suma: a linguagem corporal proporciona informações que os outros meios não têm condições de fazer. A entonação também pode mudar completamente o sentido da mensagem. Imagine, por exemplo, as várias entonações que podem ser dadas à pergunta: quem é o responsável? Algumas pesquisas indicaram que, em muitos casos, a expressão facial, a linguagem corporal e a entonação correspondem a 90% do conteúdo da mensagem e as palavras a apenas 10%.

Um estudo de Mintzberg, de 1973, válido até hoje, mostrou que um dirigente ocupa dois terços da sua atividade profissional com "trocas verbais" com seus chefes, subordinados, colegas de outras áreas e pessoas de fora da instituição. Assim, o uso da palavra é o instrumento de gestão por excelência do dirigente e seu meio privilegiado de entrar em contato com os outros para obter resultados.[10]

Os contatos diretos são obtidos em palestras, encontros pessoais, conversas formais ou informais, reuniões *ad hoc*, reuniões de comitês e grupos de trabalho, reuniões formais periódicas, conversas no almoço, encontros fortuitos e, até mesmo, festas e comemorações internas na organização.

Há vários estudos que demonstram que os administradores obtêm dois terços de suas informações e de seus conhecimentos pelos contatos pessoais ou por conversas telefônicas. Apenas um terço vem por meio de documentos.[11]

Segundo um importante estudo, intitulado *O momento humano no trabalho,* publicado por Edward Hallowell, os altos executivos estão cada vez mais alienados. A maior parte das suas comunicações com seus subordinados é feita por meio de memos, correio eletrônico e correio de voz, trocados com frequência, mas eles raramente se encontram pessoalmente. A sala dos altos administradores é distante da dos seus subordinados e eles passam muito tempo fora ou em reuniões fechadas. Durante os raros momentos em que se encontram, no estacionamento ou nos corredores da empresa, é impossível ou inadequado tratar de assuntos importantes, fazendo os problemas serem reprimidos. O antídoto é simples: o contato pessoal; uma conversa face a face. É preciso experimentar

---

[10] CHANLAT, Alain; BÉDARD, Renée. La gestion une affaire de parole. In: *l'Individu dans l'Organisation*: les dimensions oubliées. Québec: Les Presses de l'Université Laval et les Éditions ESKA, 1990. p. 79.

[11] DAVENPORT, Thomas H.; PRUSAK, Laurence. *Working knowledge*: how organizations manage what they know. Boston: Harvard Business School Press, 1998. p. 12.

o *momento humano*: um autêntico encontro psicológico, que requer a presença física das pessoas e principalmente *sua atenção emocional e intelectual*: parar o que está fazendo, largar o memo que está lendo, pôr de lado seu *laptop*, abandonar seu sonho e focalizar na pessoa com quem você está. Quando se faz isso a outra pessoa sente a energia e responde positivamente.[12] Conforme comprovaram estudos psicológicos realizados na França, nos Estados Unidos e no Canadá, o contato pessoal é fundamental desde a infância até a velhice, não só para a eficiência do trabalho como para a saúde psicológica das pessoas. Uma empresa que não estimula os contatos pessoais tende a criar um ambiente artificial e, por vezes, estressante. Arrisca perder as melhores pessoas.

7.4.2 A importância de saber ouvir

Um mau ouvinte tende a interpretar de forma emocional o que ouve e, com frequência, entra em conflito com o que fala.

Para se tornar um bom ouvinte, deve-se:

- Prestar muita atenção ao que está sendo dito e não ao que se vai responder depois.
- Permitir que os outros terminem sua fala antes de responder.
- Resumir o que foi ouvido para que o interlocutor tenha oportunidade de esclarecer sua mensagem.[13]

Falar é uma necessidade, saber ouvir é uma arte.

Goethe

A arte da conversação está em saber ouvir.

Malcolm Forbes

Quando você fala repete o que já sabe; quando ouve, aprende algo.

Jared Sparks

---

[12] HALLOWELL, Edward. The human moment at work. In: *Harvard Business Review*, Jan.-Feb. 1999. p. 58 ss.

[13] KREITNER, Robert; KINICKI, Angelo. *Organizational behavior.* 8. ed. New York: McGraw-Hill, 2008. p. 411.

> Todos os sábios têm um traço em comum: a habilidade de ouvir.
>
> *Frank Tiger*

> A melhor maneira de persuadir os outros é ouvindo-os.
>
> *Dean Rusk*

> A melhor lição que aprendi é que não há substituto para ouvir com atenção.
>
> *D. Sawyer*

7.4.3 Os documentos escritos e os meios eletrônicos

Os **documentos escritos** têm a vantagem de permitir uma recuperação completa e precisa da informação e, portanto, da comunicação. Os mais comuns são os relatórios, atas de reuniões, cartas, boletins, memorandos, *house organs* e circulares.

Os **meios eletrônicos** já são, nas grandes empresas, a forma mais usual e importante de comunicação e a tendência é o aumento da sua importância. As reuniões são convocadas por meio de intranets, a maioria dos arquivos fica guardada apenas em discos rígidos, a recuperação das informações é muito mais rápida e fácil, os custos dos meios eletrônicos caem sem parar e a nova geração está familiarizada com essas técnicas. Muitas comunicações são feitas por e-mails, blogs etc.

Esses instrumentos se complementam: uma reunião tem uma ata, um *fac-símile* se consubstancia em informações que aparecem em um papel, um microcomputador tem uma impressora, da mesma forma que pode ter um *scanner* para digitalizar informações colocadas sobre papel e gravá-las em meio magnético.

7.5 Tipos de comunicação na empresa

7.5.1 Relação dos tipos de comunicação

Existem muitos tipos de comunicação na empresa, como ordens para os subordinados, prestação de contas para os superiores, informações para coordenação de atividades, sugestões espontâneas, comunicações oficiais da empresa para seus funcionários, comunicações gerais, sugestões estimuladas por programas da empresa, queixas dos subordinados, relações com os sindicatos, além de uma infinidade de tipos de comunicações informais com diversas finalidades. Todos esses tipos de comunicação compõem o ambiente interno em que opera a empresa, o qual é caracterizado principalmente pela sua cultura, que proporciona o quadro de referências para a forma como são efetuadas as comunicações.

7.5.2 As ordens dos superiores

Todas as pessoas de uma organização estão ligadas ao principal executivo (líder, ou chefe) por meio de relações de linha sucessivas. *A autoridade de linha se manifesta por meio de ordens* que emanam dos superiores para os respectivos subordinados. Portanto, as ordens dos superiores são uma das formas mais conhecidas e estudadas de comunicação nas organizações.

A essência da autoridade de linha é o direito do chefe de dar ordens aos subordinados. É preciso, porém, atentar para dois pontos: (a) a habilidade na maneira de dar essas ordens, que varia conforme a cultura da empresa e o tipo e maturidade do subordinado; (b) a habilidade na maneira de cobrar seu cumprimento. A cobrança também é uma forma de comunicação.

O bom chefe de linha é sempre hábil na forma de dar as ordens e também um bom "cobrador". Às vezes, escolhe-se um executivo para promoção em função da sua habilidade de cobrar. Não adianta dar a ordem, é preciso acompanhar e verificar seu cumprimento.

Tão importante quanto saber cobrar as ordens é saber dá-las. Dependendo da cultura da empresa, do nível e da maturidade do subordinado, uma boa forma de dar ordens é perguntar-lhe o que acharia de executar determinada atividade de uma forma específica e pedir-lhe sugestões sobre a melhor maneira de fazer o que lhe cabe. Um dos melhores estudos sobre o "dar ordens" ainda é o de Mary Parker Follet, publicado há mais de cinquenta anos, do qual selecionamos os trechos que se seguem. *A ordem não pode ser um comando arbitrário. A ordem arbitrária ignora um dos fatos mais fundamentais da natureza humana: o desejo de governar a própria vida...* Mesmo que instruções sejam colocadas apropriadamente, de forma não autoritária, há pessoas que reagem contra qualquer coisa que sintam como ordem. Frequentemente, o que não é bem recebido é a ordem e não a coisa ordenada.

Se a primeira regra do dar ordens é despersonalizá-la, para que aquele que as dá e o que as recebe descubram juntos a lei da situação, e se a segunda regra é substituir as ordens, tanto quanto possível, pelo ensino da técnica de um trabalho, a terceira pode ser explicar os motivos junto com a ordem... Muitas regras poderiam ser feitas para o dar ordens: não fazer sermão; não tocar em assuntos já discutidos, a menos que tenham novas informações; tornar a instrução específica, e não privar as pessoas de pensar independentemente e ter iniciativa. O *dar ordens* necessita de tanto estudo e treinamento quanto qualquer habilidade.[14] Se o nível do subordinado for alto, deve-se explicar a ele todas as razões da ordem e, se necessário, persuadi-lo. Se for muito alto, talvez a melhor maneira de dar ordens seja explicar-lhe o problema e por meio de conversa cuidadosamente orientada, permitir que ele descubra o que deve fazer, compartilhando, assim, a solução.

A ordem deve ter, pelo menos, quatro qualidades:

1. **ser clara**: uma comunicação que pode não ser compreendida não pode ter qualquer autoridade.
2. **não ser incompatível com o propósito da organização**: se o que recebe a ordem acredita ser ela incompatível com o propósito da organização, como ele o concebe, não pode ser aceita. Uma pessoa inteligente não reconhecerá autoridade em uma ordem que contradiga o propósito do esforço global como ele o entende. A tendência dessas ordens é não serem executadas ou o serem de forma inadequada.
3. **não ser totalmente incompatível com o interesse do subordinado como um todo**: no momento em que o subordinado recebe a ordem, ela não deve encerrar um fardo que destrua a vantagem do vínculo que ele mantém com a organização. Se uma ordem representa ônus inconcebíveis, ela será burlada, ou o empregado abandona a organização.
4. **o subordinado deve estar mental e fisicamente preparado para concordar com a ordem**: um erro comum é a ordem para que uma pessoa realize coisas superiores à sua capacidade.[15]

É importante evitar a emissão de numerosas ordens formais, salvo em emergências.[16]

A melhor forma de impor uma ideia a outros é fazer-lhes crer que partiu deles.[17]

Alphonse Daudet

---

[14] FOLLET, Mary Parker. *Profeta do gerenciamento*. Coletânea de trabalhos compilados para a Harvard Business School Press. Trad. Brasileira: Rio de Janeiro: Qualitymark Editora Ltda., 1997. p. 129 e ss.

[15] BARNARD, Chester I. *As funções do executivo*. São Paulo: Atlas. 1972. p. 171 e 172.

[16] BARNARD, Chester I., 1972. p. 222.

[17] Apud BOYER, Luc; BUREAU, Romain. *400 citations pour le manager*. Paris: Les Éditions d'Organisation, 1997.

> Se você quiser ser obedecido dê ordens razoáveis.
>
> Provérbio árabe.[18]

> Somos mais facilmente persuadidos pelas razões que descobrimos do que pelas que nos são explicadas pelos outros.
>
> Blaise Pascal

7.5.3 Avaliação dos subordinados

Os chefes precisam sempre avaliar os subordinados e dar-lhes *feedback* do seu desempenho. Esse *feedback* precisa:

1. Ser tempestivo (feito após o fato ou em período curto).
2. Ser planejado (deve-se fazer o dever de casa).
3. Avaliar fatos e não a pessoa.
4. Ser específico e não genérico.
5. Começar pelos pontos positivos.
6. Analisar resultados.
7. Ser feito em clima de informalidade.

A percepção que o subordinado terá do *feedback* será provavelmente diferente da percepção do chefe, especialmente se se tratar de um *feedback* negativo. Por isso, o chefe deve evitar críticas destrutivas ou em relação à pessoa. Apesar disso, um *feedback* negativo, se for concentrado em um fato e se mostrar como o subordinado pode melhorar, pode aumentar a motivação.

7.5.4 As prestações de contas dos subordinados

O subordinado recebe a ordem. Em princípio, deve *cumpri-la e prestar contas do resultado*. Não basta, portanto, cumprir: é preciso também prestar contas do resultado. Se o subordinado estiver de acordo com a ordem, a situação é quase sempre simples, a menos que a ordem seja de cumprimento difícil, mas ainda assim, do ponto de vista de atitude, não há o que discutir: há que cumprir a ordem, solicitando, se necessário, os recursos para seu cumprimento.

---

[18] Apud BOYER, Luc; BUREAU, Romain, 1997.

Há situações em que cabem sugestões visando a novas ações, novas formas de execução, alternativas sobre a melhor maneira de cumprir o que foi determinado. O subordinado tem não apenas o direito como a obrigação de fazer sugestões. Todos na empresa devem ser proativos, isto é, devem tomar iniciativas para fazer as coisas acontecerem da melhor forma possível, sugerindo mudanças ou tomando medidas, dentro dos limites do que lhes cabem.

Quando o subordinado não estiver de acordo com a ordem recebida, sua primeira reação deve ser ponderar e argumentar para procurar entender as razões do chefe ou para convencê-lo de que a ordem não deve ser mantida. Se o chefe voltar atrás, o problema desaparece, mas existe a possibilidade da ordem ser mantida sem que o subordinado esteja convencido da sua conveniência. O que fazer? Cumprir? Recusar? Pedir por escrito? Falar com o superior do chefe? Não existe resposta simples a esta indagação. As alternativas são inúmeras e cada caso é um caso. O subordinado deve considerar dois pontos: (i) o custo e o benefício para ele mesmo e para a instituição e (ii) a cultura da instituição, isto é, os valores, costumes, hábitos, tradições e regras da instituição.

As relações custo/benefício para ele e para a instituição devem ser consideradas no sentido mais amplo, abrangendo não só aspectos materiais, mas também éticos e psicológicos. A cultura da instituição deve indicar uma saída em alguns casos. Em repartições públicas, é perfeitamente aceitável pedir a ordem por escrito. Em uma empresa privada é muito difícil uma chefia aceitar esse pedido, o resultado sendo provavelmente uma incompatibilidade que resultaria na demissão. Algumas empresas valorizam a disciplina, outras a iniciativa e a criatividade. É a cultura da empresa, portanto, que dá a pista para a solução.

Cumpre lembrar o velho ditado: *ordem absurda não se cumpre*. Ocorre que o que é absurdo para o subordinado pode não o ser para o chefe. O subordinado tem, porém, o direito de pedir que o chefe justifique a ordem que foi dada, caso não concorde com ela e cabe ao chefe dar as explicações pedidas. Se ele se recusa a isto, voltamos ao caso anterior: o que fazer? Temos de analisar cada situação e encontrar uma saída dentro do enfoque da relação custo/benefício e da cultura da empresa.

7.5.5 As comunicações para coordenação de atividades

As comunicações para coordenar atividades são talvez as mais frequentes em uma empresa. O ajuste espontâneo é o primeiro mecanismo utilizado para coordenar as atividades e limita-se a comunicações entre os que são responsáveis pelas atividades para obter o equilíbrio das quantidades, das velocidades ou tempos de produção e das direções a serem seguidas. É o mais simples mecanismo, mesmo as empresas muito pequenas que não possuem estrutura formal o utilizam. Esse tipo de comunicação pode ser formal ou informal, mas na maioria dos casos é informal.

É preciso salientar a importância da contribuição da coordenação voluntária. Em vez de ser baseada em subordinação a coordenação voluntária implica comunicação direta, espontânea e, às vezes, informal de duas ou mais pessoas que se comunicam sobre suas necessidades e dificuldades operacionais, para que possam obter uma linha de ação coordenada. Os escalões superiores só entram em ação quando elas não chegam a um acordo.[19] Desse modo, as comunicações informais são indispensáveis para complementar as formais na coordenação.

7.5.6 A comunicação nos grupos informais

Há muito tempo se sabe que existem grupos espontâneos no interior de toda estrutura oficial. De forma curiosa, todos os obstáculos ao diálogo que encontramos nas estruturas formais são inconcebíveis nos grupos informais – talvez isso explique sua originalidade, sua força e sua coesão. Em geral, os membros dos grupos informais sentem-se mais valorizados, respeitados, têm mais liberdade e veem confirmarem-se nos olhares dos outros o sentimento de sua importância. O prazer, muitas vezes, vem de poder falar à primeira pessoa, de dizer "eu" e de ser ouvido.[20]

As comunicações informais também ocorrem fora desses grupos. É pelos contatos informais que muita coisa na organização pode acontecer de forma eficiente e favorável.

7.5.7 Comunicações das empresas para os funcionários

Além das comunicações pessoais do chefe com os subordinados, temos de considerar as comunicações gerais da empresa com os funcionários. Para isso existem, além das comunicações informais, muitos canais a serem usados pelas empresas, dentre os quais destacamos: quadro de avisos ou murais; reuniões periódicas de equipes; boletins oficiais; relatórios anuais; jornais internos da empresa (*house organs*); reuniões itinerantes; correio eletrônico; vídeo e circuitos internos de televisão; intranet e seminários e eventos para comunicações.

---

[19] NEWMAN, William H. *Ação administrativa*. 3. ed. São Paulo: Atlas, 1970. p. 411.

[20] CHANLAT, Alain; BÉDARD, Renée. *La gestion une affaire de parole* in *l'Individu dans l'Organisation*: les dimensions oubliées. Québec: Les Presses de l'Université Laval et les Éditions ESKA, 1990. p. 95.

Cada um deles presta-se a determinados tipos de comunicação. É importante, que a organização não perca de vista a necessidade de promover comunicações periódicas e frequentes com seu pessoal. Às vezes, é válido programar uma reunião sob algum pretexto, cuja principal finalidade é *animar* as pessoas. Um dos melhores meios de comunicação interna continua sendo o exemplo da administração superior.

7.5.8 Canais para ouvir o pessoal da empresa

Não basta, porém, comunicar bem de cima para baixo. É preciso saber ouvir os empregados e, para isso, é necessário proporcionar os canais adequados. Dentre os canais mais usados, destacam-se: visitar as pessoas no local de trabalho (*Management by walking around*); andar pelos corredores parando para falar com as pessoas sobre o trabalho; conversar livremente com colegas e clientes; obter *feedback* das reuniões periódicas de equipe; almoçar com os colegas de trabalho, mesmo que não haja assunto para ser debatido; deixar a porta da sala aberta; implantar um sistema de sugestões; efetuar pesquisas de opinião periódicas para colher sugestões e obter *feedback* das atividades; nomear um *ombudsman*. O *ombudsman* é um especialista de alto nível em uma organização a quem cabe receber e investigar, de forma objetiva, reclamações ou sugestões de empregados e clientes.[21]

Outra forma de ouvir os empregados é a política de portas abertas: cada um pode levar ao conhecimento dos administradores superiores assuntos que não gostariam de levar ao seu superior imediato.

Além disso, é preciso saber ouvir. A maioria das pessoas não sabe ouvir: não consegue se colocar no ponto de vista do interlocutor e não registra as informações recebidas. Testes extensivos mostraram que, em média, imediatamente após a conclusão da mensagem as pessoas se lembram de apenas metade do que ouviram.[22]

7.5.9 Obtenção do *feedback* dos subordinados

Captar os problemas no início é importante. A melhor maneira para isso é *adquirir a confiança dos subordinados* e ouvi-los sempre que necessário. Isso depende do comporta-

[21] Um estudo de cada um desses meios de comunicação, especificando o que deve e o que não deve ser contido em cada um, pode ser encontrado no livro de Roberto de Castro Neves: *Imagem empresarial*: como as organizações e as pessoas podem tirar partido do seu maior patrimônio. Rio de Janeiro: MAUAD Consultoria e Planejamento Editorial Ltda, 1998. p. 343-355.

[22] NICHOLS, Ralph G.; STEVENS, Leonard A. Listening to people. In: *Harvard Business Review*, Sept.-Oct. 1957.

mento e do exemplo do chefe. Ele precisa ser comunicativo, respeitar os subordinados, ser justo, competente e previsível, além de apoiar os subordinados no que for necessário para o trabalho. É fácil obter informações quando tudo está indo bem, mas os subordinados jamais estão ansiosos para dar más notícias aos chefes, que, todavia, precisam delas. Muitas vezes, os subordinados acham que vão conseguir resolver os problemas sozinhos antes que os chefes percebam. Alguns administradores montam sua rede informal de comunicações, outros desenvolvem um sexto sentido.[23]

Para adquirir a confiança dos subordinados, é preciso mantê-los informados, proporcionar *feedback* tempestivo e preciso, explicar as decisões e as políticas, ser sincero sobre os problemas e resistir à tentação de sonegar informações para manter os subordinados dependentes ou usá-las como recompensa.[24]

Outra forma de captar os problemas é instituir sistemas de sugestões para os empregados, com eventuais mecanismos de recompensas. Isso é usado por muitas empresas em função do conhecido fato de que as informações fluem geralmente com mais facilidade de cima para baixo do que de baixo para cima, isto é, os filtros para cima costumam ser mais fortes.[25]

Uma boa comunicação nos dois sentidos requer um esforço permanente da administração para criar as condições de confiança indispensáveis à eliminação da filtragem. Isso requer habilidade para dar *feedback* e para ouvir o que os subordinados têm a dizer. Às vezes, uma solução eficiente é realizar reuniões informais para trocar ideias.

Por fim, é preciso não esquecer que a comunicação é um meio. A prioridade com a sofisticação da forma pode transformá-la em um fim, tornando o conteúdo e o resultado a serem obtidos secundários em relação à forma.

7.6 Características da boa comunicação

Uma boa comunicação começa pela capacidade de ouvir, de compreender o que o outro deseja comunicar, de saber interpretar o que ele deseja. É também saber se calar no momento certo e estar disponível para escutar o interlocutor dando-lhe toda a atenção.

Quando se ouve um interlocutor irritado, aumenta-se a boa vontade desse interlocutor para compreender o que se deseja transmitir a ele.

---

[23] BARTOLOME, F. Nobody trusts the boss completely. In: *Harvard Business Review*, Mar.-Apr. 1989.

[24] BARTOLOME, F., Mar.-Apr. 1989.

[25] HARRIMAN, B. Up and down the communications ladder. In: *Harvard Business Review*, Sept. - Oct. 1974.

As principais características de uma boa comunicação podem ser resumidas assim:

1. Objetividade
   a) Conhecimento do interlocutor (público-alvo).
   b) Compreensão do interlocutor (saber ouvir).
2. Linguagem adequada
   a) Clareza e simplicidade.
   b) Preferência pela voz ativa.
   c) Correção.
   d) Concisão.
3. Fidelidade ao pensamento original
   a) Tradução do pensamento nas palavras certas.
   b) Eliminação da filtragem (garantia de que o pensamento original chegou com precisão ao interlocutor e foi por ele captado).

Nos documentos escritos, devem ser tomados os seguintes cuidados:[26]

Usar termos claros e simples, de modo que os leitores saibam o que deve ser feito e como fazê-lo. Evitar palavras difíceis e frases rebuscadas. Dar ao texto, na medida do possível, forma parecida com a linguagem corrente, sem se tornar coloquial.

Evitar erros gramaticais: na dúvida, modificar o texto sem alterar seu conteúdo básico. Ter à mão um bom dicionário e uma boa gramática para tirar dúvidas. *Ampliar sempre o vocabulário*, enriquecendo-o, atualizando-o e modernizando-o.

Ser conciso: dizer apenas o estritamente necessário. Ir direto ao assunto, sem prólogos ou epílogos. Expressar-se com o menor número de frases ou palavras, omitindo expressões redundantes. Quanto mais longas as frases, mais cansativa a leitura.

Colocar-se no lugar do leitor, tendo-o sempre no pensamento. Procurar avaliar quais seriam suas maiores dificuldades no entendimento da matéria.

De preferência, **redigir em um dia e rever o texto em outro**, quando as condicionantes de trabalho serão diferentes.

Submeter o texto à leitura e análise de outras pessoas antes de sua emissão, pois o que está claro para quem o redigiu pode não o estar para outras pessoas.

---

[26] HEILBORN, Gilberto. Apostila mimeografada. Rio de Janeiro: Fundação Getulio Vargas, 1985.

7.7 Filtragem na comunicação

Além das distorções normalmente existentes em qualquer comunicação, em função das próprias deficiências do processo, temos filtragens comuns nas relações entre chefes e subordinados, resumidas a seguir. Filtrar é distorcer a informação para atender ao interesse pessoal do emissor ou para torná-la mais aceitável ao receptor.[27]

FILTRAGEM NA COMUNICAÇÃO
INFERIOR ⇒ SUPERIOR

Algumas razões:

a) os subordinados querem vantagens;

b) os subordinados não confiam nos superiores;

c) os superiores não mostram desejo de serem informados;

d) os superiores reagem emocionalmente às más notícias;

e) os subordinados são mais leais aos colegas e subordinados que aos superiores.

FILTRAGEM NA COMUNICAÇÃO
SUPERIOR ⇒ INFERIOR

Algumas razões:

a) os superiores não percebem as necessidades dos subordinados de receberem informações que os instruiriam e os motivariam sobre aquilo que lhes cabe;

b) os superiores não dão informações aos subordinados, de forma consciente ou inconsciente, para mantê-los menos informados e, portanto, mais dependentes;

c) os superiores não confiam nos subordinados;

d) os superiores escondem informações que acreditam que poderiam desmotivar os subordinados.

Uma boa comunicação motiva muito os subordinados. Saber como seu trabalho influencia nos resultados da empresa é um fator muito forte de motivação.

[27] HEILBORN, Gilberto, 1985.

7.8 As percepções de cada pessoa

O maior filtro, em qualquer caso, é a percepção que as pessoas têm do que ouvem. Ou seja, percebemos o que esperamos perceber; vemos o que esperamos ver e ouvimos o que esperamos ouvir. O inesperado geralmente não é de todo captado: sendo muitas vezes visto ou ouvido de forma distorcida, de acordo com o que era esperado.[28]

7.9 As barreiras psicológicas

Uma das principais barreiras psicológicas é a tendência que as pessoas têm para julgar, avaliar, aprovar ou reprovar qualquer declaração ouvida e interpretá-la dentro do seu quadro de referências, formado pelos seus valores, suas experiências e seus preconceitos. A forma de evitar essa distorção na comunicação é *ver* a ideia do ponto de vista da outra pessoa, sentir como ela é sensibilizada pela ideia, atingir seu quadro de referências. Quando as emoções são fortes, as distorções aumentam e se torna mais necessário compreender o quadro de referências do interlocutor.[29]

Termos-Chave

Ver significado desses termos no site do livro.

Comunicação

Contato direto

Filtragem na comunicação

House organ

Management by walking around

Ordem

Prestar contas

[28] DRUCKER, Peter F. *Management:* Tasks, responsibilities, practices. London: Heinemmann. 1974. p. 485. Tradução brasileira: DRUCKER, Peter F. *Administração.* São Paulo: Livraria Pioneira Editora, 1976.

[29] ROGERS, Carl; ROETHLISBERGER, F. J. Barriers and gateways to communication. In: *Harvard Business Review*, July-August, 1952.

Casos para Debate em Sala de Aula

Comunicação de dispensa

A empresa Três Rios é uma média manufatura que vem tendo problemas financeiros pelo aumento da competitividade. Sua diretoria, representada pelo presidente, optou por cortes de pessoal para reduzir custos variáveis e chamou o gerente de Recursos Humanos Luís Cláudio para providenciar as demissões.

Luís Cláudio, após análise do quadro de pessoal, decidiu iniciar o processo por um grupo de nove empregados da área de informática que, após a informatização da empresa, estava com capacidade ociosa.

Para isso, tomou as seguintes decisões: escolheu uma sexta-feira para informar ao grupo sobre a demissão e chamou cada empregado para dar a notícia pessoalmente. Iniciava a conversa fazendo a avaliação de desempenho do demitido, ressaltando os pontos fracos para justificar a demissão. As reações eram muito negativas: todos esboçavam reações agressivas, criticando a empresa, alegando que ela não tinha reconhecimento pela contribuição dos seus empregados etc.

Após a terceira conversa, todos os que eram chamados pelo gerente já sabiam que se tratava da demissão. Instaurou-se um clima de terror. Ninguém conseguia desempenhar suas tarefas. Em determinado momento, Luís Cláudio chamou sua secretária para fazer uma solicitação. Ela entrou na sala muito nervosa, pedindo pelo amor de Deus que não a mandasse embora. Luís Cláudio se surpreendeu e tratou de tranquilizá-la, colocando-se numa posição de vítima e explicando que só estava cumprindo decisões tomadas pela diretoria e transmitidas pelo presidente, das quais fora apenas informado.

Com base no caso descrito, responda às perguntas abaixo, justificando suas respostas.

a) Você acredita que a forma pela qual o presidente comprometeu Luís Cláudio, informando-o apenas da decisão da diretoria, dificultou a condução do processo? Como você se comportaria no lugar do presidente?

b) Se você fosse o gerente de recursos humanos o que faria para que o clima organizacional não fosse afetado pelo processo de demissões?

c) Avalie o comportamento ético/moral de Luís Cláudio.

(Exame Nacional de Cursos – 1999)_

Erros na delegação ou na comunicação?

Um gerente de divisão chamou um subordinado, recém-admitido, e lhe delegou uma atividade, com prazo bem-definido, dizendo-lhe que se não conseguisse executá-la não seria aprovado no período de experiência, presumindo que dessa forma ele se empenharia mais. O subordinado, um tanto tímido, não procurou se informar sobre a melhor maneira de executar a atividade. O gerente ficou tranquilo, achando que o novo empregado não teria dificuldade para terminar o trabalho. No dia aprazado, o gerente, surpreso, verificou que o serviço fora feito de forma totalmente inadequada. Repreendeu-o severamente no seu local de trabalho, um escritório panorâmico sem divisórias.

Enumere os erros deste gerente e comente-os, dando outras soluções para a forma de agir do chefe.

Exercícios

1. Quais são os problemas de quem envia e de quem recebe comunicação oral? Como fazer para assegurar que as comunicações serão entendidas?
2. Por que o contato pessoal direto é tão importante nas comunicações e por que é, em muitos casos, difícil substituí-lo por contatos impessoais como e-mail, telefonemas e memos?
3. Quais as vantagens dos documentos escritos sobre as comunicações orais e quais as desvantagens dos documentos escritos em relação à comunicação pessoal?
4. Quais são as razões que levam os subordinados a não dar más notícias aos chefes?
5. Quais os cuidados que deve ter um chefe de linha ao dar uma ordem?

CAPÍTULO 8

TEORIAS DAS DECISÕES

APRESENTAÇÃO

Neste capítulo, estudaremos as teorias das decisões, o que é uma decisão, suas características, as dificuldades para se chegar a uma decisão ótima e a racionalidade limitada, isto é, as limitações do administrador nas suas decisões.

Analisaremos as decisões programadas e as não programadas e veremos em que consistem as decisões estratégicas e as táticas ou operacionais.

Faremos um relato detalhado do processo decisório estruturado e suas etapas, bem como dos erros mais comuns.

A seguir, passaremos às decisões pouco estruturáveis e como atua, nesse caso, a intuição.

Um ponto importante são os aspectos psicológicos das decisões: a impossibilidade da decisão totalmente objetiva e as armadilhas psicológicas.

Por fim, teceremos algumas considerações sobre as decisões coletivas: suas vantagens e desvantagens, seus métodos e as formas de decisão.

8.1 Conceituação

8.1.1 O que é decisão?

Decidir é escolher entre duas ou mais alternativas.

As decisões podem ser intuitivas, quase inconscientes e simples ou muito complexas, chegando a mudar o rumo da nossa vida.

Ao longo da nossa vida, fazemos escolhas todos os dias durante o dia inteiro: tomamos decisões sem parar. Quando acordamos, é nossa escolha sair da cama ou nela permanecer? Quando tomamos café da manhã, podemos comer frutas ou tomar café com pão e... manteiga, queijo, geleia, ou margarina? Ao sairmos de casa, escolhemos que rumo tomar: vamos trabalhar ou estudar? Vamos a pé ou tomamos uma condução? Que condução? Vamos à praia ou ao cinema? Quando vamos ao cinema, escolhemos o filme. Temos liberdade para estudar ou não. Muitas decisões são tomadas de forma quase automática e não mudam de forma significativa nossa existência, mas outras podem mudar completamente o nosso futuro.

Ao tomarmos nossas decisões, devemos lembrar que elas são tomadas em função do seu custo e seu benefício. Na maioria dos casos, não os quantificamos nem seria fácil fazê-lo. Muitas decisões são tomadas de forma intuitiva. Muitas vezes introduzimos aspectos subjetivos nas decisões, considerando nossa experiência, nossos preconceitos, valores etc., mas, se escolhemos alguma coisa é porque, objetiva ou subjetivamente, a preferimos a outra que foi preterida.

8.1.2 Características das decisões

Podemos começar com uma pergunta: há necessidade de uma decisão? Decidir, como dissemos, é escolher; se não há dissenso, não há decisão. Só quando houver conflito ou pelo menos discordância em relação ao curso de ação a ser seguido, isto é, mais de uma alternativa possível, haverá necessidade de decisão. Cumpre lembrar, porém, que não fazer nada, isto é, deixar as ações seguirem seu curso normal pode ser uma decisão. Não interferir conscientemente, quando é possível fazê-lo e há vantagens e desvantagens nisso, é uma decisão. Algumas pessoas pensam que podem evitar uma decisão desagradável simplesmente não fazendo nada, sem se dar conta de que isso é em si uma decisão. No entanto, deixar de agir por incapacidade de concluir o curso da ação mais favorável quando é indispensável uma ação é indecisão. Pode-se corrigir uma decisão errada, pagando-se um preço pelo erro, mas não se pode corrigir uma indecisão. É oportuna aqui a frase de Goethe: "Não há nada no mundo mais digno de compaixão do que um homem indeciso, vacilando entre dois sentimentos".

Nada é mais difícil e, portanto, mais precioso, do que ser capaz de decidir.[1]

Napoleão Bonaparte, Máximas, 1804

Existem decisões ótimas, isto é, perfeitas e inatacáveis?

É possível que em situações excepcionais isso aconteça, mas quase sempre qualquer decisão tem um custo e raramente será perfeita, mas toda ação executiva importante deve alcançar um equilíbrio entre tantos valores, objetivos e critérios conflitantes que será sempre subótima de qualquer ponto de vista isolado. Toda decisão ou escolha afetando a organização como um todo terá consequências negativas para algumas das suas partes. O principal executivo pode ter de sacrificar os interesses de uma unidade ou parte pelo benefício do conjunto. Ele precisa estar disposto a aceitar soluções que são adequadas e factíveis em determinada situação, em vez daquilo que de um único ponto de vista seja elegante ou ótimo. Isso mostra que, para chegarmos a uma decisão adequada, precisamos fazer uma análise do sistema considerando corretamente todas as variáveis de todos os seus elementos e as inter-relações entre eles, bem como as relações do sistema com o meio ambiente. Peter Drucker diz que raramente uma decisão é agradável. Uma decisão requer coragem tanto quanto discernimento. A razão é sempre a mesma: não existe decisão perfeita. É preciso sempre pagar um preço. É necessário equilibrar objetivos, opiniões e prioridades conflitantes. A melhor decisão é somente uma aproximação – e um risco. E há sempre as pressões da acomodação, do meio-termo, para ganhar aceitação, para aplacar fortes oponentes do curso de ação a ser seguido, ou como um "seguro" contra riscos.[2] Da mesma forma se exprimem Herbert Simon e James March: "Todo processo decisório humano, seja no íntimo do indivíduo, seja na organização, ocupa-se da descoberta e seleção de alternativas satisfatórias; somente em casos excepcionais preocupa-se com a descoberta e seleção de alternativas ótimas".[3] Toda decisão envolve, portanto, riscos e incertezas.

---

1 Apud RUSSO, J. Edward; SCHOEMAKER, Paul J. H. *Decision traps*: The ten barriers to brilliant decision-making and how to overcome them. New York: Simon & Schuster, 1990. p. 1.

2 DRUCKER, Peter F. *Management: tasks, responsibilities, practices.* London: Heinemmann, 1974. p. 479.

3 MARCH, James G.; SIMON, Herbert A. *Teoria das organizações.* 2. ed. Rio de Janeiro: Fundação Getulio Vargas, 1970. p. 198.

8.1.3 Racionalidade limitada

Lembramos o aspecto essencial da conclusão de Simon sobre as limitações do administrador nas suas decisões: a teoria administrativa é, na sua essência, a teoria da racionalidade intencional e limitada do comportamento dos seres humanos que *contemporizam* porque não possuem meios para maximizar.[4]

O comportamento real não alcança a racionalidade objetiva pelos seguintes motivos:

1. A racionalidade requer um conhecimento completo e antecipado das consequências resultantes de cada opção. Na prática, porém, o conhecimento dessas consequências é sempre fragmentário.
2. Considerando que essas consequências pertencem ao futuro, a imaginação deve suprir a falta de experiência em atribuir-lhe valores, embora estes só possam ser antecipados de maneira imperfeita.
3. A racionalidade pressupõe uma opção entre todas as possíveis alternativas. Na realidade, apenas uma fração das possíveis alternativas é considerada.[5]

A racionalidade total também pressupõe absoluta clareza do problema, tempo ilimitado para resolvê-lo e inexistência de ambiguidades. Também na economia existem incertezas. Na economia, como na arte, o viés de certezas incertas é fundamental. A atividade econômica é o espaço privilegiado do exercício da racionalidade instrumental. Mas até onde ela nos pode levar? Considere, por exemplo, a decisão de investir, ou seja, empatar capital próprio ou de terceiros na montagem de um novo negócio, compra de equipamento, treinamento de mão de obra ou criação de um laboratório de pesquisas. Uma decisão racional seria aquela baseada em um levantamento completo de todas as informações relevantes, de modo a eliminar ao máximo a incerteza sobre a viabilidade e o retorno do investimento em tela. Mas como chegar lá? Quanta informação seria necessária para se fazer uma decisão racional?

- A informação que se tem não é a informação que se quer.
- A informação que se quer não é a informação da qual se precisa.
- A informação da qual se precisa não é a informação que se pode obter.
- A informação que se pode obter custa mais do que se quer pagar.

Com o saber reduz-se a ignorância; mas cresce a consciência da ignorância. O fato é que *se todos os empreendedores potenciais agissem como calculistas prudentes, e só fizessem novos*

---

[4] SIMON, Herbert, op. cit. Introdução; p. XXV e XXVI.

[5] SIMON, Herbert. *Comportamento administrativo*. Rio de Janeiro: Fundação Getulio Vargas, 1965. p. 95.

investimentos quando estivessem de posse de tudo aquilo de que precisam para estar racionalmente seguros de que não sairão perdedores em suas apostas, o ânimo empreendedor definharia e a economia entraria em séria depressão.[6] Logo, toda decisão e todo investimento envolvem riscos e *todo investimento requer algum grau de especulação*. Se as pessoas não tivessem essa propensão inata para especular, o desenvolvimento econômico ficaria muito prejudicado.

Na prática somos, quase sempre, obrigados a escolher uma alternativa aceitável, que atinge os padrões ou objetivos desejados, mesmo considerando que pode não ser a decisão ótima.

8.2 As decisões nas organizações

8.2.1 Decisões programadas e não programadas

8.2.1.1 Conceituação

Foi Herbert Simon quem criou esses termos para designar as decisões que ocorrem com certa frequência e as que são novas, não têm precedentes e, pela sua importância, requerem tratamento especial. Na realidade, elas não devem ser consideradas dois tipos totalmente distintos e sim como dois polos entre os quais existe um *continuum*, algumas decisões aproximando-se mais de um polo. Algumas decisões não programadas envolvem tantas incertezas que se torna difícil estruturar etapas para um processo decisório.

8.2.1.2 Decisões programadas

As decisões programadas são mais fáceis de serem tomadas, uma vez que tendem a ser repetitivas, mas, por outro lado, tendem a ser numerosas. Para facilitar o trabalho dos administradores, as organizações criam regras que orientam as decisões: políticas, normas de procedimento, práticas, rotinas etc. Isso permite que as decisões sejam tomadas não só mais depressa, mas incorporando a experiência de situações semelhantes ocorridas. Além das regras da organização, o administrador tem hábitos que facilitam a decisão de determinados assuntos. Um dos custos mais altos na admissão de novos gerentes e diretores para uma organização é justamente a necessidade de colocá-los a par das regras e hábitos dessa organização.[7]

---

[6] GIANNETTI DA FONSECA, Eduardo. *O autoengano*. São Paulo: Companhia das Letras, 1998. p. 62.

[7] SIMON, Herbert A. *The new science of management decision*. Revised Edition. New Jersey: Prentice-Hall, Inc., 1977. p. 50.

8.2.1.3 Lei de Gresham aplicada às decisões

O princípio formulado por Gresham diz que a moeda ruim expulsa a moeda boa de circulação. Na prática, quando existem duas moedas diferentes circulando, as pessoas entesouram a de valor maior, isto é, aquela que tende a manter seu valor por mais tempo, reservando a de menor valor, ou que tende a se desvalorizar, para as relações de troca. Com isso, só a última tende a circular. Uma analogia desta lei com as práticas de administração diz que não havendo uma ação consciente dos administradores de alto nível, há uma tendência no sentido do pessoal medíocre expulsar os melhores elementos da organização. Outra analogia, com o processo de tomada de decisões, diz que as decisões menos importantes e repetitivas tendem a tomar todo o tempo do executivo e expulsam as decisões não programadas, normalmente mais importantes e que acabam sendo postergadas, porque as pessoas tendem a se livrar daquilo que é mais simples e adiar o que é mais complexo, embora o complexo possa ser mais urgente. Isso leva à importante consideração sobre a urgência e a importância das decisões. Um administrador, antes de estudar as decisões a serem tomadas, deve procurar *definir as prioridades* para a sua atenção. Qual é a urgência da decisão? Qual é sua prioridade em relação às outras? Qual é sua importância em termos de impacto sobre a organização? Quais são as tendências de desdobramentos do assunto, se nenhuma ação for tomada? A seleção dos assuntos prioritários é uma das atividades mais importantes de qualquer administrador. Para evitar que as decisões não programadas sejam postergadas além do desejável, é preciso que os executivos aloquem um tempo específico para elas, ou, alternativamente, formem equipes dedicadas à análise e a recomendações específicas para subsidiar essas decisões.

8.2.1.4 Decisões estratégicas e decisões táticas ou operacionais

As decisões estratégicas envolvem a definição precisa do negócio, sua alteração ou, pelo menos, uma mudança no rumo dos negócios. São decisões com impactos a longo prazo e grande dificuldade para serem desfeitas. Essas decisões tendem a ser as mais importantes e são tomadas nos níveis hierárquicos mais altos da organização. Geralmente envolvem grandes investimentos, ou mudança na cultura da organização, ou na maneira de conduzir os negócios, ou têm grande influência no ambiente externo no qual está inserida a organização. Nessas decisões, o que mais importa não é encontrar a resposta certa às perguntas, mas saber fazer as perguntas certas. Em assuntos estratégicos, existem poucas coisas mais perigosas do que a resposta certa à pergunta errada.[8]

---

8 DRUCKER, Peter F. *The practice of management*. New York: Harper & Row, 1986. p. 353.

8.3 Decisões estruturáveis

8.3.1 O processo decisório estruturado

8.3.1.1 As três perguntas fundamentais

Para muitas decisões, é possível estruturar um processo decisório que orienta a forma de se chegar à melhor alternativa. A primeira tentativa para formular as etapas que devem constituir o processo decisório deve-se a John Dewey, que identificou três perguntas a serem respondidas:

1. Qual é o problema?
2. Quais são as alternativas?
3. Qual a melhor alternativa?[9]

Um administrador, sem uma abordagem sistemática à solução de problemas e à tomada de decisões, não produzirá provavelmente os melhores resultados. Ele perderá tempo entrando em becos sem saída à procura de causas impossíveis; negligenciará e passará por cima de informações vitais, será forçado a voltar atrás diversas vezes e fazer as mesmas perguntas para obter respostas úteis; e poderá chegar a conclusões completamente erradas.[10]

8.3.1.2 As etapas do processo decisório estruturado

Existem muitos estudos definindo as etapas do processo decisório estruturado. Podemos enumerar, como uma alternativa, as seguintes etapas desse processo:

1. **Identificação de sintomas e sinais** que indicam a existência de problema a ser resolvido ou oportunidade a ser aproveitada e as pressões e opiniões dos interessados em uma solução. Os sintomas podem ser enganadores e é preciso saber analisá-los para se chegar às verdadeiras causas do problema, que podem ser diferentes das indicadas à primeira vista pelos sintomas. É preciso definir com precisão o que causou o desequilíbrio, bem como quando, como, onde e por que ocorreu.

---

[9] DEWEY, John. *How we think*. New York: D.C. Heath & Company, 1910, chap. 8 apud SIMON, Herbert A., 1977. p. 43.

[10] KEPNER, Charles; TREGOE, Benjamin. *O administrador racional*: uma abordagem sistemática para solução de problemas e tomada de decisão. 2. ed. São Paulo: Atlas, 1972.

2. **Análise do tipo de problema ou da oportunidade existente**. Coleta das informações pertinentes para a formulação de alternativas. Identificação das verdadeiras causas do problema ou oportunidade e das dificuldades que impedem a obtenção de resultados melhores. Definição exata do problema ou oportunidade: o que está errado e suas causas. Que resultados se pretendem alcançar? Identificação das condições de fronteira, isto é, os limites dentro dos quais deve operar a solução. Identificar as consequências da inação, dos seus custos e das vantagens. O perigo maior não é a definição errada do problema, mas uma definição plausível, porém incompleta.[11] *As falhas na solução de problemas resultam, na maioria dos casos, na determinação imprecisa das suas causas.* Um problema pode resultar de uma causa única, ou, como ocorre com frequência nos casos mais graves, de uma série de causas ou eventos sucessivos que se combinam para provocar um problema grave ou mesmo uma catástrofe. Nessa etapa, devemos verificar se há realmente a necessidade de uma decisão. Se houver, passamos à etapa seguinte.
3. **Identificação de soluções alternativas**, sem considerar, ainda, as necessidades de acomodação, adaptações e concessões para viabilizar a implantação da decisão. Deve-se começar com o que é ideal, porque quase sempre será necessário, no final, fazer algumas concessões. Pesquisa das possibilidades para eliminar as causas do problema ou das dificuldades para aproveitar as oportunidades existentes. Verificação das informações pertinentes sobre as alternativas identificadas. As soluções devem convergir na direção dos objetivos da organização. Uma das formas de se pesquisar soluções é a utilização da técnica de *brainstorming:* um grupo de pessoas reunidos em círculo, ou em volta de uma mesa, gera tantas alternativas quantas forem possíveis, sem crítica prévia à sua validade, pois uma alternativa fora da realidade pode lembrar a outras pessoas do grupo alternativas que não teriam vindo à tona. O *brainstorming* pode ser efetuado também por meio de redes de computadores (ver Seção 8.7.2.1 deste capítulo) Nessa etapa, devem-se definir os critérios a serem utilizados na decisão e as ponderações ou prioridades respectivas, isto é, a importância a ser atribuída a cada critério.
4. **Análise das soluções alternativas e considerações sobre as suas consequências**. Cálculo dos custos e benefícios de cada alternativa; quando impossível quantificá-los introduzir o julgamento pessoal nos aspectos não mensuráveis, inclusive previsão dos conflitos e problemas decorrentes de cada uma delas e testes

[11] DRUCKER, Peter F. *On the profession of management.* Boston: Harvard Business Review Book, 1998. p. 23.

sobre a validade das soluções. Se necessário, incluir as necessidades de acomodação e concessões que viabilizem a implantação, bem como os custos daí decorrentes. Muitas vezes, a solução ideal ou ótima é impraticável. O administrador deve saber avaliar dentre as alternativas quais as que proporcionam maiores vantagens ou benefícios, ao menor custo e com riscos aceitáveis.

5. **Avaliação das alternativas e escolha da mais adequada**. Na escolha da alternativa a ser adotada, há a necessidade de se avaliar não só os custos e benefícios econômico-financeiros de cada uma, mas também os seguintes aspectos: (a) os riscos previsíveis; (b) as economias e os custos não financeiros: moral do pessoal, nível de esforços exigidos, aceitação do pessoal da empresa, aceitação do cliente, reação possível de competidores e de fornecedores, imagem da empresa, possibilidades de erros nas estimativas etc.; (c) o momento certo: *timing*; (d) as limitações de recursos e a possibilidade do uso desses recursos para solucionar outros problemas ou aproveitar outras situações mais vantajosas. Kepner e Tregoe identificam cinco tipos de ações para solucionar problemas: (a) **ação provisória**: propicia ao administrador tempo para descobrir a causa de um problema; (b) **ação adaptativa**: permite ao administrador aceitar os efeitos toleráveis de um problema ou os de uma causa que não pode ser erradicada; (c) **ação corretiva**: elimina a causa conhecida do problema; (d) **ação preventiva**: elimina a possível causa de um problema ou reduz sua probabilidade; (e) **ação de contingente**: proporciona providências de reserva para compensar ou minimizar os efeitos de um problema potencial sério.[12]
6. **Comunicação da decisão escolhida** a todos os que devem participar da implantação e preparar o plano de implantação: determinação das metas, dos recursos a serem empregados: humanos, materiais, financeiros etc., definição das etapas e dos responsáveis e, se for o caso, elaboração de cronogramas. Drucker diz que esta é a etapa que toma mais tempo, mas, a menos que uma decisão tenha se transformado em trabalho ela será apenas uma boa intenção.[13]
7. **Acompanhamento das ações necessárias à implantação da decisão** e, se for o caso, tomada de ações corretivas. Implantação de instrumentos de informações para prover esse acompanhamento e para dar *feedback* aos responsáveis pela decisão. Acompanhamento efetivo dos resultados e da tomada de ações corretivas, se necessário.

---

[12] KEPNER, Charles; TREGOE, Benjamin, 1972. p. 122 e 155 ss.

[13] DRUCKER, Peter F., 1974. p. 19.

Embora o foco das atenções nesse caso seja na solução de problemas, podemos ter tipos de ação semelhantes para o aproveitamento de oportunidades.

Uma forma de avaliarmos alternativas é fazermos uma análise de sensibilidade: análise do efeito produzido pela alteração de uma variável crítica sobre o resultado de um empreendimento ou um projeto. Simulando mudanças nessas variáveis críticas, podemos avaliar a magnitude das alterações nos resultados e como elas afetariam a decisão. Simulação é a representação de um sistema da vida real em um modelo teórico, matemático, elétrico, ou outro, que permita verificar como a mudança de uma variável influenciaria o resto do sistema. Em casos complexos e importantes, podemos empregar técnicas matemáticas avançadas como a teoria dos jogos.

8.4 Erros nas tomadas de decisões

8.4.1 O maior erro

O principal erro que os administradores cometem na solução de problemas é saltarem precipitadamente para uma conclusão quanto à causa. Identificam o problema e dizem: "creio que a causa é esta". Depois, complicam ainda mais o erro, das seguintes maneiras:

1. Coletam argumentos em defesa da sua teoria favorita.
2. Formam um caso que se ajuste à teoria.
3. Adquirem a convicção de que têm uma explicação completa.
4. Resistem a quaisquer outras explicações do problema.
5. Orgulham-se de serem os autores da teoria.
6. Lutam para protegê-la dos detratores e críticos.[14]

Vale a pena por isso repetir as palavras de Conan Doyle.

É um erro capital teorizar antes de se ter os dados. Cada vez mais,
se começa a torcer os fatos para justificar as teorias,
em vez de adaptar as teorias aos fatos.
Sir Arthur Conan Doyle in Sherlock Holmes

---

[14] KEPNER, Charles; TREGOE, Benjamin, 1972. p. 109.

É um traço comum na história de qualquer ciência a facilidade com que os teóricos abandonam a evidência dos seus sentidos para preservar a coerência das ideias na sua imaginação.[15]

8.4.2 Erros comuns nas tomadas de decisões

Russo e Schoemaker definem os seguintes erros que consideram frequentes:[16]

1. **Precipitação** – Começar a colher informações e chegar a conclusões, sem reservar alguns minutos para pensar sobre o fundo da questão diante da qual nos encontramos ou para pensar sobre a melhor maneira de tomar decisões sobre o assunto.
2. **Cegueira estrutural** – Partir para resolver o problema errado, porque foi criada uma estrutura mental para decisões, com pouco pensamento, que faz descartar as melhores opções ou perder de vista objetivos importantes.
3. **Falta de referências de controle –** Incapacidade de conscientemente definir o problema de mais de uma forma ou ser indevidamente influenciado pelos outros.
4. **Excesso de confiança no julgamento** – Não coletar informações fatuais importantes, por acreditar de forma muito segura nas suas hipóteses e opiniões.
5. **Uso de atalhos míopes** – Confiar de forma inapropriada em métodos empíricos, como acreditar na informação mais rapidamente disponível, ou baseada em fatos convenientes.
6. **Agir sem sistematização** – Acreditar que é possível memorizar todas as informações e precipitar a decisão, fazendo a escolha sem procedimento sistemático.
7. **Condução inadequada de um grupo** – Supor que com muitas pessoas capazes envolvidas, escolhas boas são consequências inevitáveis e, por isso, administrar de forma inadequada o grupo encarregado de tomar a decisão.
8. **Autoengano sobre o *feedback*** – Incapacidade de interpretar as evidências de acontecimentos passados pelo que elas realmente significam, ou para proteger o *ego*, ou em virtude de interpretações tardias.
9. **Não acompanhar os resultados da decisão** – Supor que a experiência tor-

[15] Apud GIANNETTI DA FONSECA, Eduardo. *Vícios privados, benefícios públicos?*: a ética na riqueza das nações. São Paulo: Companhia das Letras, 1993. p. 59.

[16] RUSSO, J. Edward; SCHOEMAKER, Paul J. H. *Decision traps*: The ten barriers to brilliant decision: Making and how to overcome them. New York: Simon & Schuster, 1990. p. xvi.

nará suas lições automaticamente disponíveis, e, não manter registro sistemático para acompanhar os resultados das decisões e falhar na análise desses resultados em pontos que revelariam lições importantes.

10. **Falta de auditoria do processo decisório** – Não criar uma abordagem organizada para compreender suas próprias decisões, permanecendo constantemente exposto a todos os erros descritos anteriormente.

É comum os tomadores de decisão se apegarem a uma alternativa, tornando tendencioso todo o processo decisório.

8.5 Decisões pouco estruturáveis

Algumas decisões são tão complexas, envolvem tantas variáveis, incertezas e riscos, que mesmo que se procure estruturar o processo decisório, sempre haverá necessidade de flexibilizar o processo e de se confiar no julgamento e na intuição de pessoas que se presumem experientes, honestas e equilibradas. A racionalidade completa nesses casos é inalcançável. A estruturação é menor e a incerteza, maior.

Nós complementamos nossas técnicas de escolha de alternativas com dois tipos de treinamento: o treinamento profissional em princípios básicos de administração, que geralmente precedem a entrada na vida profissional, e o treinamento por meio da experiência e da rotação nas funções que a organização pode proporcionar. Às vezes complementamos ainda com um treinamento em uma universidade ou em programas especializados da empresa. Uma pessoa é geralmente capaz de melhorar suas habilidades de tomar decisões por meio da experiência apropriada, mesmo que tenha apenas uma noção rudimentar de como exerce essas habilidades. Se for submetida a uma sequência de situações problemáticas de dificuldades progressivamente crescentes e apropriadas para o nível de habilidade que ela tiver atingido, mostrará, em geral, uma capacidade de lidar bem com problemas desse tipo. Para problemas do tipo não programáveis e não estruturáveis, nem essa pessoa nem nós seríamos capazes de dizer de onde vem a melhoria. Mas a melhoria está lá. Temos sido capazes, de forma rudimentar, de usar o treinamento e experiência planejada como meio para melhorar as tomadas de decisões não programadas nas organizações... Resumindo: não temos tido, no passado, conhecimento adequado dos processos que são envolvidos nas tomadas de decisão em situações complexas.[17]

[17] SIMON, Herbert A., 1977. p. 53 e 54.

Gênio é acumulação de parcelas de conhecimento empilhadas umas sobre as outras para formar uma base superior de conhecimento.[18]

Intuição

Modo de raciocinar baseado principalmente na experiência, por meio do qual a avaliação da situação e o julgamento das alternativas são feitos de forma inconsciente e automática.

Podemos dizer que a intuição está vinculada ao conhecimento tácito e não ao explícito. A grande virtude do conhecimento tácito é que é automático e instantâneo, mas por ser inconsciente, pode estar errado e passar despercebido, sem exame cuidadoso (ver Seção 12.1, do Capítulo 12). As decisões baseadas na intuição são valiosas quando é necessário agir rapidamente e há limitação de informações. Um executivo experiente deve ser capaz de chegar à solução correta com poucas informações graças a seu conhecimento acumulado. No entanto, essas decisões podem também estar erradas e, além disso, é difícil convencer aos demais por que a decisão intuitiva é a melhor.

Quando uma pessoa capta uma situação complexa e chega rapidamente a uma decisão que se prova não apenas boa mas brilhante, a gente pensa: "Isto foi sábio". Depois que se observa essa pessoa fazer isso várias vezes, compreende-se que se está diante de alguém especial. Não é só o poder do cérebro que faz isso, embora ele ajude. Não é inteligência emocional, embora, algumas vezes, ela esteja envolvida. É profunda sabedoria o que produz essa capacidade misteriosa: boa capacidade de julgamento. Aqueles que possuem sabedoria profunda conseguem ver a pintura completa e apesar disso, focar em um problema específico que os demais não tinham sido capazes de diagnosticar. Quase intuitivamente, eles podem tomar a decisão correta, no nível certo, com as pessoas certas.

A experiência é a razão óbvia pela qual indivíduos com conhecimentos tão profundos tomam rápidas e sábias decisões. Todos nós viajaríamos de preferência com um piloto que já decolou e pousou em situações difíceis do que com outro que só pilotou em condições tranquilas.

O que já temos na mente determina a forma como assimilamos novas experiências. Sem esses receptores – ganchos onde pendurar novas informações –, nem sequer percebemos e processamos a informação. Trata-se de conhecimentos tácitos de difícil transmissão para os outros. Os receptores são necessários, mas não são suficientes. A parte mais

[18] HILMER, Frederick G.; DONALDSON, Lex. *Management redeemed*: debunking the fads that undermine our corporations. New York, NY: The Free Press, 1996. p. 66.

valiosa da sabedoria profunda é o conhecimento tácito que a pessoa construiu ao longo de anos de experiência. Descrever suas experiências para os outros pode ajudá-los a criar alguns receptores mentais, mas as dimensões tácitas de uma pessoa com sabedoria profunda têm de ser recriadas nos demais por meio da prática, observação, solução de problemas e experimentação.[19]

8.6 Aspectos psicológicos das decisões

8.6.1 Impossibilidade de avaliação totalmente objetiva

As pessoas que tomam as decisões são humanas, têm sua história, seu passado, seus vícios, suas virtudes, seus valores e seus preconceitos, conscientes ou não; em suma: têm seu quadro de referências. Em consequência, ao avaliarem alternativas, fazem-no de forma subjetiva. As necessidades defensivas podem atuar em qualquer estágio do processo de solução do problema. Elas podem bloquear ou distorcer a análise do problema ou a avaliação das consequências, ou podem dar excesso de peso a um determinado tipo de solução. A experimentação tem mostrado a intervenção de mecanismos de defesa até mesmo na percepção de informação vindoura. Fatos ameaçadores e desagradáveis muitas vezes são negados, ignorados ou distorcidos. O executivo organizacional, cuja atitude defensiva resulta em evitar certos tipos de informação desagradável, pode ser reforçado em sua cegueira por subordinados que dele escondam tais fatos. Uma grande fraqueza em uma estrutura autocrática é que os mecanismos de defesa entre seus líderes de cúpula receberão apoio institucional em vez de correção. Os subordinados protegerão suas próprias posições fazendo triagem dos fatos de acordo com as tendências emocionais do chefe.[20]

As pessoas aprendem a evitar a percepção de aspectos ameaçadores, perigosos ou que provoquem ansiedade, levando a distorções na análise das alternativas apresentadas. Além disso, um processo decisório complexo requer a participação de muitas pessoas, cada uma com seus valores, percepções, experiências, preconceitos, interesses e necessidades diferentes, podendo-se chegar a visões contraditórias do mesmo problema.

As variáveis envolvidas são às vezes tão numerosas e complexas que o executivo é obrigado a simplificar o problema, concentrando-se nos aspectos fundamentais e descartando sem muita análise algumas alternativas. Essa simplificação e eliminação de alterna-

---

[19] LEONARD, Dorothy; SWAP, Walter. Deep smarts. In: *Harvard Business Review*, September 2004. p. 88 ss.

[20] KATZ, Daniel; KAHN, Robert L. *Psicologia social das organizações*. 2. ed. São Paulo: Atlas, 1976. p. 333.

tivas também são feitas de forma subjetiva, pois é impossível alcançarmos uma completa objetividade. A pressão para decisões rápidas também pode levar a simplificações subjetivas, deixando de lado uma análise meticulosa e objetiva de alternativas viáveis. Pode haver situações de emergência em que a rapidez de uma decisão aceitável seja mais importante do que a busca da melhor decisão.

Qualquer decisão organizacional costuma afetar um número relativamente grande de pessoas. Será possível tomar uma decisão fria considerando-se os objetivos da organização sem levar em conta os interesses das pessoas afetadas? Esses interesses interferem na motivação dessas pessoas?

Lembramos as palavras de Carl Gustav Jung no livro *O homem moderno em busca de uma alma*: "As grandes decisões da vida humana têm como regra muito mais a ver com os instintos e o inconsciente do que com fatos razoáveis e plenos de significado".

Em suma: decidir é a atividade mais importante de um executivo e também a mais difícil e arriscada. Decisões erradas podem estragar um negócio e uma carreira, às vezes de forma irreparável. De onde vêm as más decisões? Em muitos casos, elas podem ser descobertas pela forma como as decisões foram tomadas: as alternativas não foram bem-definidas, as informações corretas não foram coletadas, os custos e benefícios não foram precisamente apurados. Mas, às vezes, a falta não está no processo de tomada decisão, mas na mente do tomador da decisão. A forma pela qual o cérebro trabalha pode sabotar as decisões. Pesquisas de laboratório revelaram que usamos rotinas inconscientes para lidar com a complexidade inerente à maioria das decisões... Os pesquisadores identificaram uma série de falhas na forma como pensamos ao tomar decisões. O que torna essas armadilhas tão perigosas é a sua invisibilidade. Como estão embutidas no nosso processo de pensamento, não conseguimos vê-las, mesmo se cairmos bem defronte delas. [21]

8.6.2 Armadilhas psicológicas

Para os executivos, cujo êxito depende das muitas decisões tomadas diariamente, as armadilhas psicológicas são especialmente perigosas.

As principais armadilhas são as seguintes:

1. **A armadilha da fixação** – Ao considerar uma decisão, a mente humana dá preferência às alternativas que mais se coadunam com os princípios e valores aceitos

[21] Adaptação livre de HAMMOND, John S.; KEENY, Ralph L.; RAIFFA, Howard. The hidden traps in decision making. In: *Harvard Business Review*, Sept.-Oct. 1998. p. 47 ss.

por quem toma a decisão. As pessoas tendem a procurar confirmar aquilo em que acreditam. As alternativas que contradizem os valores aceitos pelo tomador da decisão ou que não estão de acordo com sua opinião a respeito de situações e pessoas tendem a ser descartadas ou, no mínimo, recebem atenção inferior. Além disso, as pessoas tendem a atribuir pesos desproporcionais à primeira informação recebida. A primeira impressão é que fica. A fixação toma muitas formas: pode ser um simples comentário de um colega, uma estatística publicada no jornal; podem ser preconceitos, ou a impressão causada por um bom vendedor. O efeito da fixação foi documentado em milhares de experiências. Ninguém evita sua influência, mas os administradores que estão cientes do seu perigo podem reduzir seu impacto usando várias técnicas: (a) analisar os problemas sob diversos ângulos e diferentes abordagens; (b) procurar informações de outras pessoas, tomando cuidado para não influenciá-los. Uma das consequências dessa armadilha é tentar recuperar um projeto ou produto que não vai bem. Em casos excepcionais, pode ser uma boa solução, mas geralmente não é. Se temos dois produtos: um tem sucesso estrondoso e outro desempenho medíocre, a tendência de muitos administradores é procurar reforçar e recuperar o que não está tendo êxito, para não terem de admitir seu fracasso naquele caso. Esta é quase sempre a pior solução. Os recursos devem ser concentrados nos êxitos e não na recuperação dos fracassos. Os ingleses têm um ditado para isso: *Don't send good money after bad money.*

2. **A armadilha do *status quo*** – Os tomadores de decisão mostram forte viés no sentido de perpetuar o *status quo*. As causas para a armadilha do *status quo* estão profundamente enraizadas no nosso subconsciente, no desejo de proteger nosso ego. Romper o *status quo* significa tomar ação, e, quando tomamos ação, assumimos responsabilidades, abrindo-nos a críticas e arrependimentos. Não é surpreendente que procuremos razões para não fazer nada. Manter o *status quo* representa, em muitos casos, a alternativa mais segura, porque nos coloca sob riscos psicológicos menores. Em empresas em que os pecados de fazer algo errado tendem a ser punidos mais severamente que os pecados de omissão, o *status quo* oferece uma atração muito forte. Em alguns casos, manter o *status quo* pode ser a melhor alternativa, mas não deve ser escolhida porque é a mais confortável. Para se certificar disso, mantenha em mente seus objetivos e identifique outras opções. Pergunte-se se você escolheria a alternativa do *status quo* se ela não fosse o *status quo.* Lembre-se de que a conveniência do *status quo* muda com o tempo. Se tiver boas alternativas, não hesite em examiná-las com cuidado e, se for o caso, em implementá-las.

3. **A armadilha dos custos já despendidos** – Significa escolher uma decisão para justificar decisões passadas, mesmo que essas decisões não sejam mais válidas. Podemos investir pesadamente no treinamento de um empregado que sabemos agora que não deveria ter sido contratado. As decisões passadas tornam-se o que os economistas denominam *sunk costs*, investimentos passados de tempo e dinheiro são irrecuperáveis. Sabemos racionalmente que *sunk costs* são irrelevantes para as decisões atuais, mas, apesar disso, eles se fixam na nossa mente conduzindo-nos a decisões erradas. Por que as pessoas não se livram das decisões passadas? Frequentemente, porque não querem, conscientemente ou não, admitir um erro. Reconhecer um erro na vida particular pode ser uma questão puramente pessoal, envolvendo apenas a autoestima, mas em negócios uma decisão errada é um assunto público, acarretando comentários críticos de colegas e superiores. Para evitar essa armadilha, procure ouvir a opinião de pessoas não comprometidas com as decisões anteriores. Examine por que admitir um erro lhe é tão penoso.
4. **A armadilha da confirmação da evidência** – Na dúvida sobre a melhor alternativa, procura-se ouvir a opinião de um especialista que temos quase certeza de que confirmará nossa decisão. Eles vão dizer que estamos certos e tirar um peso da nossa consciência. Existem várias forças psicológicas em jogo. A primeira é decidirmos o que queremos sem saber por quê. A segunda é nossa preferência para nos engajarmos em coisas de que gostamos em vez de coisas de que não gostamos. Para evitarmos essa armadilha, devemos nos cercar de pessoas que tenham coragem de nos contradizer e não de áulicos. Devemos ser totalmente honestos conosco. Podemos pedir a alguém para atuar como o "advogado do diabo", para argumentar contra a decisão escolhida. Ao procurar o conselho de outros não faça perguntas que conduzam a uma confirmação da evidência.
5. **A armadilha da estruturação** – A alternativa escolhida pode ser profundamente afetada pela forma como se estrutura o problema. Imagine que no seu condomínio, com quarenta condôminos, um candidato a síndico diz que só aceita sua reeleição se tiver sua remuneração aumentada de 600 para 1.000 reais por mês. Colocado dessa forma na Assembleia, a maioria dos condôminos acha a remuneração alta e, embora todos saibam que ele é um excelente síndico, relutam muito em aceitar o pedido, imaginando a despesa de 1.000 reais para remunerar o síndico, embora os demais candidatos não sejam bons. Um condômino resolve estruturar o problema de outra maneira: vocês estariam dispostos a pagar, cada um, mais 10 reais por mês para continuarmos com um excelente síndico? A maioria aprovou o pedido e o reelegeu. Outra armadi-

lha comum é a estruturação em valores absolutos ou relativos: você está comprando uma máquina fotográfica por 200 reais e recebe a informação de que outra loja, de igual idoneidade, situada a três quilômetros, está vendendo a mesma máquina por 150 reais, mas a única forma de se chegar lá é a pé. Você estaria disposto a andar três quilômetros para economizar a diferença? Quase todos respondem que sim. Imagine agora que você esteja comprando um automóvel por 20.050 reais e recebe a informação de que outra loja, de igual idoneidade, situada a três quilômetros, está vendendo o mesmo automóvel por 20 mil reais, com a mesma inconveniência de se ter de chegar lá a pé. Você estaria disposto a andar três quilômetros para economizar a diferença? Quase todos respondem que não. No entanto, a situação é idêntica à anterior. A razão da mudança é que as pessoas tendem a estruturar suas decisões em termos de valores relativos, quando, na realidade, o que interessa, nesse caso, são os valores absolutos. Em ambos os casos a questão que se coloca é saber se haverá disposição de se caminhar três quilômetros para se economizar 50 reais. Para não cair nessa armadilha, procure estruturar as alternativas de várias formas.

6. **Armadilhas de projeções e estimativas** – (a) armadilha do excesso de confiança: mesmo sem certeza das nossas projeções e estimativas, há uma tendência no sentido de superestimar sua precisão; (b) armadilha da prudência: em decisões de alto risco há uma tendência no sentido de ajustar nossas estimativas para estarem a favor da segurança; (c) armadilha da memória: tendência a exagerar a probabilidade de eventos raros quando nos lembramos de fatos similares que ficaram marcados de forma dramática na nossa memória; por exemplo, medo de desastres de avião, por serem amplamente divulgados, ou risco de um ataque cardíaco, quando um parente sofreu essa doença.

O problema se amplifica quando as armadilhas aparecem de forma combinada. Por exemplo, o tomador da decisão caiu na armadilha da fixação. Para confirmar sua escolha, contrata alguém que sabe que vai confirmar sua escolha, abordando o problema no sentido de levá-lo à conclusão desejada.

8.7 Decisões coletivas

8.7.1 Vantagens e desvantagens

As vantagens e desvantagens das decisões coletivas são as mesmas que mencionamos para a formação de comitês (ver Seção 1.18, Capítulo 1). As principais vantagens das decisões coletivas são a complementaridade de conhecimentos, experiências e percepções, resultando em soluções melhores, aumento da motivação pela participação e maior cooperação na implantação das conclusões.

As principais desvantagens são a responsabilidade dividida, ficando difícil identificar quem é o responsável, o custo elevado, deliberações lentas e riscos de soluções de acordo político ou de domínio do grupo por um ou poucos participantes.

A responsabilidade dividida é uma séria desvantagem das decisões coletivas. Diz o ditado: "a vitória tem muitos pais e a derrota é órfã". Se uma decisão se comprova acertada, todos os que colaboraram para ela se vangloriam de serem seus autores. O contrário ocorre se ela se prova errada. É preciso tomar cuidado com a possibilidade de não se ter nenhum responsável por uma decisão errada.

Decisões coletivas tendem a absorver um recurso escasso e caro nas organizações: o tempo das pessoas. É preciso considerar, porém, o custo alternativo de uma decisão errada por não terem dela participado os que deveriam. Trata-se da relação custo/benefício.

Se juntarmos muitas pessoas com conhecimentos, experiências, valores e percepções diferentes, devemos, em princípio, chegar a soluções melhores, mas corremos o risco de levarmos muito tempo até obtermos uma conclusão aceita por todos. Este é um preço alto que se paga para se chegar à conclusão adequada.

Outro risco é o de não se chegar a uma solução que seja aceita pelos participantes da decisão, obrigando a uma solução de meio-termo, ou seja, de acordo político. Não se pode dizer que isso seja sempre ruim, mas, se o acordo se faz, não no interesse da organização, mas em função de interesses dos participantes, o resultado será indesejável para a organização. Antes de se chegar a uma solução política, deve-se procurar lidar criativamente com o conflito (ver Seção 4.5, do Capítulo 4).

8.7.2 Métodos de decisões coletivas

8.7.2.1 *Brainstorming*

As decisões coletivas começam pela apresentação das alternativas para a solução de algum problema bem caracterizado ou para o aproveitamento de alguma oportunidade bem-definida. A identificação das alternativas pode ser obtida usando-se o *brainstorming*, também conhecido por "tempestade cerebral" e designa o processo para gerar ideias com o objetivo de solucionar problemas ou aproveitar oportunidades, pelo qual os participantes de um grupo, quando confrontados com um problema ou uma oportunidade, geram inúmeras soluções sem direito a formular nenhuma crítica às soluções sugeridas, por mais descabidas que possam parecer, pois uma solução descabida pode lembrar outras que sejam válidas. Cada participante é encorajado a dizer qualquer coisa que lhe venha à mente, sem considerar a possibilidade de implantação. As críticas e as avaliações das ideias só são feitas depois de apresentadas todas as soluções e só então são estudadas suas possibilidades de implantação e sua viabilidade técnica e econômica. O *brainstorming* pode ser efetuado de forma estruturada ou não estruturada. Na forma estruturada, os participantes devem opinar em ordem, cada um falando na sua vez, podendo se omitir se não tiver contribuição a fazer. Na forma não estruturada, cada participante fala o que quiser no momento em que o desejar. A forma estruturada tem a vantagem de estimular a participação dos mais tímidos, mas o processo perde um pouco da sua espontaneidade. Em qualquer caso, é indispensável a existência de um líder, que conduz o grupo, e de um relator, que anota as ideias geradas pelo grupo. Também é usada no Brasil a expressão "tempestade cerebral". Em Portugal, usa-se a expressão mais apropriada "chuva de ideias".

8.7.2.2 Decisão pela maioria de votos

É o método mais simples e usado com frequência. Começa com um debate sobre o tema em que todos devem dar sua opinião e suas razões. Após o debate, segue-se a votação das diversas alternativas existentes. A decisão é tomada por maioria de votos. Tende a ser menos lento que os demais métodos, mas tem a desvantagem de criar um grupo vencedor e outro perdedor e, em geral, não se procura uma solução conciliadora ou criativa. Além disso, nem sempre a solução mais votada é a melhor.

8.7.2.3 Método da técnica Delphi

É um método estruturado para obter uma solução para uma dificuldade quando várias pessoas debatem um assunto. Consiste no levantamento das opiniões de cada um, geralmente respondendo a questionários elaborados por especialistas. As respostas são enviadas a uma pessoa que não faz parte do processo e é incumbida de fazer um resumo imparcial das opiniões e remeter o resumo de volta para os debatedores para que estes revejam suas opiniões em função das opiniões dos demais. O processo é repetido até se obter uma convergência de opiniões. Essa técnica é muito usada para estimar a demanda futura por um bem ou serviço. Esse método tende a ser demorado e só pode ser usado quando não há urgência na decisão. A vantagem é a maior probabilidade de se chegar a uma solução criativa que agrade a todos ou quase todos.

8.7.2.4 Solução de consenso

É uma forma de tomada de decisão em grupo, na qual os participantes debatem *ad nauseam* os temas em foco. O consenso não procura atingir resultados ótimos, mas soluções aceitáveis para todos, que raramente serão as ideais para cada um. Quando se chega a um resultado que não é vetado por ninguém, diz-se que se chegou ao consenso, embora muitos participantes possam ter preferência por outras opções. O objetivo é, portanto, chegar a uma solução que não seja rejeitada por ninguém, embora, em geral, não seja ideal para a maioria.

Termos-Chave

Ver significado desses termos no site do livro.

Brainstorming
Consenso
Decisão
Decisão estratégica
Decisão não programada
Decisão programada
Intuição
Lei de Gresham
Processo decisório
Racionalidade limitada
Técnica Delphi

Casos para Debate em Sala de Aula

Urgências das decisões

Comente a seguinte afirmação:

"É fácil falar em processo decisório racional: obter fatos e hipóteses importantes pertinentes, analisar o processo, elaborar alternativas, selecionar a melhor; mas nem sempre um executivo tem tempo para isso: um competidor diminui o preço ou lança novo produto, muda a política econômica do país, muda o câmbio, mudam os juros e você tem de agir depressa. É aí que um bom executivo faz jus ao salário, tomando decisões intuitivas corretas e tempestivas."

Queda nas vendas

Carlos é presidente da empresa XYZ, de porte médio, com duas linhas de produtos. Os relatórios de venda mostram que, nos últimos meses, um dos principais produtos da empresa vem tendo queda sistemática nas vendas. Após análise da situação, verifica-se que uma provável razão foi a introdução pelo maior competidor de produto similar a um preço 15% mais baixo. A empresa está consciente de que seu produto tem vantagens que o do competidor não possui e que o tornam diferenciado, mas a sinalização do mercado é no sentido de que essas vantagens não justificam a diferença de preço.

O competidor vende seu produto similar a um preço inferior ao custo de produção da empresa XYZ, não só por ser mais simples, mas porque investiu em equipamentos com tecnologia avançada que permitem custos diretos mais baixos. A situação financeira da XYZ está sob controle, mas não é folgada.

Que alternativas Carlos dispõe? Quais são as vantagens e desvantagens de cada uma? Que alternativas você recomendaria em ordem de prioridade? Qual é a viabilidade de sua aplicação em função das informações disponíveis?

Exercícios

1. Se todas as decisões envolvem riscos e o futuro é incerto, como pode o administrador proteger-se contra erros? Não seria melhor não decidir para não correr riscos e ir reagindo à medida que as decisões se tornassem óbvias?
2. Quais as vantagens e desvantagens das decisões intuitivas?
3. Todas as decisões têm custos, isto é, aspectos negativos?
4. Comente a seguinte afirmação: "Se não sei qual a melhor alternativa, o melhor é não decidir".

CAPÍTULO 9

COMPORTAMENTO E CLIMA ORGANIZACIONAL

APRESENTAÇÃO

Neste capítulo, estudaremos o clima organizacional, que reflete o grau de satisfação do pessoal com o ambiente interno da empresa e que se manifesta pela motivação, lealdade e identificação com a empresa, pela colaboração entre as pessoas, interesse no trabalho e facilidade das comunicações internas, bem como pelos relacionamentos entre as pessoas, os sentimentos e emoções.

Para caracterizá-lo com mais precisão, definiremos as variáveis causais, intervenientes e finais. As variáveis intervenientes mostram como está o clima organizacional. Um clima organizacional ruim, cedo ou tarde, acabará prejudicando os resultados da organização.

Um clima organizacional positivo terá baixa rotatividade de pessoal e mínimo absenteísmo.

9.1 Conceituação

9.1.1 Comportamento, clima organizacional e ambiente do trabalho

O clima organizacional reflete o grau de satisfação do pessoal com o ambiente interno da empresa. Está vinculado à motivação, à lealdade e à identificação com a empresa, à colaboração entre as pessoas, ao interesse no trabalho, à facilidade das comunicações internas, aos relacionamentos entre as pessoas, aos sentimentos e emoções, à integração da equipe, ao comprometimento com a organização e outras variáveis intervenientes definidas por Likert, que caracterizam o comportamento organizacional. O clima organizacional é causa e consequência do comportamento dos participantes da organização.

Podemos resumir que o clima organizacional reflete a qualidade do ambiente de trabalho percebida pelas pessoas da empresa. Ele é fortemente influenciado pela cultura da empresa, mas depende principalmente da forma como a organização trata o seu pessoal.

Quando alguém é admitido em uma empresa, deixa de ser completamente livre para se comportar como bem lhe aprouver: precisa aceitar os valores, as políticas e as normas da empresa.

9.1.2 Clima organizacional positivo

Um bom administrador prioriza a criação de um ambiente na organização tal que as pessoas trabalhem de forma eficaz em um esforço comum, desenvolvam suas competências, realizem suas aspirações profissionais e atinjam reconhecimento apropriado e recompensas. Esse ambiente tem as seguintes características: (a) existe absoluta honestidade e integridade em tudo o que todos dizem e fazem; (b) existe comunicação ampla em toda a organização em todos os sentidos: de cima para baixo, de baixo para cima e lateralmente; (c) Os superiores estão genuinamente interessados em ouvir o ponto de vista dos outros, especialmente dos subordinados; (d) existe um real interesse em trazer à tona os problemas e em resolvê-los; (e) todos trabalham dedicadamente como verdadeiras equipes.[1] Isso cria uma sensação de confiança que caracteriza um clima organizacional saudável.

Quanto maior o ajustamento das necessidades e valores das pessoas com os da empresa, tanto maior tende a ser a motivação e, em consequência, tanto melhor o clima organizacional. Se o clima organizacional é alto, as pessoas tendem a ser proativas, partilhar conheci-

[1] Spencer Stuart & Associates. Relatório do verão de 1983.

mentos, confiar nos chefes, colegas e subordinados, procurar inovar, ter iniciativas e agir com forte sentimento de "pertença". Se for muito baixo, tendem a fazer o mínimo indispensável para se manter no emprego, ou, às vezes, nem isso, agindo com descrença e revolta, aumentando a rotatividade e o absenteísmo, que são sintomas de clima organizacional ruim.

Dentre os fatores que influenciam a satisfação com o trabalho, podemos lembrar:

- Trabalho desafiador.
- Recompensas justas.
- Condições de trabalho adequadas.
- Colegas que deem apoio.
- Ajuste da pessoa ao cargo em termos de competência e personalidade.[2]

Outro fator que influencia significativamente o clima organizacional é o nível de saúde e bem-estar dos empregados e o apoio que a empresa oferece nesses pontos. Programas de saúde eram, anteriormente, considerados um benefício extra e não estratégico. Novas evidências contam outra história. Um programa organizado patrocinado pela empresa para dar apoio aos empregados (e, às vezes, às suas famílias) melhora a qualidade de vida, aumenta a eficácia pessoal e beneficia o lucro da empresa.[3]

Quando o clima organizacional é positivo, os participantes da organização tendem a:

- Ter bom relacionamento com os superiores, colegas e subordinados.
- Evitar ironias e sarcasmos.
- Evitar boatos.
- Ter um comportamento cortês e civilizado.
- Evitar agressões verbais.
- Ajudar os colegas sempre que possível.
- Ter um forte comprometimento com a organização.

Comprometimento organizacional pode ser definido como o desejo do empregado de continuar membro da organização. O comprometimento pode ser de três tipos: afetivo, de interesse e normativo. O afetivo está ligado ao vínculo emocional e ao envolvimento com a organização. O comprometimento de interesse está ligado aos custos relacionados à

---

[2] ROBBINS, Stephen. *Comportamento organizacional*. Rio de Janeiro: LTC – Livros Técnicos e Científicos Editora S.A., 1999, p. 98.

[3] BERRY, Leonard; MIRABITO, Ann; BAUN, William. What's the hard return on employee wellness programs? In: *Harvard Business Review*, December, 2010. p. 104 ss.

perda do emprego. O normativo revela um sentimento de obrigação e dever. A inexistência de comprometimento leva a comportamentos de ausência.[4] Quem está comprometido com a organização dá o melhor de si no trabalho: procura realizá-lo no prazo solicitado da melhor forma possível; interessa-se pelo resultado obtido; procura formas melhores para executar suas tarefas; ajuda os colegas sempre que possível. Quanto maior o número de comprometidos, melhores tendem a ser os resultados da organização.

9.1.3 Clima organizacional negativo

Em um clima organizacional negativo, são comuns os comportamentos de ausência: as pessoas estão apenas fisicamente presentes, mas o pensamento está longe. Alguns se tornam apáticos; outros ficam sonhadores: pensam em tudo, menos no trabalho; outros fazem amizades com os colegas e conversam o tempo todo; outros navegam na internet em sites fora do interesse da organização. A ausência pode chegar a se tornar realidade física: chegadas em atraso com muita frequência e almoços demorados, que desembocam no absenteísmo. Esses ausentes não têm nenhum comprometimento com a organização e, uma vez identificados, deveriam ser demitidos, caso não haja possibilidade de recuperação.

Em uma era em que quase tudo pode ser copiado pelos competidores, o que faz a diferença da organização são a competência e o comprometimento dos seus participantes.

9.2 Satisfação no trabalho

A satisfação no trabalho é importante para produzir um clima organizacional positivo. Vários fatores a influenciam:

- A remuneração é percebida como adequada.
- A perspectiva de carreira e de oportunidades de promoções é considerada boa.
- O chefe imediato é visto como competente, polido, bom comunicador e justo.
- O ambiente do trabalho e o relacionamento com os colegas é saudável.
- O trabalho em si é desafiador, significativo, estimulante e interessante.[5]

---

[4] COLQUITT, Jason A.; LEPINE, Jeffery A.; WESSON Michael J. *Organizational behavior*: improving performance and commitment in the workplace. 2. ed. New York: McGraw-Hill, 2011. p. 70ss.

[5] COLQUITT, Jason A.; LEPINE, Jeffery A.; WESSON, Michael J., 2011. p. 107 a 110.

De todos esses fatores, o que mais influencia os resultados é o trabalho em si. O trabalho deve fazer sentido para aquele que o realiza. Às vezes, esse sentido é criado pelo próprio empregado. É conhecida a história dos três pedreiros que trabalhavam na construção da parede de uma catedral. Respondendo à pergunta: "o que você está fazendo?" O primeiro disse: "estou assentando tijolo sobre tijolo, não está vendo?" O segundo disse: "estou fazendo uma parede". O terceiro disse: "estou construindo uma catedral". A mesma pergunta feita a três bombeiros teve as seguintes respostas: "estou jogando água naquela casa"; "estou apagando um incêndio"; "estou salvando vidas". Esse aumento da significação do trabalho é chamado *empowerment* psicológico, que reflete a energia adicional que se coloca na tarefa ao se acreditar que o trabalho serve a um objetivo maior. Além disso, para o trabalho fazer sentido é preciso que aquele que o executa seja responsável pelos resultados.

9.3 Variáveis causais, intervenientes e finais

9.3.1 Conceituação

O clima organizacional é fortemente influenciado pelas variáveis intervenientes, de acordo com a conceituação introduzida por Likert, que definiu as variáveis causais, intervenientes e finais, existentes em uma organização.

As variáveis mais conhecidas e facilmente mensuráveis são as de resultado final, cujos valores são obtidos pelos relatórios financeiros e de produção da organização. No entanto, outros tipos de variáveis, de mensuração mais difícil, e por isso muitas vezes negligenciados, podem influenciar fortemente no médio prazo as variáveis finais.

As **variáveis causais** são aquelas que definem as características básicas da organização. São variáveis independentes e estão quase sempre sob o controle da organização. As variáveis causais influenciam todas as demais e são elas que, em última análise, promovem o êxito da organização.

Variáveis causais em uma organização

- Objetivos da organização.
- Políticas e estratégias.
- Tecnologia.
- Cultura da organização.
- Sistemas de valores.
- Sistemas de informações.

- Estilo de administração.
- Relações formais de autoridade.

As variáveis intervenientes são as que refletem o estado interno da organização e do seu pessoal, isto é, refletem o clima organizacional e *caracterizam a identificação dos recursos humanos com a organização*.

Variáveis intervenientes em uma organização

- Lealdade à organização.
- Identificação com a organização.
- Capacitação do pessoal.
- Motivação e percepções do pessoal.
- Dedicação ao trabalho.
- Relacionamentos interpessoais.
- Integração da equipe.
- Comunicação interna.
- Expectativas e aspirações.
- Capacidade de tomar decisões.
- Sentimentos e emoções.

As variáveis intervenientes influenciam fortemente as finais, ou de resultado final. Alguns administradores, preocupados apenas com os resultados finais, negligenciam as variáveis intervenientes, causando problemas no médio prazo para a organização.

As variáveis finais, ou de resultado final, são as que refletem os resultados financeiros e de produção, entre outros. São variáveis dependentes das demais e de fácil mensuração. Por essa razão, alguns administradores preocupam-se exclusivamente com elas.

Variáveis finais em uma organização

- Produção.
- Vendas.
- Lucro (resultado).
- Margem líquida sobre as vendas.
- Rentabilidade do patrimônio.
- Produtividade.
- Custos.
- Qualidade da produção.
- Participação no mercado.

Um fato importante é a *defasagem* entre as variações nas variáveis intervenientes e as variações no mesmo sentido nas variáveis finais. Uma variação para melhor ou para pior nas variáveis intervenientes tende a *preceder uma variação no mesmo sentido* das finais. Essa defasagem pode ser de vários meses ou mesmo vários anos, permitindo, às vezes, a adoção de medidas corretivas, se houver um diagnóstico preciso e tempestivo da situação.

Algumas vezes, uma organização, ou uma das suas unidades, premida pela necessidade de obter resultados finais em curto prazo, emprega forte pressão sobre os empregados para obter os resultados de que necessita. Essa pressão pode dar certo durante um algum tempo, mas não deve durar indefinidamente.

Existem nítidas indicações de que para *um período de pelo menos um ano* a supervisão que aumenta a pressão direta para obter mais produtividade pode conseguir, em alguns tipos de atividades, substanciais aumentos de produção, se as operações forem bem programadas e se bons procedimentos forem estabelecidos. Tais aumentos, porém, são conseguidos, muitas vezes, a um custo considerável para a organização, no sentido de uma provável piora das variáveis intervenientes.

Não se pode condenar *a priori* o administrador que emprega pressão exagerada para obter resultados finais em curto prazo em detrimento das variáveis intervenientes. Tudo depende do grau de necessidade que a organização tem desses resultados no curto prazo e da forma como são obtidos. No entanto, é preciso que se esteja consciente de que esse processo não pode ser a solução de longo prazo para a organização.

Representamos, na Figura 9.1, as relações entre as diversas variáveis.

Figura 9.1 • Relações entre as variáveis causais, intervenientes e finais

Vários pesquisadores manifestaram a importância de medir as variáveis intervenientes, mas não há como aferi-las com precisão. Em consequência, elas continuam sendo negligenciadas por alguns administradores, seja por desconhecer o assunto, seja por sua

excessiva preocupação com o curto prazo. Apesar disso, deve-se procurar aferir algumas dessas variáveis, como o moral, a satisfação do pessoal, o comprometimento, mas não se deve considerá-las como a razão última da organização. As metas mais importantes ainda são o desempenho e os resultados. As pessoas podem ter ótimo desempenho e demonstrar moral baixa, no entanto é o desempenho que importa para a empresa e não o moral.[6] No entanto, é preciso não esquecer que as variáveis intervenientes quase sempre, cedo ou tarde, acabam influenciando fortemente as variáveis de resultado final.

9.3.2 Relação entre a grade gerencial e as variáveis intervenientes

Utilizamos o conceito de grade gerencial, na Figura 9.2, para ilustrar o grau de preocupação em relação às variáveis intervenientes e às variáveis de resultado final.

Figura 9.2 • As variáveis intervenientes e finais na grade gerencial

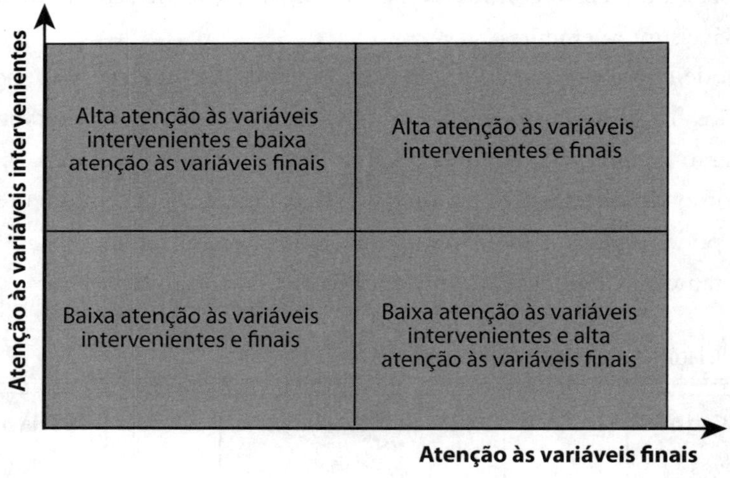

9.3.3 A lealdade entre os colegas, o estresse e o clima organizacional

Likert estudou a lealdade aos colegas e como ela afeta a tensão existente no ambiente de trabalho, o clima organizacional e, em última análise, a produção da empresa. A conclusão sobre a produtividade é mostrada na Figura 9.3. O aumento da lealdade aos colegas diminui a tensão e tende a aumentar a produtividade nos grupos que aceitam os objetivos da organização e a diminuí-la nos que não os aceitam.

---

6 ARGYRIS, Chris. Empowerment. In: *On managing people*. Harvard Business School Press, p. 101 ss.

Figura 9.3 • Lealdade entre os colegas *versus* produtividade

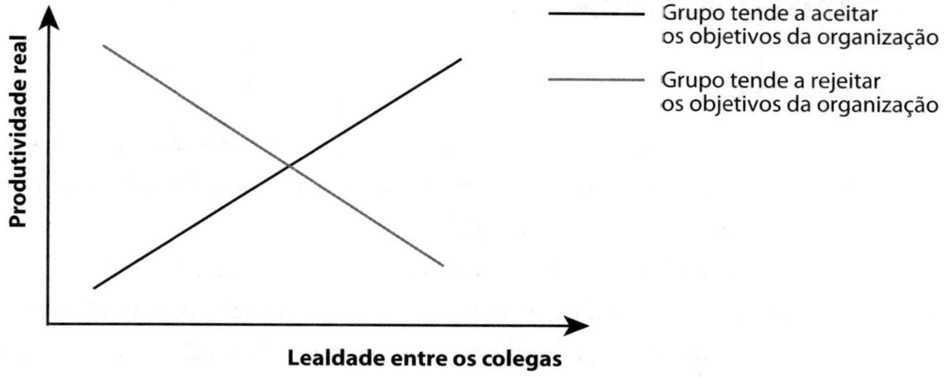

A influência da lealdade na tensão existente no ambiente de trabalho é mostrada na Figura 9.4.

Figura 9.4 • Lealdade entre os colegas *versus* tensão no ambiente de trabalho

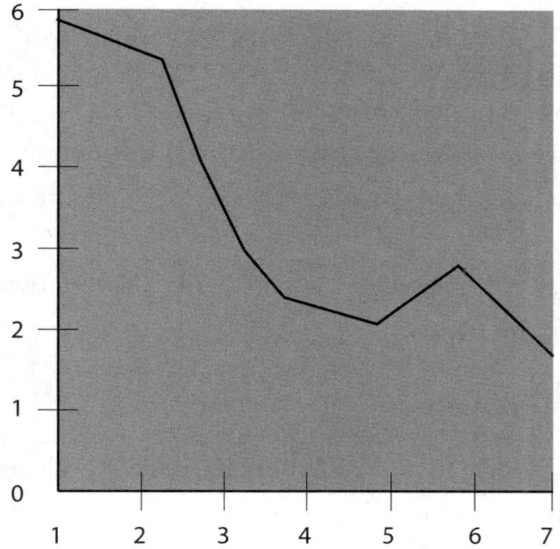

Quanto maior a lealdade entre os colegas, menor a tensão no ambiente de trabalho e melhor o clima organizacional. No eixo das abscissas é mostrado o grau de lealdade entre os colegas e no das ordenadas o nível de tensão no ambiente de trabalho.

9.4 Absenteísmo e rotatividade: sintomas de clima organizacional ruim

9.4.1 Absenteísmo

Nível elevado de absenteísmo é um sintoma inequívoco de clima organizacional ruim que necessita de medidas gerenciais, pois a tendência, caso nada seja feito, é no sentido de piora progressiva (ver Seção 10.7, do Capítulo 10).

Absenteísmo, também denominado de ausentismo e absentismo, é a ausência do trabalho, em princípio, sem uma razão que a justifique, tais como: (a) doenças, comprovadas ou não, crônicas ou eventuais; (b) motivos familiares; (c) dificuldades de transporte; (d) falta de motivação em virtude de supervisão inadequada. O absenteísmo mensal é calculado pela fórmula:

$$\text{Absenteísmo} = \frac{\text{Dias de trabalho perdidos no mês em função do absenteísmo}}{\text{Número médio de empregados} \times \text{Número de dias úteis no mês}}$$

O absenteísmo pode ser calculado para outros períodos, como o ano, o semestre ou o trimestre. A comparação do índice de absenteísmo em diferentes períodos pode fornecer indicações importantes para medidas administrativas que devam ser tomadas em relação aos recursos humanos.

Não é preciso dizer que o absenteísmo gera perda na produtividade da organização.

9.4.2 Rotatividade

A rotatividade de pessoal, ou *turnover*, em inglês, pode ser calculada por meio do quociente resultante da divisão da soma do número de empregados admitidos e dos que saíram em determinado período pelo número de empregados existentes no final do período (ver Seção 10.7, do Capítulo10). Ou seja:

$$\text{Rotatividade} = \frac{\text{Total de empregados admitidos no órgão} + \text{Total de empregados que saíram do órgão}}{\text{Total de empregados no final do período}}$$

Algumas empresas usam no denominador a média dos empregados no período em vez do número no final do período. A rotatividade é, em geral, calculada para períodos mensais, semestrais ou anuais. Um valor isolado da rotatividade pode não ser muito significativo, mas sua comparação com períodos anteriores quase sempre fornece informações importantes para se concluir as razões das causas de possíveis aumentos que exijam providências. Se a rotatividade é alta porque a empresa está crescendo e admitindo muitos empregados, um índice elevado não deve preocupar, mas se é alta porque os empregados estão tomando a iniciativa de sair, algo precisa ser feito. É preciso examinar o ambiente interno da empresa, especialmente o clima e a cultura organizacional, a política de remuneração e benefícios, o estilo de gestão mais comum, as relações entre as pessoas, o moral do pessoal, as condições de trabalho, as oportunidades de crescimento profissional e todos os demais fatores que podem estar contribuindo para insatisfações. Deve-se concluir quais as razões que estão levando à alta rotatividade. Especial atenção deve ser dada às entrevistas de desligamento e à sua análise.

A rotatividade dos empregados tem um custo relativamente alto para a empresa se considerarmos o custo do processo de recrutamento, seleção e admissão; o custo da integração e do treinamento; o pagamento das verbas rescisórias; o custo da entrevista de desligamento e da sua análise; a possível diminuição da produtividade em virtude da perda de experiência dos que saíram, nos quais a empresa deve ter investido durante o período em que trabalharam para ela; o possível reflexo na produtividade dos que continuam na empresa; o possível reflexo nos negócios e na imagem da empresa. A saída de pessoas implica perda de conhecimento e, às vezes, atraso na produção e perda de qualidade. Se o demitido ou demissionário for trabalhar para um competidor, a perda é ainda maior, por meio da transferência de conhecimento e por poupar ao concorrente o custo da formação de um profissional. Em qualquer caso, a rotatividade alta dificulta muito a obtenção de vantagens competitivas pela empresa. Para reduzir a rotatividade, algumas empresas oferecem alguns benefícios que só são recebidos após um período relativamente longo, para estimular sua permanência na empresa. Isso é mais comum no caso de pessoal de nível intermediário para cima e tem o apelido de "algemas de ouro." No entanto, as pesquisas demonstram que mais importante que a remuneração é a forma como as pessoas são tratadas e o apoio que recebem para resolver os problemas. Quando o número de pedidos de demissão é alto, é preciso descobrir as causas e, às vezes, elas não eram sequer cogitadas pela administração da empresa: insegurança quanto à manutenção do emprego, supervisão inadequada, comunicação deficiente e muitas outras.[7]

7 NALBANTIAN, H. R.; SZOSTAK, Anne. How fleet bank fought employee flight. In: *Harvard Business Review,* April, 2004, p. 116 ss.

A alta rotatividade pode ser um problema geral da empresa ou de determinada chefia. Pode ser indício de políticas de pessoal deficientes ou de descontentamento por alguma razão. Também nesse caso a unidade de registros e pagamentos deve analisar as áreas com alta rotatividade de pessoal e procurar identificar as causas. Se a empresa não tiver condições de evitar a rotatividade alta em uma área e se essa área não fizer parte do núcleo das atividades da empresa, deve-se considerar a possibilidade de terceirizar a atividade. Antes, porém, devem-se verificar outras opções, como a redefinição das funções, o diagnóstico do comportamento das chefias, a política de remuneração da empresa e sua comparação com as dos competidores, as perspectivas de crescimento profissional oferecidas, a cultura organizacional e sua compatibilidade com o ambiente em que atua a empresa e, em especial, o clima organizacional.

Termos-Chave

Ver significado desses termos no site do livro.

Absenteísmo
Algemas de ouro
Clima organizacional
Rotatividade
Variáveis causais
Variáveis finais
Variáveis intervenientes

Casos para Debate em Sala de Aula

Clima organizacional ruim: o que fazer?

Se uma empresa tem um clima organizacional ruim, quais as consequências que se pode esperar disto? Que providências deve a direção da empresa tomar para sanar essa situação?

Mudanças em uma empresa que era paternalista

A empresa ABC é um grupo de lojas de varejo, do tipo loja de departamento, administrada de forma paternalista, que, após longos anos de crescimento, começou a ter prejuízos crescentes no passado recente. Para reverter esse quadro, contratou um novo presidente, o Sr. Adão, com grande experiência em comércio varejista. Após visitar as lojas e examinar detalhadamente os demonstrativos financeiros, ele verificou que era necessário reduzir custos, mudar o sistema de remuneração dos vendedores de salário fixo para comissões, deixar de comercializar alguns produtos e introduzir novos e, por fim, treinar os vendedores remanescentes nas novas técnicas de vendas.

Reuniu-se durante vários dias com o diretor financeiro e decidiram, em conjunto, o fechamento de três das vinte lojas, a dispensa de 25% do pessoal, com base na sua contribuição para o faturamento da empresa, e contratou uma excelente gerente de vendas, Sra. Marília, para treinar os vendedores. Essas medidas surtiram efeito imediato no curto prazo, voltando a empresa a dar lucro e proporcionando recursos para remodelar as lojas.

Tudo parecia funcionar de acordo com os planos durante alguns meses quando a gerente de treinamento de vendas disse que não aguentava mais trabalhar em um lugar onde as pessoas não se sentiam bem. Foi uma completa surpresa para o Sr. Adão, que não tinha a menor ideia do ambiente nas lojas. Conseguiu convencê-la a aguardar algumas semanas e ordenou uma pesquisa de opinião para avaliar o clima organizacional. O resultado foi o que a gerente de treinamento esperava: as pessoas estavam revoltadas.

Estranho, pensava o Sr. Adão, enquanto os lucros subiam, as vendas cresciam exponencialmente e as pessoas estavam detestando o ambiente! Chamou o diretor financeiro e disse: "se não agirmos rápido, tudo o que conseguimos brilhantemente nos últimos dez meses estará perdido no próximo ano! E agora?" Combinaram chamar a diretora de recursos humanos para deliberarem em conjunto as medidas a serem tomadas. Todos estavam de acordo em um ponto: era preciso recuperar a confiança e o ambiente favorável que existia na empresa, mas como? A diretora de recursos humanos, Sra. Margareth Coslovski, era a única que estava a par do problema antes da pesquisa, mas não tinha uma ideia precisa do grau de descontentamento. Ela disse que um dos motivos era o critério rígido de faturamento por vendedor. Muitos que não tinham faturamento alto trabalhavam em áreas de vendas mais difíceis e, além disso, tinham muito tempo de casa e ajudavam colegas que, por causa desse auxílio, conseguiam faturamento mais alto.

Tomaram as seguintes resoluções: (a) não podemos deixar Marília sair; (b) precisamos comunicar que as demissões acabaram; (c) precisamos estimular os melhores vendedores a ficarem do nosso lado. O problema é como implantar essas medidas?

Faça uma redação dizendo o que foi feito errado nesse caso e o que você faria se fosse o Sr. Adão.

Exercícios

1. Uma diminuição no número de demissões voluntárias significa sempre um fato positivo? Por quê?
2. De que forma a lealdade aos colegas afeta os resultados da organização? Indique de que forma, isto é, com que tipos de ações, atitudes ou decisões a lealdade aos colegas poderia ser boa ou má para a organização.
3. Que medidas posso tomar se o clima organizacional estiver ruim?

CAPÍTULO 10

MEDIDAS ADMINISTRATIVAS DE RECURSOS HUMANOS QUE PODEM MOTIVAR

APRESENTAÇÃO

Neste capítulo, estudaremos algumas medidas administrativas de recursos humanos que tendem a motivar o pessoal. Reconhecendo, de imediato, que o ponto de partida para motivar o pessoal é conhecê-lo e identificar suas necessidades, suas prioridades e seus desejos. O que motiva alguns não é válido para outros.

A motivação começa com a seleção de pessoas adequadas para as tarefas que se tem para elas.

Faremos extensa análise sobre a influência da remuneração na motivação e sobre as várias formas de compensação e de benefícios.

Mostraremos como a administração por objetivos pode motivar as pessoas.

Analisaremos os vários tipos de prêmios pelos resultados.

Estudaremos as formas de treinamento e como elas influenciam a motivação.

Mostraremos como a avaliação pode motivar se for dado um *feedback* hábil e cuidadoso, explicitando as perspectivas de melhoria do desempenho. Enumeramos, também, os mitos sobre avaliação e as distorções mais frequentes. Daremos forte ênfase sobre como deve ser dado o *feedback*.

Por fim, concluiremos dizendo como a falta de motivação se manifesta no absenteísmo e na rotatividade do pessoal.

10.1 Como motivar seu pessoal?

10.1.1 Conhecimento das pessoas e das suas diferenças

O ponto de partida para motivar o pessoal é conhecê-lo e identificar suas necessidades, seus valores, suas prioridades e seus desejos. O que motiva alguns não é válido para outros. As pessoas são diferentes, o gerente precisa conhecer cada um e administrar bem essa diversidade. A motivação varia conforme os valores, as prioridades, as habilidades e a cultura de cada indivíduo. Essa diversidade fortalece a organização.

10.1.2 Seleção e posicionamento adequados

A motivação começa com a seleção das pessoas adequadas para as tarefas que se tem para elas. Será um bom primeiro passo se os candidatos a admissão forem posicionados em cargos compatíveis com seu preparo e sua vocação. Segundo Confúcio, escolha uma profissão de que você goste e nunca mais terá de "trabalhar".

A maior maldade que se pode fazer a uma pessoa, em termos administrativos, é dar-lhe uma posição para a qual ela não tenha competência. Por outro lado, dar uma posição muito abaixo da capacidade da pessoa certamente causará uma grande desmotivação. O posicionamento correto de cada um contribui, portanto, para a motivação e para os resultados. Da mesma forma, modificar as atribuições de um subordinado para adequá-las a suas competências e capacidade é um forte estímulo ao desempenho e contribui para a motivação.

Para posicionar corretamente é preciso considerar não só os conhecimentos e a experiência profissional das pessoas, mas também as suas habilidades individuais. Além das habilidades necessárias ao administrador, vistas na Seção 1.13, do Capítulo 1, temos de considerar as seguintes habilidades:

- Cognitivas: a capacidade para adquirir a aplicar conhecimentos.
- Expressão escrita: capacidade para compreender e redigir documentos.
- Expressão oral: capacidade para compreender comunicações orais e se exprimir corretamente.
- Raciocínio lógico quantitativo: capacidade para resolver problemas numéricos.
- Raciocínio espacial: capacidade para orientação espacial e para a representação mental de objetos no espaço.
- Percepção: capacidade para rapidamente perceber e compreender informações implícitas contidas em um conjunto diversificado.

- Emocional: compreensão, uso e controle das suas emoções, conhecimento de si mesmo.
- Física: força, coordenação motora, controle psicomotor, visão e audição.

Existem funções para as quais algumas dessas habilidades serão irrelevantes, mas para outras podem ser vitais.

10.1.3 Empregados intratáveis

Os empregados malposicionados tendem a se tornar intratáveis. Os empregados mais intratáveis absorvem uma proporção enorme do tempo e da energia dos gerentes. Não é possível a um chefe motivar esses subordinados. Somente eles mesmos podem se automotivar. Ao chefe cabe criar as condições para que a motivação inerente a esses subordinados possa ser canalizada para resultados alcançáveis. Todas as pessoas têm algum tipo de motivação, mas muitas vezes elas estão canalizadas para outras áreas fora do trabalho. É preciso descobrir quais obstáculos estão impedindo que essa motivação seja também dirigida para o trabalho.[1]

10.1.4 Autonomia

Uma das formas de motivar o pessoal de melhor nível é dar autonomia: valorizar a independência dos funcionários, fazendo-se que cada um se sinta dono daquilo, promovendo o *empowerment,* a ampliação horizontal e vertical do trabalho, conforme analisado na Seção 4.2.3, do Capítulo 4.

10.1.5 Procurar proporcionar o que é desejado

O negócio é feito por todos remando na mesma direção. É importante reconhecer que todos gostam de ser bem tratados e de trabalhar em um lugar alegre. Deve-se evitar usar gente de mau humor. Deve-se também evitar excesso de manuais e normas, pois isso criaria o vício de muita justificativa e pouca ação.[2] Para compreender a motivação dos outros é preciso se colocar do seu ponto de vista, mesmo que não se concorde com eles.

---

1 NICHOLSON, Nigel. How to motivate your problem people. In: *Harvard Business Review*, Jan. 2003.

2 JÚLIO, Carlos Alberto. Entrevista concedida por Luiza Helena Inácio Trajano Rodrigues, diretora superintendente do Magazine Luiza, ao *HSM Management*, e publicada no número de novembro-dezembro de 2003. p. 33.

É preciso saber quais são suas necessidades, prioridades, seus desejos e mesmo caprichos. Como cada empregado é motivado por incentivos diferentes, algumas empresas usam o sistema de benefícios chamado *cafeteria plan,* no qual o empregado escolhe alguns benefícios dentre um conjunto que a empresa oferece.

10.1.6 Expectativa elevada

Outra forma de motivar os subordinados é ter alta expectativa em relação a eles. Vimos isso ao estudarmos as teorias X e Y de McGregor (ver Seção 5.2, do Capítulo 5). As pessoas tendem a corresponder ao que se espera delas.

Por fim, é preciso lembrar que motivação não é um ato isolado, mas um processo que requer esforços continuados.

10.2 A remuneração motiva?

10.2.1 O salário é fator higiênico ou motivador?

Como já dissemos, as compensações dadas ao empregado pelo trabalho assalariado são destinadas a satisfazer suas necessidades *fora do local de trabalho.* Os salários não são gastos no trabalho. Entretanto, existe um aspecto do salário altamente motivador e sensível: o reconhecimento do mérito do profissional pela alta administração que decide sobre as remunerações. A remuneração tem, portanto, um valor simbólico que pode ser mais forte que o valor financeiro em si. Esta é a razão pela qual um empregado fica desmotivado ao saber que uma pessoa que ele considera lhe ser profissionalmente inferior tem remuneração superior à sua, mais desmotivado do que se receber um pouco aquém do que deveria, em relação ao mercado de trabalho. Existem, portanto, aspectos subjetivos importantes nos salários, o reconhecimento, a avaliação indireta e o *status* resultante. Esta é também a razão pela qual diferenças insignificantes podem causar problemas muito além do razoável se não existissem aqueles aspectos subjetivos. Também é a razão pela qual os salários costumam ser, ao menos teoricamente, confidenciais. A maioria das pessoas se autoavalia com benevolência; portanto, o que a alta administração da empresa considera o que cada pessoa vale não coincide com o que ela acha que vale e nem com o que ela realmente vale no mercado de trabalho. Há sempre discordâncias em relação aos salários dos empregados, o único consenso é a frase do industrial Enzo Ferrari: "O profissional mais caro da empresa é o incompetente de qualquer cargo ou função".

10.2.2 Produtividade e remuneração

Todos os fatores de produção precisam ser remunerados e o fator trabalho, nos processos judiciais, tem prioridade sobre todos os demais, inclusive o Fisco. Mais importante que esse fato, porém, é a necessidade que tem qualquer organização de obter boa produtividade do seu pessoal. Geralmente, o pessoal operacional precisa ser estimulado para se interessar pelo aumento da produtividade. Uma das formas para isso é repartir os ganhos entre os que contribuíram para obtê-lo. Pessoas de bom nível capazes de atuar como equipe constituem imenso patrimônio para qualquer empresa. Para que isso seja possível, é necessária uma boa administração do sistema de remuneração, instrumento indispensável para atrair e reter bons profissionais e motivá-los a trabalhar em equipe.

10.2.3 A administração salarial

A boa administração salarial deve ter como um dos objetivos a *coerência interna* entre os salários dos empregados da empresa e também a *coerência externa,* entre os salários dos empregados da empresa e os do mercado de trabalho no ambiente em que opera a empresa. Só assim será possível manter uma equipe competente e motivada, com custos adequados. As pessoas querem justiça. O problema consiste em saber como conseguir isso com tantos fatores subjetivos e tanta emoção envolvida. Além disso, os sistemas de pagamento refletem os valores e as práticas da organização.

10.2.3.1 Necessidade de coerência interna

Um aspecto importante da remuneração é derivado da teoria da equidade, que diz que as pessoas fazem questão de justiça nas relações sociais e profissionais. Essa teoria distingue a inequidade negativa – comparação com outra pessoa que ganha mais dando resultados semelhantes – da inequidade positiva – comparação com outra pessoa que ganha menos com resultados semelhantes. Ela estuda ainda a sensibilidade à equidade: a tolerância pelas inequidades positiva e negativa.

Em consequência disso, um dos fatos que mais desmotiva um profissional é considerar-se injustiçado na sua remuneração, pois ela afeta não só o nível material, mas também o bem-estar psicológico das pessoas, por isso é indispensável haver coerência interna entre as remunerações concedidas ao pessoal da mesma empresa. Alguns preferem denominar de equidade interna. Às vezes um empregado fica mais desmotivado ao saber que outro que ele lhe julga inferior recebe mais que ele do que ao saber que está defasado em relação ao mercado.

O estudo de caso da *Harvard Business Review*: *When Salaries Aren't Secret* mostra as dificuldades dos administradores quando os salários deixam de ser secretos.[3] A principal vantagem de uma folha de pagamento não secreta é a obrigação dos administradores de justificarem os valores estabelecidos, mas, em geral essa vantagem é quase sempre menor que as vantagens da confidencialidade. As empresas são diferentes das instituições públicas, em que a necessidade de transparência é necessária.

10.2.3.2 A coerência externa com o mercado

É preciso considerar também que as pessoas desejam justiça na forma como a organização as recompensa pelos frutos que proporcionaram e pela remuneração que poderiam obter de outro empregador.

Por isso, além da coerência interna na remuneração do pessoal, o outro objetivo é a coerência com o mercado, isto é, a coerência externa entre os salários pagos pela empresa e os praticados pelo mercado de trabalho. Se a empresa pagar abaixo do mercado, perderá os melhores profissionais, sua produtividade se tornará tão baixa que o custo e a qualidade dos seus produtos deixarão de ser competitivos. Se pagar muito acima, o custo de produção pode subir a um ponto indesejável, eliminando as margens de lucro mesmo com produtividade alta. A coerência com o mercado é vital para a sobrevivência e o progresso da empresa. Como todos os demais, o mercado de trabalho obedece à lei da oferta e da procura e ele varia segundo a época e a região. Quanto maior for a oferta de empregos, maior será o valor da remuneração e quanto maior o número de pessoas que procuram emprego, menor será esse valor.

Os estudos mais recentes indicam que é preferível pagar um pouco acima que um pouco abaixo do mercado de trabalho, porque o pagamento mais generoso tende a aumentar a produtividade de forma compensadora. Os níveis de remuneração são importantes não só para manter os melhores, mas também para atraí-los.

Para alcançar as duas coerências, é preciso montar e manter atualizado um *Plano de Cargos e Salários*, que esteja sempre em sintonia fina com o mercado.

Não é fácil estabelecer o valor justo para o salário de um executivo de alto nível, especialmente em uma empresa globalizada. A preocupação com a coerência interna e a externa, as diversidades de mercado conforme as regiões em que atua a empresa, a importância do executivo para a empresa, as necessidades de gastos de cada um e as vaidades pessoais tornam esse problema, com excesso de variáveis, difícil de ser resolvido.[4]

---

3 CASE, John. When salaries aren't secret. In: *Harvard Business Review* de maio de 2001. p. 37 ss.

4 FRYER, Bronwyn. In a world of pay. In: *Harvard Business Review*, Nov. 2003. p. 31 ss.

10.2.3.3 Benefícios para dirigentes de alto nível

Para dirigentes de alto nível, são comuns outros benefícios, como participação nos resultados, prêmios pelo desempenho e opções para compra de ações, que consiste em dar ao executivo o direito de optar pela compra de determinada quantidade de ações da empresa a um preço fixo em determinada data futura. Se as ações subirem, ele ganhará na diferença entre o preço de mercado por ocasião da efetivação da compra e o preço contratado inicialmente. Esse benefício e outros similares só são concedidos se o executivo permanece na empresa durante determinado período, por isso são denominados algemas de ouro. Peter Cappelli argumenta que as estratégias tradicionais para reter os melhores empregados na empresa não são adequadas em um ambiente em que as pessoas mudam de emprego com muita facilidade. Mostra que todos acham normal buscar talentos fora da empresa, mas ninguém gosta de ver seus melhores talentos largarem a empresa por outra. Diz que os programas de compensação, inclusive as algemas de ouro, podem ser quase sempre replicados pelos competidores e nem sempre dão o efeito esperado. Para a retenção dos melhores, o autor recomenda: (a) descrever a função de forma customizada para seu ocupante; (b) criar laços de amizade e relações sociais entre os funcionários da empresa; (c) localizar a empresa em local atraente para a mão de obra desejada; (d) na ocasião do recrutamento e seleção, procurar admitir pessoas que não sejam exageradamente difíceis de reter na empresa.[5]

Os benefícios, se bem comunicados, são úteis como um atrativo no momento da contratação de um novo funcionário e também para reter bons profissionais. No entanto, seria um engano imaginar que eles causam grande motivação, pois, na maioria dos casos, são fatores higiênicos dentro da concepção de Herzberg. Os benefícios aumentam, porém, a produtividade, na medida em que contribuem para atrair pessoas de melhor nível e para retê-las na empresa, reduzindo a rotatividade e, consequentemente, a perda do investimento feito nos profissionais e a experiência do pessoal nos assuntos da empresa. É preciso considerar, porém, que o corte de um benefício produz uma insatisfação muito maior que a satisfação proporcionada no momento da concessão. Cortar um benefício pode ser altamente prejudicial à empresa. Além disso, uma vez concedidos, os benefícios tendem a ser considerados quase como um direito e a motivação causada pela sua concessão não costuma durar muito tempo. Por essa razão, antes de conceder um benefício, a empresa deve examinar se terá condições de mantê-lo por longo período.

---

5 CAPPELLI, Peter. *A market-driven approach to retaining talent in Harvard Business Review*, de Jan-Feb. 2000. p. 103 ss.

Os benefícios são também necessários para manter os empregados satisfeitos com a organização. Para isso, é preciso haver uma boa comunicação sobre as vantagens de cada benefício. Segundo Maquiavel, as pessoas devem ser agradadas ou liquidadas, porque se vingam das ofensas leves, das graves não podem fazê-lo. Assim, a ofensa feita a uma pessoa deve ser de tal modo que não se tema vingança.[6] Portanto, enquanto são mantidas na organização, as pessoas precisam ser agradadas e os benefícios são úteis para isso.

Os benefícios que uma organização pode conceder a seus participantes são inúmeros: licença remunerada em caso de doença, invalidez ou luto, seguro de vida em grupo, seguro-saúde ou assistência médico-hospitalar e odontológica, ambulatório na empresa, *check-up* anual, assistência farmacêutica, refeições subsidiadas, cesta básica, bolsas de estudo, auxílio-moradia ou aluguel de casa, empréstimos a juros subsidiados ou sem juros, complementação de aposentadoria, assistência jurídica, prêmios por sugestões, estacionamento, agência bancária no local de trabalho, auxílio-funeral, creches para os filhos, locais esportivos ou de lazer para uso nos intervalos de trabalho ou no fim do expediente, atividades culturais e recreativas, programas de terapia extensivos à família, venda de produtos e serviços da empresa a preço de custo, reconhecimento público pelo desempenho, cessão de carro da empresa para uso pessoal, auxílio para despesas com automóvel, auxílio para educação própria ou dos filhos, flexibilidade no horário de trabalho, planos para compras de ações da empresa.

Nenhuma organização concede todos esses benefícios, pois o custo seria exageradamente elevado. Considerando que o que motiva alguns não motiva outros, há organizações que oferecem opções aos funcionários, que podem escolher algumas vantagens, mas não todas. Isso permite adaptar os benefícios, dentro de limites, às prioridades e desejos de cada um, concedendo aos empregados aquilo que eles realmente valorizam e consideram prioritário. Quando isso ocorre, a organização oferece alguns benefícios fixos e alguns opcionais dentro de determinado limite de custo. Isso recebeu o apelido de plano cafeteria, termo usado oficialmente nos Estados Unidos e informalmente no Brasil. A cultura da organização e a competitividade do mercado de trabalho determinam, em grande parte, os benefícios a serem oferecidos.

Sobre as punições e recompensas

As perversidades devem ser feitas todas de uma vez, porque, durando pouco, ofendem menos; os benefícios devem ser concedidos aos poucos, para serem saboreados melhor.

Machiavelli in Il Principe [7]

---

[6] MACHIAVELLI, N. *Il principe*. Roma: Tascabili Economici Newton, 1995. p. 26.

[7] MACHIAVELLI, N., 1995. p. 44.

10.3 A administração por objetivos como forma de motivação

A remuneração pelos resultados procura remunerar as pessoas em função de padrões, metas e objetivos a serem atingidos. Esse sistema de remuneração deve vir acoplado à administração por objetivos, pois as metas e resultados desejados devem ser consistentes entre si e com a estratégia da empresa. O ponto de partida, portanto, é o estabelecimento dos padrões, metas e objetivos. Os objetivos de cada unidade devem ser compatíveis entre si e de acordo com os objetivos da empresa, em um processo de determinação de metas em "cascata", de modo que cada unidade deve ter metas compatíveis com as da unidade maior na qual está inserida. A administração por objetivos concentra a atenção e os esforços nos resultados que devem ser alcançados. A ausência de objetivos claros e desafiadores é uma forte ameaça à motivação.

Existem muitas formas de remuneração. A mais usada é a remuneração funcional, mas, no passado recente, tem-se verificado que um sistema de remuneração que vincule o pagamento do pessoal aos objetivos estratégicos da empresa, denominado remuneração estratégica, costuma ser mais eficaz para os resultados da empresa e para a motivação do pessoal.

Uma das razões para o uso da administração por objetivos é a tendência da maioria das pessoas de se preocupar mais com a eficiência que com a eficácia. Eficiência é fazer bem-feito o que está sendo feito, mas sem a preocupação de se saber se o que está sendo feito é o que realmente deveria ser feito. A eficácia é fazer o que deve ser feito, isto é, fazer a coisa certa. A administração por objetivos obriga a se pensar mais na eficácia.

A administração por objetivos é um conjunto de procedimentos pelos quais a administração superior e as gerências identificam as metas de cada unidade, definem a quem cabe a responsabilidade para atingir essas metas e estabelecem os compromissos que cada um deve assumir para conseguir alcançá-las. Cada pessoa na organização fica comprometida com um resultado definido a ser alcançado em determinado prazo. O objetivo é, quase sempre, um fator de motivação para as pessoas de bom nível. De acordo com a definição acima, o termo mais correto seria administração por metas, também muito utilizado.

Para isso, precisamos:

1. **Estabelecer as metas da organização como um todo.** Na maioria dos casos essas metas globais são estratégicas.

2. **Estabelecer um conjunto de objetivos/metas coerentes para cada órgão/pessoa na organização**. As metas dos órgãos menores interagem coerentemente na direção das metas dos órgãos maiores aos quais se subordinam de modo que a consecução das metas das grandes áreas da organização leva à consecução das metas da organização. O ponto de partida é, portanto, a definição de uma hierarquia de metas, que começa com a aprovação das metas para a organização como um todo e termina no estabelecimento de metas individuais, passando pelo estabelecimento das metas de cada órgão. Todas as metas devem ser claras, concisas e precisas, e devem prever um prazo para sua consecução.
3. **Atribuição das responsabilidades para atingir essas metas**. Normalmente, o chefe de cada órgão é o responsável pelas metas do seu órgão. A formalização dessa atribuição é feita, em algumas empresas, por meio de um contrato de desempenho ou de resultados, que é um acordo entre o chefe e o subordinado sobre os resultados que este deve apresentar no prazo previsto. O contrato deve ser um documento escrito, estabelecendo com nitidez os resultados esperados e precisa ser aceito por ambas as partes, podendo haver uma negociação para se chegar a um acordo. O pessoal disponível precisa ser suficientemente competente para alcançar as metas e os chefes de cada unidade devem procurar a colaboração da sua equipe para atingir os resultados previstos.
4. **Definição de padrões de desempenho** que permitam verificar se as metas estão ou não sendo cumpridas.
5. **Avaliação do desempenho**: medição dos resultados e realização de entrevistas entre os chefes e seus subordinados para verificação do desempenho, *feedback* ao subordinado, análise das causas dos bons ou maus resultados e, se for o caso, tomadas de medidas corretivas. Como dissemos, a medição dos resultados é feita *pari passu* ao longo do período e não apenas no final. Portanto, o processo de avaliação e o *feedback* podem se tornar uma rotina, facilitando as entrevistas com essa finalidade.
6. **Contribuições para o planejamento do novo ciclo**: recomendações sobre o que deve ser feito no próximo ciclo de metas.

Esse ciclo está representado na Figura 10.1.

Figura 10.1 • Ciclo da administração por metas

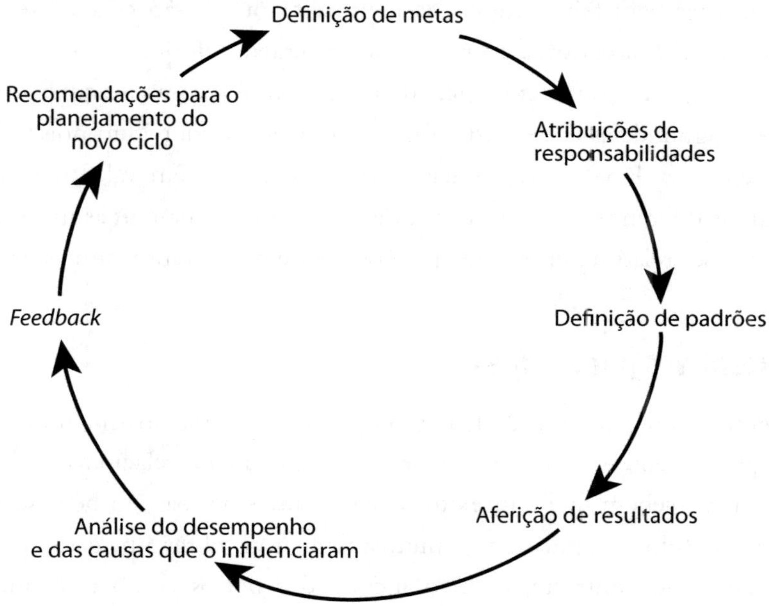

10.4 Tipos de prêmios pelos resultados

10.4.1 Premiação individual pelos resultados

Os prêmios podem ser individuais, ou por grupos de pessoas, ou unidades da empresa, ou ainda a participação nos lucros, que tem como base os resultados globais da empresa.

Os prêmios individuais têm sido objeto de controvérsias, por estimularem a competição interna e, principalmente, por desestimularem a colaboração entre as pessoas e as unidades. Edwards Deming, "pai" da qualidade total, era contra os prêmios individuais, alegando que tais incentivos dificultam a formação de equipes e desestimulam as inovações. Além disso, argumentava ele, tais sistemas baseiam-se na premissa falsa de que as pessoas têm completo controle sobre as variáveis que influenciam seus resultados.[8] Eles podem gerar competições exageradas entre as pessoas e focar demais no curto prazo, além de não contribuir para estimular o pessoal para os resultados globais da empresa. O jeito

[8] CASCIO, Wayne F. *Managing human resources*: productivity, quality of work life, profits. 5. ed. Nova Youk: McGraw-Hill, 1998.

mais simples de entender por que a competição, em geral, não promove a excelência é perceber que fazer bem-feito e tentar sobrepujar os outros são coisas diferentes. Uma consiste em realizar o superior; a outra em tornar alguém inferior.[9]

Além disso, mesmo com a existência de metas, existe alguma dificuldade para medir os resultados e alguns deles podem estar fora do controle do indivíduo, pois tudo depende de tudo na empresa. Finalmente, muitas vezes, os prêmios têm valor mais psicológico que material. As diferenças de remuneração entre os que superaram as metas e os que as atingiram pode ser relativamente pequena e isso pode não justificar um esforço especial.

10.4.2 Incentivos por equipes

Os incentivos por equipes tendem a proporcionar resultados melhores que os individuais, especialmente quando as funções são intimamente relacionadas. Ao cooperarem, as pessoas percebem que têm êxito quando outras pessoas são bem-sucedidas; isso as orienta no sentido de ajudarem-se mutuamente para obter um desempenho eficaz. Os competidores, ao contrário, veem o sucesso dos outros como uma ameaça e um fator de frustração.[10]

10.4.3 Participação nos lucros

No caso da participação nos lucros, o ponto de partida é determinar o que se entende por lucro: receita operacional líquida, lucro operacional líquido ou lucro tributável ou lucro depois do imposto de renda. Pode ser ainda o lucro antes ou depois do imposto que exceder determinado valor preestabelecido. Os critérios contábeis, ao menos em linhas gerais, também devem ser definidos. É preciso decidir também o percentual sobre o lucro a ser distribuído aos empregados. Seguem-se as parcelas a serem distribuídas a cada nível hierárquico e as metas a serem alcançadas pelos grupos e pelas pessoas. Os grupos e as pessoas devem alcançar resultados contratados com a empresa para fazer jus a valores maiores de remuneração. O desempenho passa a ser um elemento importante na remuneração, que não fica atrelada exclusivamente ao cargo. A remuneração passa a ser variável, com todas as vantagens e desvantagens daí advindas. As principais vantagens são a maior cons-

---

[9] KOUZES, James M; POSNER, Barry Z. *O desafio da liderança*. 6. ed. Rio de Janeiro: Campus, 1997. p. 162.

[10] JOSVOLD, D. apud KOUZES, James M.; POSNER, Barry Z., 1997. p. 163.

ciência do pessoal para os resultados e a convergência entre o sistema de remuneração e a estratégia da empresa. Isso aumenta a identificação do pessoal com a empresa e a transformação de custos fixos em custos variáveis, permitindo uma redução nas despesas nos momentos difíceis sem apelar para demissões. Além disso, uma vez definidos os critérios para se determinar o que se entende por lucro e sua forma de distribuição, sua aplicação não é complicada, os valores são obtidos diretamente da contabilidade da empresa e da estrutura organizacional, tornando sua aplicação relativamente simples. Por último, todas as pessoas da empresa passam de certa forma a "sócios" da empresa, aumentando a motivação pela obtenção de resultados e estimulando a compreensão por todos do negócio da empresa. Trata-se, portanto, não só de um incentivo, mas de uma forma diferente de administrar.

10.4.4 Participação acionária

Uma variante desse sistema de remuneração é a participação acionária, que pode ser por meio de distribuição de ações mediante a compra com desconto ou por meio de opções de compra. Nesse último caso, a empresa concede a um grupo de pessoas, geralmente de alto nível, a possibilidade de comprar ações da empresa a um preço prefixado, efetivando a compra em data futura, que pode ser de vários anos, em geral entre dois e dez anos. O objetivo é procurar fazer coincidir os interesses dos executivos com os dos acionistas. O sistema dá resultados melhores quando a cotação das ações da empresa está subindo. Quando está caindo, o incentivo praticamente desaparece. Algumas empresas estendem o sistema a um grupo grande de funcionários, de modo a não caracterizar a medida como uma separação do pessoal de topo dos demais. Esse sistema, que é muito utilizado nos Estados Unidos, acabou provocando fraudes nos sistemas contábeis de algumas empresas com a finalidade de inflacionar os lucros e, dessa forma, aumentar os ganhos dos executivos por meio da opção de compra de ações. No entanto, transformar o pessoal que trabalha na empresa em acionistas traz, em geral, grandes vantagens em termos de resultados. *A experiência mostra que a distribuição de ações pelos empregados, quase sempre por meio de opções de compra, é uma característica comum de empresas com resultados altamente positivos.* Essa medida diminui a dicotomia capital *versus* trabalho e proporciona forte incentivo para o aumento da produtividade. No entanto, ela não deve ser adotada de forma isolada, mas como parte de uma filosofia de administração dos recursos humanos que valoriza a participação. A propriedade de ações muda comportamentos.

10.4.5 Cuidados com a remuneração variável

É preciso certo cuidado com a remuneração variável, porque ela tem de ser de fato variável e não incorporada ao salário. É preciso que isso esteja bem determinado e aceito por todos para não gerar problemas legais. Além disso, algumas pessoas tendem a gastar "por conta" da parcela variável que pode não se concretizar. Isso pode ser perigoso e é preciso, em alguns casos, "educar" as pessoas para gerirem suas finanças. Apesar disso, a tendência atual tem sido no sentido de aumentar o número de empresas que adotam o sistema de remuneração variável, considerando que, se bem administrado, esse sistema proporciona benefícios maiores que os ônus que acarreta.

10.5 O treinamento como instrumento de motivação

10.5.1 Treinar motiva bons empregados e proporciona retorno à organização

Uma das formas de motivar os melhores é proporcionando treinamento. O treinamento tem a vantagem de criar um vínculo mais forte com a organização. Alguns jovens promissores dão prioridade ao trabalho em organizações que proporcionam treinamento e ficam motivados por isso.

As organizações precisam dispor de pessoas competentes e motivadas para produzir. As empresas não podem escolher se treinam ou não seus empregados, porque as pessoas são admitidas com qualificações genéricas e toda empresa tem suas peculiaridades. Sendo os recursos humanos os mais importantes em qualquer organização, a capacitação e a motivação da equipe são indispensáveis para que o trabalho seja executado com eficiência e eficácia.

Treinamento não é algo que se faça uma vez para novos empregados: é usado continuamente nas organizações bem administradas. Preferimos definir treinamento como qualquer atividade que contribua para tornar uma pessoa apta a exercer sua função ou atividade, a fim de aumentar sua capacidade para exercer melhor essas funções ou atividades ou para prepará-la para exercer de forma eficiente novas funções ou atividades. Essa definição é mais abrangente que a que define treinamento como um processo sistemático de aperfeiçoamento das capacidades e das competências das pessoas. Cada vez que você mostra a uma pessoa como ela deve fazer o trabalho, dá uma orientação, ou discute um procedimento, você está treinando.[11]

---

[11] DOOLEY, C. R. *Training within industry in the United States* in *International Labour Review*, v. 54 n. 3-4, p. 161, September-October 1946; apud PIGORS & MYERS, op. cit., p. 49.

A principal razão pela qual as empresas treinam é para proporcionar ao empregado novas habilitações ou melhorar as que ele já possui. Ele deve, portanto, produzir mais e melhor para a empresa, proporcionando um retorno ao investimento que a empresa fez em treinamento.

Além disso, os seguintes fatores são importantes:

a) toda empresa tem suas peculiaridades e especificidades, que o empregado desconhece ao ser admitido; os empregados são selecionados com base em suas qualificações gerais, e as empresas, muitas vezes, têm técnicas, políticas, normas e planos específicos, que precisam ser ensinados;
b) novas funções surgem e outras desaparecem: o conhecimento humano evolui, obrigando as pessoas a se atualizar e a adotar a prática de um aprendizado contínuo. Por exemplo, no passado recente foi necessário que a maioria dos profissionais antigos aprendesse a usar microcomputadores;
c) os bons profissionais gostam de aprender e evoluir. Uma empresa que não treina não agrada aos bons profissionais;
d) o treinamento é um benefício que pode contribuir par atrair e reter bons profissionais;
e) o treinamento proporciona um ambiente desafiador e motivador para os bons profissionais;
f) as exigências do mercado de trabalho avançam velozmente, enquanto as pessoas continuam sendo preparadas pelas instituições de educação e de preparação de mão de obra com deficiências em relação àquelas exigências;
g) em uma época em que tudo muda com grande velocidade, as pessoas desejam ser treinadas e as melhores podem chegar a ponto de considerar que o risco de permanecer em uma empresa que não treina é maior que o risco de sair; o treinamento contribui, assim, para reduzir a rotatividade do pessoal;
h) Quem trabalha em uma empresa ganha não só a remuneração, mas também aprendizagem e contatos profissionais. A prioridade que a empresa dá ao treinamento sinaliza para seu pessoal a importância atribuída às pessoas.

As empresas não têm escolha entre treinar ou não treinar. Elas são obrigadas a fazê-lo, e o fazem pelo menos no próprio trabalho por meio das orientações da chefia. Cada novo empregado, independentemente de seu treinamento prévio, formação ou experiência, precisa ser ensinado a executar algumas tarefas específicas. Além disso, novas ocasiões para treinamento estão sempre surgindo: quando um empregado é transferido ou promovido, quando o trabalho muda e novas habilidades ou conhecimentos precisam ser aprendidos em função de mudanças na instituição ou de avanços no conhecimento humano ou na tecnologia.[12] Muitas profissões desaparecem e outras surgem e o administrador precisa estar preparado para enfrentar no futuro algumas situações que seriam hoje inimagináveis. O conhecimento de idiomas estrangeiros, especialmente o inglês, de informática e das novas tecnologias que surgem a cada momento são fundamentais para que o profissional possa produzir com eficiência e eficácia.

Por fim, não podemos nos esquecer de que os treinandos tendem a corresponder ao que se espera deles, da mesma forma que os subordinados têm a tendência de corresponder ao tratamento dispensado pela chefia. Isso é o que se denomina efeito Pigmaleão que diz que quanto maior for a expectativa do responsável pelo treinamento, maior será o desempenho e o aprendizado dos treinandos. Trata-se de um caso particular da profecia autorrealizadora, que é uma teoria segundo a qual certas previsões acabam se realizando porque as pessoas acreditam nelas, agindo e investindo recursos para a sua concretização, de modo a aumentar a probabilidade de que elas se realizem. O chefe deve, portanto, reconhecer que cada um tenha condições de melhorar seu desempenho e de estabelecer metas elevadas, mas factíveis. Deve elogiar os trabalhos bem-feitos, ajudar os subordinados a aperfeiçoar suas habilidades, proporcionar *feedback* construtivo e encorajar os subordinados a assimilar as habilidades necessárias para suas atividades.

10.5.2 Tipos de treinamento quanto à forma de execução

10.5.2.1 Treinamento no trabalho

Também conhecido como *on-the-job*, o treinamento no trabalho é aquele que ocorre no dia a dia. As principais formas de treinamento no trabalho são: orientação da chefia; estabelecimento de metas e avaliações; rotação de funções (*job rotation*); substituições temporárias; orientação por meio de mentores e incumbências especiais.

10.5.2.2 Orientação da chefia

A orientação da chefia é a principal forma de treinamento no trabalho. Cada vez que o chefe orienta o subordinado ele está treinando. A forma como um chefe "educa" o subordinado definirá o nível de qualidade desse tipo de treinamento. *O próprio exemplo do chefe pode ser a melhor forma de treinamento no trabalho.* O chefe deve ser um educador do seu

[12] PIGORS, P.; MYERS, C. op. cit., p. 377.

grupo, tanto no plano técnico como no moral.[13] O administrador que procura resolver tudo sozinho não consegue formar e desenvolver a equipe e acaba não dando conta de tudo o que lhe cabe: está sempre assoberbado de trabalho e acaba impaciente com a falta de preparo dos seus subordinados. Como é impossível fazer tudo sozinho, o chefe deve trazer para si apenas os assuntos que envolvam maiores riscos e impactos sobre a economia ou a imagem da instituição, ou que afetem grande número de áreas (ver Seção 1.17 do Capítulo 1).

10.5.2.3 Rotação de funções

A rotação de funções *(job rotation)* é uma das técnicas mais usadas nas grandes empresas para treinar e motivar seu pessoal e para prepará-lo para novas posições. Novas funções sempre representam oportunidades de novos aprendizados, mas existem limitações a essa rotação, pois ela deve manter as pessoas em posições compatíveis com a sua formação básica. Em alguns casos, a rotação é feita com a intenção de preparar o pessoal para novas funções, de acordo com um planejamento de recursos humanos. Em outros, com o propósito de proporcionar novos conhecimentos sem objetivo predeterminado. A rotação de funções traz pequenos inconvenientes, pois os novos ocupantes não terão um conhecimento tão completo das novas funções quanto os que já as ocupavam há algum tempo. Por outro lado, os antigos ocupantes poderão ter vícios e podem estar acomodados. Diz o velho ditado: "vassoura nova varre melhor". A principal vantagem da rotação de funções é aumentar a visão global ou sistêmica do pessoal da empresa. Além disso, a empresa não fica dependendo de poucas pessoas para a realização de determinados trabalhos. Por outro lado, se as pessoas ficarem muito pouco tempo em cada função, não terão condições de assimilar e implantar tudo o que deveriam e nem de desenvolver os subordinados da forma adequada.

10.5.2.4 Substituições temporárias

A substituição temporária é usada também como forma de treinamento, motivação e avaliação. Por exemplo, quando o chefe de uma unidade sai de férias, pode ser substituído por um subordinado que será assim treinado e avaliado na função. Outro tipo de substituição de chefia é por ocasião de ausências por viagens ou doenças. Algumas empresas preferem fazer a substituição pelo chefe do chefe, que poderá conhecer melhor os subordinados daquele que se ausenta, mas se perde uma boa oportunidade de treinamento e avaliação.

---

[13] PROVOST, Charles. *La sélections des cadres*. Paris: Presses Universitaires Françaises, 1949. p. 33.

10.5.2.5 Incumbências especiais

Algumas pessoas são treinadas e motivadas por meio de incumbências especiais: participação em comitês e grupos de trabalho; acompanhamento de pessoas mais experientes da empresa em viagens de negociação; estudos e trabalhos de planejamento; acompanhamento de novos projetos; e muitas outras atividades que se constituem em fontes de aprendizado. Os comitês e grupos de trabalho são excelentes mecanismos para treinar, motivar e avaliar os novos membros de uma empresa, especialmente se eles funcionarem nos moldes de uma verdadeira equipe. Entre as incumbências especiais encontram-se também as viagens de treinamento, no país ou no exterior, com a finalidade de observar os trabalhos em outras empresas ou em outros locais da mesma empresa. Quase sempre, é exigido um relatório com as observações e recomendações.

Existem ainda funções especiais de treinamento, em que uma pessoa é designada para trabalhar com um executivo de alto nível para, além de ajudá-lo, aprender com ele tudo o que for possível nas condições de trabalho. Isso é útil também para a empresa, que não fica dependente de poucas pessoas.

10.5.2.6 Orientação por meio de mentores

A maioria das empresas japonesas e algumas norte-americanas usam o treinamento por meio de mentores. Mentores são administradores de alto nível e experientes, com muito tempo na empresa, que orientam e ajudam pessoas jovens de alto potencial nas práticas administrativas, procurando assegurar que elas tenham condições adequadas para atingir posições de relevo em médio e longo prazos. Eles ensinam a cultura da empresa, sua história, sua estratégia, quem é quem na administração superior, o que a empresa valoriza e tudo o que um executivo de alto nível precisa conhecer para ser bem-sucedido. Um bom mentor atua como um educador e procura criar oportunidades para seu "protegido" mostrar suas habilidades. Os programas formais de orientação com mentor requerem apoio da cúpula da empresa e escolha cuidadosa dos mentores e orientandos.[14] Tem sido moda proporcionar mentores para jovens executivos promissores, pois os jovens, nos seus primeiros anos profissionais, são supervisionados pelas chefias de primeiro nível, em geral, os menos experientes e eficientes para proporcionar uma boa orientação a quem está se iniciando na vida profissional. Existem também mentores informais, que, geralmente, proporcionam resultados ainda melhores do que os que são formalmente designados para exercer essa responsabilidade.

---

[14] MILKOVICH, George; BOUDREAU, John. *Administração de recursos humanos*. São Paulo: Atlas, 2000.

Existem, porém, riscos e armadilhas nessa prática. Steven Berglas mostra esses riscos. Os mentores ou orientadores que não tiverem um forte treinamento em psicologia poderão fazer mais mal que bem. Podem simplesmente ignorar profundos problemas psicológicos e não compreendem como podem tornar uma situação ruim em uma pior ainda. Ele dá algumas sugestões para a escolha e a forma de agir dos mentores.[15]

Os mentores devem ser executivos maduros e com bom conhecimento da empresa. Eles podem ajudar a reduzir possíveis ilusões que os jovens tenham em relação à empresa, diminuir a tensão geralmente presente nos recém-admitidos e aumentar as possibilidades de sobrevivência e de êxito na organização. Podem também contribuir para incutir nos jovens o desejo de atingir níveis elevados, compatíveis com suas habilitações e seu potencial.

10.5.2.7 Treinamento formal interno

O treinamento programado e executado pela empresa exclusivamente para seus executivos e empregados, mas realizado fora do ambiente de trabalho, é denominado treinamento formal interno. São cursos, palestras e seminários de capacitação, de aperfeiçoamento, de desenvolvimento pessoal, para melhorar o desempenho das pessoas na função que exercem ou para prepará-las para novas funções.

O curso pode ser ministrado por pessoas da própria empresa ou pessoas contratadas pela empresa com essa finalidade. A organização e a administração do curso cabem à empresa. O local do evento pode ser na própria empresa, na sede da empresa contratada para ministrar o treinamento ou em hotel que tenha acomodações para esse tipo de treinamento.

A vantagem desse tipo de treinamento sobre o externo é que pode ser projetado para atender especificamente às necessidades da empresa. O programa é desenhado sob medida para os tópicos que a empresa considera serem suas prioridades. A empresa escolhe quem vai falar para os seus funcionários e verifica se não há nada que contrarie sua cultura. Além disso, costuma atingir um número maior de participantes, reduzindo o risco de perda do investimento pela saída do pessoal treinado. O custo *per capita* é mais baixo. Esse tipo de treinamento costuma ser usado quando há um número significativo de pessoas a serem treinadas.

10.5.2.8 Treinamento formal externo

O treinamento, aberto ao público, programado e executado por universidades e demais instituições de educação, de treinamento empresarial e de formação de mão de obra

---

15 BERGLAS, Steven. The very real dangers of executive coaching. In: *Harvard Business Review*, June 2002. p. 87 ss.

especializada é conhecido como treinamento formal externo. São destinados a aperfeiçoar e desenvolver pessoas em novas habilitações ou para proporcionar conhecimentos generalistas de administração, economia ou outros assuntos de interesse geral para as empresas. É um tipo de treinamento vantajoso para empresas que não precisam treinar muitas pessoas. Muitas instituições de ensino superior criam programas de MBA que são oferecidos às empresas, especialmente as de grande porte.

Uma vantagem desse tipo de treinamento é o contato que os treinandos têm com colegas de outras empresas, garantindo maior diversidade e riqueza de experiências e conhecimentos. Os participantes desses programas podem criar uma rede de contatos que pode, eventualmente, beneficiar a empresa. Por outro lado, eles ficam sendo conhecidos por colegas de outras instituições e podem vir a ser recrutados para trabalhar nelas. Esse risco não deve ser temido por empresas que priorizam seus recursos humanos.

Tanto no treinamento formal interno como no externo podem ser usados *jogos de empresas*, que simulam a realidade, em que grupos de treinandos devem competir com outros grupos em situações próximas das que ocorrem na vida real, mediante regras previamente estabelecidas. Podem ser usados *estudos de casos*, com a descrição de uma situação verdadeira ou verossímil, que obrigam a um diagnóstico e a uma solução para a situação descrita. Geralmente o treinando começa o estudo com uma análise individual, que depois é ampliada para debates em grupos. Nesses casos, geralmente fica claro que não existem soluções perfeitas e que as melhores alternativas dependem, algumas vezes, de informações sobre a disponibilidade de recursos, que podem ou não existir. Além disso, é comum os treinandos escolherem soluções influenciados pelas suas experiências, seus valores e suas necessidades.

Recursos comuns nesses tipos de treinamento são os videoteipes, DVDs acoplados a televisão, transparências para retroprojetores, *slides*, computador com *data show* e outros. O *flip chart* tem se tornado antiquado com a avalanche de novos recursos técnicos. A tendência é no sentido de aumentar o uso de computadores com *data show* e de DVDs acoplados a televisão.

10.5.2.9 Treinamento a distância

No passado, treinamento a distância era sinônimo de treinamento por correspondência, que se tornou obsoleto com o desenvolvimento da tecnologia da informação. Atualmente, o uso do computador está tornando cada vez mais comum o treinamento a distância com o uso de videoconferências, da intranet e da internet, apoiado por textos que são distribuídos a todos os participantes antes do início do programa. As distâncias praticamente desapareceram com esse tipo de recurso. Como os *chat rooms* e as videoconferências são instantâneos e interativos, o custo diminuiu e a eficiência aumentou. O treinamento com uso da tecnologia da informação tem aumentado consideravelmente. Muitas empresas e instituições de ensino superior estão usando seus sites para criar portais de treinamento, para seus funcionários e para seus clientes e fornecedores. A possibilidade de treinar sem a presença física dos treinandos ampliou enormemente as oportunidades de treinar pessoas que, de outra forma, não teriam como participar do programa. Cada um escolhe seu dia e seu horário.

Podem ser acrescentados: bibliografia para leitura e comentários; instrução programada, com ou sem o uso de computador; circuitos fechados de televisão entre diversas técnicas utilizadas.

10.5.3 Tipos de treinamento quanto ao público-alvo

10.5.3.1 Integração de novos empregados

A integração consiste em informar ao novo empregado os objetivos, políticas, estratégias, produtos, benefícios, normas, práticas, horários de trabalho da empresa, bem como quem é quem na empresa, como funcionam os serviços de apoio, o que é permitido e o que não é, que atitudes e comportamentos se esperam dele, entre outras informações. Esse treinamento tem também a finalidade de dar boas-vindas aos novos membros da organização e deve fazer que eles se sintam bem-vindos. Além disso, deve dar informações corriqueiras, como o uso do estacionamento, restaurante, cafeterias, uniformes ou roupas aceitas e outras. O programa de *trainees* pode ser considerado também como uma forma de integração.

A integração faz os recém-contratados se sentirem parte da equipe da empresa.

Algumas empresas denominam esses programas de orientação dos novos funcionários.

Esses programas quase sempre são acompanhados de manuais sobre a empresa especialmente preparados para integrar os admitidos.

É interessante citar as palavras de Carlos Ghosn sobre a integração de novos empregados na Michelin. A empresa utiliza um sistema muito particular e bastante eficaz para integrar os recém-formados. Ele se chama estágio dos Recursos Humanos. Todos os novos empregados participam dele por três meses. Eles partilham a mesma vida, os mesmos locais. São orientados por monitores e, durante esses três meses, assistem a conferências sobre diferentes temas, dadas pelos principais dirigentes da empresa: produção, comércio, finanças, vendas, internacional etc. Trata-se de permitir que conheçam melhor a empresa e seus principais dirigentes, seus principais atores. Cria-se uma solidariedade entre os recém-chegados que entram em uma empresa, e todos partilham das mesmas experiências, brincadeiras, problemas e dificuldades. Estabelecem-se laços, que vão, em seguida, se dispersar na empresa, e que contribuem para criar uma espécie de rede. É um processo muito voltado para o longo prazo, já que as relações estabelecidas nesse programa acompanham o treinando durante toda a carreira.[16]

10.5.3.2 Formação de *trainees*

Esse tipo de programa destina-se, em geral, ao pessoal jovem, quase sempre de nível superior, com pouco tempo de empresa. A finalidade dos programas de *trainees* é preparar esse pessoal para assumir posições de responsabilidade na organização. Além de um programa de integração completo e detalhado, abrange, frequentemente, uma formação técnica nos aspectos de maior interesse da empresa. O programa pode levar desde poucas semanas até muitos meses.

10.5.3.3 Capacitação técnico-profissional

Destina-se a melhorar o desempenho de profissionais nas funções que já exercem, ou a capacitá-los para outras funções, em geral, de maior dificuldade. Esse tipo de programa não se destina à formação de executivos para exercer funções gerenciais de alto nível, mas ao aperfeiçoamento de profissionais em assuntos técnicos.

10.5.3.4 Estágios

Estagiários são alunos de instituições de ensino superior ou de formação de mão de obra técnica reconhecidas oficialmente pelo governo. Não têm vínculo empregatício e, portanto, não são empregados. Muitas empresas usam estagiários como forma de avaliar e treinar jovens presumivelmente com potencial.

10.5.3.5 Desenvolvimento de executivos

É um programa destinado a formar os futuros administradores de alto nível da empresa, e que, muitas vezes, fica sob a responsabilidade de executivos de alto gabarito que

[16] GHOSN, Carlos; RIÈS, Philippe. *Cidadão do mundo*. São Paulo: Editora Girafa, 2003. p. 62.

não cuidam dos demais programas de treinamento. O público-alvo são executivos jovens de alto potencial que parecem ter condições de assumir posições de alta responsabilidade.

Pouquíssimas empresas têm um programa ostensivo para um grupo de pessoas selecionadas. A maioria, preocupada com a desmotivação dos que não estariam incluídos nesse grupo, prefere ter o programa pouco estruturado, mantendo em caráter confidencial os que são considerados de alto potencial, e convidando outras pessoas para participar de partes do programa, de modo a não caracterizar de forma ostensiva os que estão sendo preparados para as posições de alto nível.

Os participantes desse programa devem ter um tipo de acompanhamento especial, com avaliações periódicas para subsidiar decisões a respeito do seu posicionamento, inclusive sobre a continuidade da sua participação nesse grupo considerado de alto potencial. É importante que esse grupo não seja um grupo fixo e imutável, mas permita a inclusão e exclusão de executivos, periodicamente, em função do seu desempenho, das suas qualificações, das suas motivações e do seu comprometimento com a empresa.

O papel das chefias e de outros executivos experientes no preparo desse pessoal de alto potencial não pode ser menosprezado. O êxito do desenvolvimento de executivos em uma empresa é resultado, em grande parte, da atuação e da capacidade dos seus gerentes no seu papel de educadores. Cada superior assume esse papel quando procura orientar e facilitar os esforços dos seus subordinados para se desenvolverem.[17]

Não pode ser menosprezada também a influência da qualidade da administração da empresa no preparo dos seus futuros administradores. Os administradores aprendem muito com as ações e decisões da alta administração das empresas, ou seja, com o seu exemplo.

Por fim, é preciso considerar a forma como os superiores tratam os inferiores e "o clima" no qual os novos executivos se desenvolvem. Se os programas de desenvolvimento de executivos não estiverem em sintonia com a administração que é praticada na empresa, eles não serão levados a sério e podem provocar frustração e a saída das melhores pessoas da empresa.

O desenvolvimento de lideranças deve ser uma das prioridades da empresa, mas nem todos veem dessa forma. Além disso, é preciso que o desenvolvimento de lideranças esteja coerente com o plano estratégico da empresa. Tentar "vender" um plano de RH sem enquadrá-lo no plano estratégico da empresa é muito difícil, ainda mais que é quase impossível estimar com precisão o retorno sobre esse investimento.[18]

---

[17] RIEGEL, J.W. *Executive development: a survey in fifty american corporations,* Ann Arbor, Michigan: The University of Michigan Press, 1952; apud Pigors & Myers, op. cit., p. 49.

[18] KESNER, Idalene F. Leadership development: perk or priority? In: *Harvard Business Review,* May 2003. p. 29 ss.

A formação de uma equipe de alto gabarito, atuando de forma motivada e integrada, é um investimento que costuma dar resultados excelentes para a empresa. É preciso, porém, ter em mente que se trata de um investimento de médio e longo prazos, embora alguns frutos de curto prazo possam ser esperados.

10.6 A avaliação motiva?

10.6.1 Vale à pena avaliar?

Uma avaliação justa com um *feedback* dado de forma hábil pode motivar. Por outro lado, uma avaliação injusta desmotiva sempre, tanto quanto uma avaliação justa cujo *feedback* seja dado de forma inábil. Se ninguém alerta o empregado que tem desempenho ruim, ele vai interpretar esse fato como uma aceitação do seu comportamento e dos seus resultados. E os bons empregados podem ficar desmotivados.

Além disso, é preciso fazer avaliações das pessoas, para verificar de que forma elas satisfazem ao que se espera delas. A primeira pergunta que se faz quanto à avaliação dos recursos humanos é: vale a pena avaliar? A pergunta certa deveria ser: vale a pena termos um plano formal de avaliação? Porque avaliação existe sempre. Sempre que estamos em contato com uma pessoa, de alguma forma a avaliamos. As empresas que não têm plano formal de avaliação, quando precisam de uma informação sobre um empregado, procuram-na com seu chefe imediato e com pessoas confiáveis que o conhecem e obtêm uma resposta. Portanto, o empregado foi avaliado. Terá sido bem avaliado? As respostas são confiáveis? Objetivas? Estão corretas? Podemos tomar decisões com base nelas? Se não tivermos outras fontes, não teremos alternativa senão aceitar as informações disponíveis. A única certeza que podemos ter é que a avaliação não terá sido objetiva: nenhuma avaliação é totalmente objetiva, todas terão algum grau de subjetividade. A existência de um plano formal de avaliação deve conduzir a avaliações menos subjetivas e menos distorcidas do que as que são feitas sem nenhuma estruturação.

A avaliação de recursos humanos:

- existe sempre;
- é subjetiva;
- contém alguma distorção.

Entretanto, quando obtida por meio de um programa formal, a avaliação de recursos humanos contém menos distorções e subjetividades que outros tipos de avaliações.

Vale à pena citar as palavras de Jack Welch. Tudo na GE tem a ver com identificar e desenvolver pessoas ótimas, não importa sua origem. Na GE, as pessoas são avaliadas todos os dias, de maneira tácita e informal nos refeitórios, nos corredores, e em todas as reuniões. Esse foco intenso nas pessoas – o teste constante de todo o mundo, nos mais variados ambientes – é a essência da gestão na GE. Afinal, isso é a própria GE. Desenvolvemos ótimas pessoas, que então constroem grandes produtos e serviços.[19]

Se a formação e manutenção de uma equipe competente e motivada é o maior ativo de uma organização, a redução das distorções inerentes a qualquer avaliação dará à administração informações para saber a qualidade e a motivação da equipe. Um sistema formal de avaliação, bem formulado e conduzido, será um instrumento útil para determinar se a organização dispõe ou não da equipe de que necessita. Além disso, o plano formal e estruturado obriga a detectar as mudanças nas pessoas e sua adequação às necessidades da empresa.

A melhor maneira de reter as "estrelas" da empresa é procurar conhecer seu pessoal melhor do que eles mesmos se conhecem e então usar a informação para elaborar para eles a carreira ideal. Muitos profissionais de talento deixam as organizações porque os administradores superiores não compreendem a psicologia de satisfação no trabalho. Eles partem do pressuposto que as pessoas que têm bom desempenho estão necessariamente satisfeitas com o trabalho; parece lógico, mas nem sempre é verdadeiro. Eles continuarão na empresa se o trabalho estiver de acordo com seus interesses de vida pessoal. Algumas pessoas querem dinheiro, outras desafio e outras prestígio e uma vida confortável.[20]

10.6.2 Mitos sobre avaliação

Wayne Cascio enumera seis mitos sobre avaliação:

Mito 1: Os executivos não precisam e nem querem um sistema de avaliação de desempenho estruturado. As pesquisas indicam que os executivos entrevistados disseram que um *feedback* sistemático é crucial para ajudá-los a crescer e melhorar seu desempenho.

Mito 2: Uma avaliação estruturada está abaixo da dignidade de um executivo. Uma avaliação causa certa ansiedade, mas é necessária e desejada para que cada um saiba como está seu desempenho. Como dissemos, a avaliação existe sempre, é preferível que ela seja feita por um método estruturado, que proporciona menos distorções, do que de forma aleatória.

---

19 WELCH, Jack; BYRNE, John A. *Jack definitivo*: segredos do executivo do século. Rio de Janeiro: Campus, 2001. p. 173.

20 BUTLER, Thimothy; WALDROOP, James. *The art of retaining your best people.* Harvard Business Review, Sept.-Oct. 1999. p. 144 ss.

Mito 3: A alta administração está muito ocupada com outras prioridades para fazer avaliações. Não há nada tão prioritário quanto conhecer as pessoas e saber como elas estão se desempenhando. As biografias dos melhores executivos mostram como eles se preocupam em conhecer o pessoal que trabalha para a empresa.

Mito 4: A ausência de feedback *estimula a autonomia e a criatividade.* A falta de *feedback* deixa as pessoas na ignorância a respeito de: (a) como está o seu desempenho; (b) o que se espera delas; (c) o que elas devem fazer para melhorar.

Mito 5: Os resultados são a única base para avaliar o desempenho de um executivo. Claro que é necessário dar ênfase aos resultados, mas é preciso indicar o caminho para obtê-los, do contrário as falhas se acumulam e podem chegar a um ponto de difícil correção. Além disso, existem fatores fora do controle dos executivos na obtenção dos resultados, como as condições econômicas, a disponibilidade de recursos, a contribuição de outras áreas da empresa e muitos outros fatores.

Mito 6: Uma avaliação abrangente de alto executivo não pode ser obtida por meio de um sistema estruturado. Um sistema estruturado não invalida, mas complementa a intuição e o julgamento pessoal, ambos necessários para se conhecer bem um alto executivo. Se não houver um sistema estruturado, que todos levem a sério, os executivos ficam sem uma referência a respeito do seu desempenho.[21]

10.6.3 Erros e distorções nas avaliações

Erros e distorções nas avaliações comprometem os resultados e conduzem a decisões erradas.

As distorções são causadas pelos vícios de avaliação. Os mais comuns são:[22]

- **subjetivismo**: atribuir, ao avaliado, qualidades e defeitos do próprio avaliador; ou avaliar em função de valores e objetivos pessoais, que não coincidem com os valores, objetivos e interesses da organização; incluem-se neste erro os preconceitos em relação a etnias, idades, sexos e outros; também denominado de parcialidade, se bem que a parcialidade é consciente e o subjetivismo é, em geral, inconsciente;
- **unilateralidade**: valorizar aspectos que o avaliador julga importantes, mas não o são para a empresa ou para a posição que o avaliado ocupa;

---

[21] CASCIO, Wayne, 1998.

[22] BERGAMINI, C. W.; BERALDO, D. G. R. *Avaliação de desempenho humano na empresa*. São Paulo: Atlas, 1992. p. 51 ss.

- **tendência central**: não assumir valores extremos, por medo de prejudicar os fracos e de assumir responsabilidades pelos que são avaliados como excelentes. Se alguém for avaliado muito mal, poderá surgir a pergunta: por que nenhuma providência foi tomada? Se for julgado muito bem, a pergunta será: estará em condições de ocupar a posição do avaliador? Para evitar esse erro, algumas empresas obrigam a classificar os avaliados em grupos de acordo com a curva normal de Gauss, incorrendo, possivelmente, em outras distorções;
- **efeito halo**: julgar todas as características como um conjunto homogêneo, sem considerar as diferenças de cada item da avaliação, isto é, todos os itens da avaliação recebem o mesmo conceito, correspondente à impressão geral do avaliado; esse vício é mais útil para indicar como o avaliador procede do que para a precisão da avaliação; por exemplo, um avaliado simpático recebe avaliação boa em todos os itens;
- **falta de memória**: ater-se apenas aos últimos acontecimentos, omitindo fatos ocorridos há mais tempo, mas dentro do período de avaliação. Também denominado recenticidade;
- **supervalorização da avaliação**: acreditar que um instrumento de avaliação corrija os defeitos das pessoas. A avaliação é uma ferramenta, isto é, um método para se obter resultados ou informações para subsidiar decisões sobre as pessoas. A correção só ocorre com ações executivas;
- **desvalorização da avaliação**: acreditar que a avaliação não contribua em nada para aproveitar melhor os recursos humanos. Um bom sistema de informações sobre pessoas pode ser muito útil se for bem usado;
- **falta de técnica**: desconhecimento das técnicas de avaliação, julgando apenas por meio do bom-senso e considerando importantes informações irrelevantes. Boa parte dos avaliadores não é formada em administração e nem recebeu treinamento para saber como deve avaliar;
- **força do hábito**: insensibilidade para apontar variações no avaliado com relação a ele mesmo em períodos anteriores. As pessoas que são rotuladas como boas ou más tendem a se comportar de forma a justificar o rótulo que receberam. Deve-se evitar rotular qualquer pessoa;
- **posições contrárias**: interpretações errôneas da finalidade da avaliação. A avaliação pode ter como objetivo melhorar o desempenho na atual função, ou fornecer informações para decisões da administração em relação ao avaliado. É preciso que o avaliador saiba exatamente a finalidade da avaliação que está fazendo.

Existe também o erro causado pela comparação, às vezes denominado *erro de contraste*, que resulta da comparação do avaliado com outros. Esse erro tende a ser ampliado quando o número de avaliados é pequeno. Por exemplo, um avaliado é julgado muito bom, porque em comparação com outros dois muito fracos ele se destaca. Ocorre que todos podem ser fracos e ele esteja sendo beneficiado pela comparação. Por outro lado, se ele for comparado com avaliados excelentes, ele poderá ser prejudicado na comparação.

Existem ainda, finalmente, os erros causados por avaliadores "bonzinhos" ou "mauzinhos", que avaliam todos muito bem ou muito mal. Erros denominados de brandura ou de rigor.

Esses erros e avaliações ocorrem não só nas avaliações estruturadas, mas também nas avaliações informais que são feitas permanentemente por todas as pessoas da organização.

10.6.4 Características e finalidades de um bom sistema de avaliação

Um bom sistema deve ser: (a) *confiável e válido*: baseado em resultados obtidos; (b) *relacionado ao trabalho*: considerar o que é relevante para o trabalho; (c) *padronizado*: permitir comparações entre as avaliações; (d) *prático*: simples de ser executado.[23]

Existem duas finalidades principais em qualquer tipo de plano de avaliação de recursos humanos: (a) melhorar o desempenho da pessoa na posição atual e (b) proporcionar informações ao pessoal da administração superior para decisões sobre o aproveitamento e o encarreiramento dessa pessoa.

O plano de avaliação não tem vínculo direto com o plano de cargos e salários. Este último destina-se a obter uma boa administração salarial, com o fim de atrair, reter e motivar as pessoas; de obter coerência interna entre os salários e coerência externa com o mercado. O plano de avaliação de recursos humanos se destina a avaliar o desempenho das pessoas para subsidiar decisões administrativas ou o potencial e as qualificações das pessoas para subsidiar decisões sobre promoções, treinamentos, reposicionamento, demissões e encarreiramento.

Ao se formular um plano de avaliação de recursos humanos, a primeira decisão a ser tomada é a finalidade do plano, será preciso priorizar os objetivos, porque um plano cujo objetivo é melhorar o desempenho do empregado na posição atual, dificilmente será bom para proporcionar informações para decisões sobre o seu aproveitamento e encarreira-

[23] LAZER, Robert; WIKSTROM, Walter S. *Appraising managerial performance*: current practices and future directions. *Research Report from The Conference Board,* New York, 1979. p. 4 ss.

mento e vice-versa. O plano deverá ser montado tendo em vista seu objetivo principal e poderá proporcionar subsídios para a outra finalidade, mas certamente não será ótimo para o objetivo secundário.

Note-se que não se mencionou a remuneração entre as possíveis decisões a serem tomadas como consequência do plano, porque um plano que vise também a decisões sobre remuneração proporcionará avaliações muito distorcidas. No entanto, indiretamente, por meio das promoções, dos programas de desenvolvimento e de reposicionamento, a avaliação acaba influenciando a remuneração.

10.6.5 Avaliação do desempenho

10.6.5.1 Objetivo

Essas avaliações destinam-se a melhorar o desempenho dos avaliados nas atividades que executam. Deve ficar claro para todos os participantes que este é o objetivo da avaliação. Podem existir outros objetivos secundários, como proporcionar um *feedback* para o processo de seleção, dar indicações sobre as necessidades de treinamento, identificar problemas na estrutura organizacional e dar subsídios para as decisões sobre encarreiramento, mas não se deve perder de vista que o objetivo principal é melhorar o desempenho dos avaliados nas posições que ocupam.

10.6.5.2 Processo de avaliação

Algumas empresas começam o processo com uma autoavaliação, que é uma forma de verificar como o avaliado se "vê". Essa autoavaliação será, a seguir, debatida com o chefe imediato. Outras empresas começam com a avaliação do chefe imediato. McGregor recomendava que toda avaliação de desempenho deveria começar com a autoavaliação, pois isso obrigaria a pessoa a pensar sobre seu trabalho, meditar sobre seus pontos fortes e pontos fracos e formular planos para alcançar resultados específicos. O papel do superior é vincular os resultados e metas propostas com as necessidades da organização. Esse sistema coloca a responsabilidade maior no subordinado e desloca a ênfase de uma avaliação para uma análise.[24] A oportunidade de participar do processo de avaliação aumenta a responsabilidade do avaliado. Existe, porém, um fato a ser considerado: todas as pessoas tendem

[24] Mc GREGOR, Douglas. Uneasy look at performance appraisal> In: *Harvard Business Review*, Sept.-Oct. 1972.

a se julgar melhores do que realmente o são. Conforme o velho ditado: ninguém é bom juiz em causa própria.

Um bom sistema de avaliação de desempenho deve ser acoplado ao método de administração por objetivos, ou, mais propriamente administração por metas. Esse método concentra os esforços naquilo que é considerado importante para organização, desde que os objetivos de cada unidade sejam compatíveis e estejam de acordo com as metas e os objetivos da organização. Além disso, proporciona um mecanismo para uma avaliação mais objetiva.

Um administrador bem-sucedido assegura que cada pessoa na organização saiba o que se espera dela, conheça suas responsabilidades, como elas se encaixam no conjunto da organização e como seu desempenho será avaliado. Cada pessoa deve ter um conjunto de metas para atingir dentro de determinada conjuntura, de modo que não haverá mal-entendidos sobre o que se supõe que ela deva fazer. Atingir as metas previstas deve[25] ser a medida básica do desempenho.

As avaliações de desempenho não devem limitar-se aos resultados alcançados, pois existem muitos fatores que estão fora do controle do avaliado e isso precisa ser considerado. Existem influências fortes dos ambientes externo e interno. A situação econômica do país, do ramo de negócios em que opera a empresa, o desempenho de outras áreas da empresa que afetam o resultado do avaliado e muitos outros fatores. Além disso, alguns fatores são difíceis de serem avaliados, como o "clima" de confiança e motivação que o administrador cria nos seus subordinados, embora isso possa ser inferido, até certo ponto, pela rotatividade, pelo absenteísmo, e outros fatores mensuráveis. O modelo que o chefe representa para seu pessoal pode influenciar muito os resultados, mas não é fácil medir isso. É preciso considerar ainda se o avaliado dispunha dos recursos adequados para atingir os resultados previstos. Por fim, não basta considerar os resultados alcançados, mas todo o conjunto de atitudes e comportamentos que contribuem positiva ou negativamente para o clima organizacional: o relacionamento com os colegas, superiores e inferiores; a cortesia; a disposição para ajudar os demais, bem como eventuais comportamentos negativos: participação em boatos; comentários grosseiros ou irônicos; assédio sexual; uso de bebidas no trabalho; agressões verbais; desperdícios de recursos. Casos de furtos ou desvios de propriedades da organização, uma vez comprovados, devem ser punidos com a demissão por justa causa.

Anteriormente era fácil verificar o resultado do trabalho: os campos precisavam ser cultivados, as peças tinham de ser fabricadas. Você sabia o trabalho que tinha de ser feito

[25] Spencer Stuart & Associates. Relatório do verão de 1983.

e podia vê-lo. Ficava claro quando o trabalho estava terminado. Atualmente, muitos têm vários projetos em andamento e não existem limites óbvios para eles e nem sempre é possível terminá-los com perfeição.[26]

10.6.5.3 *Feedback*

Na avaliação do desempenho, é indispensável dar um *feedback* objetivo ao avaliado. O avaliado tem que saber em que aspectos vai bem e em que pontos não vai. É um erro imaginar que as pessoas não querem *feedback*. Muitas pesquisas demonstraram que o desejo de obter um *feedback* com frequência não é preenchido. Características de personalidade como autoestima e autoeficácia podem ajudar ou camuflar a receptividade para o *feedback*. Os que têm baixa autoestima e baixa autoeficácia não procuram *feedback*, que infelizmente tende a confirmar esses problemas.[27] Uma das características de um bom administrador é ser capaz de fazer uma boa avaliação e dar o *feedback* ao subordinado de forma hábil, bem como planejar, em conjunto com o subordinado, como melhorar seu desempenho. Uma entrevista de *feedback* malconduzida causa sérios conflitos. Essa entrevista é quase sempre incômoda especialmente quando há necessidade de se dar um *feedback* negativo. Há empresas que chegam a ponto de aceitar que não seja dado o *feedback*, alegando que se forçados a isto muitos executivos, não preparados para confrontar subordinados, farão avaliações benevolentes. Dizem que preferem uma avaliação mais precisa que forçar o *feedback*. Mas, se não houver *feedback*, como poderá o avaliado se preparar para melhorar? Como vai saber o que se espera dele? E para que servirá a avaliação? O chefe, por sua vez, deve informar ao seu próprio chefe sobre as avaliações e aceitar uma revisão e, se for o caso, modificações.

Um bom *feedback* deve ter várias características. A entrevista de avaliação do desempenho deve ser feita em local reservado, sem a presença de mais ninguém além do chefe e do subordinado. Não deve ser interrompida por outras pessoas ou por telefonemas. O chefe deve começar com os aspectos positivos, pois isso deve predispor o avaliado a aceitar melhor os negativos. Começar com os aspectos negativos predispõe o avaliado à defensiva. Ele deve limitar-se aos resultados do trabalho, de preferência em função de metas preestabelecidas, sem atingir a pessoa do avaliado, e sem comparar com resultados de outras pessoas, na me-

---

[26] ALLEN, David. *Getting things done*. New York: Penguin Books, 2001 apud COLQUITT, Jason A.; LEPINE, Jeffery A.; WESSON Michael J. *Organizational behavior*: improving performance and commitment in the workplace. 2. ed. New York: McGraw-Hill, 2011.

[27] KREITNER, Robert; KINICKI, Angelo. *Organizational behavior*. 8. ed. New York: McGraw-Hill, 2008. p. 251.

dida do possível. Devem-se evitar críticas pessoais. É preciso deixar claro que a pessoa não está sendo julgada na sua essência ou na sua personalidade, mas nos seus atos, nas decisões e nos resultados. Além disso, o período abrangido pela avaliação não deve ser longo. É mais fácil avaliar e conversar sobre o que ocorreu no passado recente do que sobre o que ocorreu há mais tempo. A prática constante do *feedback* facilita o diálogo, especialmente se for adotado o sistema de administração por metas, com compromissos recíprocos de resultados a serem alcançados. O *feedback* deve estar baseado em informações precisas e objetivas. Por último, o chefe deve preparar a entrevista de *feedback*. Trata-se de um momento delicado em que há fatores emocionais em jogo e improvisações podem não dar certo. A forma de comunicar é muito importante. Imagine um funcionário que com muito esforço consegue melhorar seus resultados e recebe o seguinte *feedback*: "até que enfim você conseguiu um bom desempenho!" Pior que isso só um comentário sarcástico. Além disso, o chefe deve usar uma linguagem clara, evitando prolixidades e ambiguidades. Um clima informal e cordial é muito importante. É preciso não esquecer que o objetivo é melhorar o desempenho e que o chefe está procurando ajudar o subordinado nesse sentido. As pessoas tendem a se julgar com benevolência e a ter uma visão mais favorável de si do que a real. Resumindo: o *feedback* deve ser *tempestivo*, isto é, oportuno, *de preferência imediatamente após o fato;* descritivo, em vez de avaliativo; *específico* e não genérico; baseado em informações válidas, precisas e objetivas, sensível às necessidades do recipiente; dirigido ao comportamento controlável; proposto em vez de imposto e testado para sua precisão com o que o recebe.[28]

A entrevista de *feedback* deve terminar com claras expectativas de melhora de desempenho e de formas de alcançá-lo.

Poucas pessoas são suficientemente sábias para preferir a crítica que lhes é útil ao elogio que os trai.

F. de La Rochefoucauld

Não se pode corrigir as pessoas senão fazendo-as ver como elas são.

Beaumarchais[29]

A censura é, muitas vezes, útil, o elogio enganoso.

Winston Churchill

---

[28] MYERS, M. Scott. *Every employee a Manager*. San Diego, CA: Pfeiffer & Company, 1991. p. 205 ss.

[29] Apud BOYER, Luc; BUREAU, Romain. *600 Citations Pour Réfléchir*. Paris: Les Éditions d'Organisation, 1997.

A crítica não deve ser recriminatória, mas instrutiva e inspiradora.

Ralph Waldo Emerson

Não pense nos que elogiam suas palavras e ações, mas nos que bondosamente reprovam suas faltas.

Sócrates

Com certa frequência, os subordinados não aceitam o *feedback* que lhes é dado. Para evitar que isso aconteça, é necessário haver muita clareza sobre os resultados desejados de cada um e a forma de obtê-los. O ideal para isso é a prática da administração por metas. As metas pessoais ou as fixadas para o órgão, para as quais todos devem contribuir.

Para Thomas Wilson, *feedback* é um desses encontros humanos em que o gerente não consegue dormir na noite anterior e o subordinado não consegue dormir na noite seguinte.[30] Para evitar que isso aconteça, é preciso que o superior se comunique com frequência com os subordinados para tornar o *feedback* uma prática constante.

Um *feedback* tempestivo e bem comunicado proporciona condições excelentes para as pessoas se aperfeiçoarem e crescerem profissionalmente.

Tão importante quanto saber dar *feedback* é obter o *feedback* dos subordinados não só sobre desempenho deles como sobre o trabalho em geral. Para isso, é indispensável a criação de um clima de confiança e que o superior saiba ouvir.

Com um bom *feedback* é possível saber se o avaliado está satisfeito com o trabalho e a empresa, fator fundamental para o desempenho e a extensão em que o trabalho permite ao avaliado a realização de seus valores pessoais. Uma discrepância entre as expectativas do avaliado e aquilo que o trabalho lhe pode proporcionar resultam em desempenho apático, absenteísmo ou, em casos extremos, em um pedido de demissão.

Com a finalidade de diminuir a subjetividade do *feedback*, algumas empresas adotam a prática do *feedback* 360°, que consiste em ouvir a opinião não só do chefe imediato, mas também dos pares, dos subordinados e das pessoas com quem o avaliado se relaciona.

10.6.5.4 Tipos de avaliações e ações consequentes dos resultados

É preciso, além disso, administrar o processo, isto é, premiar os que têm bom desempenho e tomar algum tipo de providência em relação aos que não têm.

---

[30] Apud WOOD JR., Thomaz; PICARELLI Filho, Vicente. *Remuneração estratégica*: a nova vantagem competitiva. São Paulo: Atlas, 1999. p. 203.

Essas avaliações podem proporcionar alguns subsídios para decisões sobre o futuro do avaliado, mas o objetivo principal não deve ser este e sim melhorar o desempenho atual. Existem vários tipos de avaliações de desempenho, como a avaliação do final do período de experiência; a avaliação do pessoal de nível operacional (níveis hierárquicos inferiores); a avaliação do pessoal de nível intermediário e a avaliação do pessoal da administração superior.

10.6.5.5 Avaliação do pessoal operacional

A avaliação de desempenho dos empregados de nível operacional, nos níveis hierárquicos inferiores da organização, deve ser muito simples. Deve verificar a quantidade do trabalho produzido, sua qualidade e o relacionamento com as pessoas.

A avaliação é feita pelo chefe imediato, devendo ser revista pelo chefe deste. A área de recursos humanos coordena o processo, distribuindo os formulários, recolhendo-os, tomando conhecimento das informações e, se for o caso, fazendo sugestões.

As avaliações de desempenho nesse nível devem ser feitas com frequência trimestral. Avaliações semestrais podem não ser suficientes. Avaliações mais frequentes tendem a aumentar a precisão.

10.6.5.6 Avaliação do pessoal intermediário

Em uma organização bem administrada, o pessoal de nível intermediário deve ter metas periódicas a cumprir. A melhor forma de avaliar o desempenho desse pessoal é verificar o cumprimento das metas. A avaliação é feita pela a chefia imediata em reuniões de acompanhamento do trabalho. Nessas reuniões, são verificados o andamento e a qualidade do trabalho e o cumprimento dos prazos entre outras informações. São também formulados novas metas e novos programas. O *feedback* tende a ser automático, como parte do encaminhamento da reunião. Como as reuniões com as chefias devem ser constantes para o pessoal desse nível, o processo de acompanhamento, avaliação e *feedback* tende a ser um processo executado com naturalidade. Um bom administrador está em contato frequente com os subordinados e orienta permanentemente a execução dos trabalhos.

Um fato importante em qualquer avaliação é que *o avaliador é avaliado pelas próprias avaliações que faz*. Uma das características de um bom administrador é saber avaliar. É engano pensar que as avaliações serão aceitas sem crítica.

Na avaliação do desempenho, há que se considerar que alguns resultados podem não ter sido alcançados em virtude de fatores que estavam fora do controle do avaliado. Este é um ponto delicado, porque às vezes não é simples determinar que fatores estavam realmente fora de controle. Uma tentativa é tentar avaliar os resultados que os avaliados tenham condições de controlar. Nem sempre é fácil distinguir o que pode e o que não pode ser controlado pelo avaliado.

As avaliações de desempenho nesse nível devem ser feitas pelo menos uma vez a cada semestre.

10.6.5.7 Avaliação do pessoal de alto nível

Nesse nível, a avaliação de desempenho tende a ser menos estruturada que nos anteriores, e é feita, em geral, com base nos resultados alcançados pelas áreas ao final de cada exercício. Como as pessoas desse nível, frequentemente, têm bom conhecimento umas das outras, possuem contatos periódicos e boa capacidade de julgamento, a periodicidade anual para a formalização é suficiente. As grandes áreas das empresas têm metas determinadas para cada período e o resultado tende a ser uma boa medida do desempenho. Valem as mesmas observações anteriores sobre fatores que podem estar fora do controle e sobre o *feedback*.

As avaliações do pessoal nesse nível devem ser feitas pelo menos uma vez por ano.

10.7 Sintomas de insatisfação

O comportamento das pessoas dá uma indicação razoável aos administradores do grau de satisfação ou insatisfação de cada um com a organização e seu trabalho. Algumas estatísticas podem também ajudar, especialmente as que indicam o absenteísmo e a rotatividade (ver Seção 9.4, do Capítulo 9).

Absenteísmo, também denominado de ausentismo e absentismo, é a ausência do trabalho, em princípio sem uma razão que a justifique, tais como: (a) doenças, comprovadas ou não, crônicas ou eventuais; (b) motivos familiares; (c) dificuldades de transporte; (d) falta de motivação em virtude de supervisão inadequada.

O absenteísmo pode ser calculado para o ano, o semestre ou o trimestre. A comparação do índice de absenteísmo em diferentes períodos pode fornecer indicações importantes para medidas administrativas que devam ser tomadas em relação aos recursos humanos. Se ele aumenta sem justificativa aparente pode estar indicando uma insatisfação com a organização ou o trabalho.

A rotatividade de pessoal, ou *turnover*, em inglês, pode ser calculada por meio do quociente resultante da divisão da soma do número de empregados admitidos e dos que saíram em determinado período pelo número de empregados existentes no final do período (ver Seção 9.4.2. do Capítulo 9).

Termos-Chave

Ver significado desses termos no site do livro.

Absenteísmo

Administração por objetivos

Avaliação de recursos humanos

Benefícios aos empregados

Cafeteria plan

Capacitação técnico-profissional

Coerência externa de salários

Coerência interna de salários

Desenvolvimento de executivos

Efeito halo

Estágio

Feedback

Incentivos

Integração de novos empregados

Mentor

Recenticidade na avaliação

Rotação de funções

Rotatividade do pessoal

Subjetivismo na avaliação

Tendência central na avaliação

Treinamento a distância

Treinamento formal externo

Treinamento formal interno

Treinamento no trabalho

Unilateralidade na avaliação

Casos para Debate em Sala de Aula

Devemos treinar os empregados?

Executivo A: As empresas têm obrigação de treinar os empregados que tenham potencial. E não só é uma vantagem para elas, como uma obrigação social.

Executivo B: Discordo. A empresa não deveria treinar ninguém. Os empregados é que deveriam arcar com os ônus do treinamento. A empresa gasta dinheiro com o treinamento dos empregados e eles vão embora produzir para os competidores, ou, se ficam na empresa, pedem aumento salarial porque se sentem valorizados com o treinamento e a empresa gasta duplamente: com o treinamento e o aumento salarial do empregado que ela treinou.

Dê a sua opinião sobre essas duas frases e justifique seu ponto de vista.

Treinamento e desenvolvimento

Sr. Evandro, proprietário da empresa Xisto Ltda., está enfrentando a situação relatada a seguir.

Há três anos, ao identificar problemas de desempenho de pessoal, o Sr. Evandro decidiu implementar uma política de Treinamento e Desenvolvimento (T&D), acreditando ser esta a grande solução. Agindo assim, a função de Recursos Humanos resumiu-se ao T&D, e o Recrutamento e a Seleção e a Avaliação de Potencial foram centralizados na pessoa do Sr. Evandro.

Observou-se que, após o processo, os empregados passaram a demonstrar uma competência maior na execução das tarefas, embora com um aumento significativo da rotatividade de pessoal. Noventa e cinco por cento do pessoal que deixou a empresa no ano passado colocaram como motivo do desligamento os baixos salários e a falta de perspectivas profissionais, embora gostassem muito de trabalhar na empresa.

O Sr. Evandro passou a centrar suas críticas na área de T&D, alegando que os investimentos feitos em treinamento estavam redundando em custos, pois os prováveis benefícios dele advindo eram usufruídos por outras empresas.

Diante da situação exposta, você, como consultor contratado pela empresa Xisto Ltda., recomendaria o quê ao Sr., Evandro?

(Exame Nacional de Cursos – 1998)

Onde foi que a empresa errou?

O diretor da empresa Golvea Ltda. encaminhou a seus gerentes e supervisores um memorando solicitando-lhes o preenchimento de questionários enviados em anexo, que versavam sobre a avaliação do desempenho de seus subordinados. A conclusão da avaliação seria a classificação dos mesmos em ruim, regular, bom e muito bom. O resultado da avaliação foi fixado nos diversos quadros de aviso da empresa, criando uma insatisfação geral entre os funcionários. Cerca de 90% discordaram, apresentando como justificativa o fato de não terem participado do processo de avaliação. Além disso, sentiram-se humilhados em vista do resultado ter-se tornado público. Você foi contratado como consultor a fim de explicar onde a empresa errou nesse processo e como deveria ter atuado para que o projeto obtivesse êxito. Portanto, responda:

a) Onde a empresa errou no processo de avaliação de desempenho?

b) Se fosse alterada a metodologia de avaliação de desempenho e conjugada a uma avaliação de potencial, haveria melhores resultados?

(Exame Nacional de Cursos – 1997)

Administração por metas?

Uma empresa industrial decidiu implantar o sistema de administração por metas e pediu a cada gerente que sugerisse à sua chefia as metas para sua unidade no próximo semestre. O gerente de produção entregou ao diretor industrial as seguintes sugestões de metas:

1. Melhorar a qualidade da produção, visando a atender às necessidades dos clientes.
2. Aumentar a produtividade da linha de fabricação para reduzir os custos da empresa.
3. Intensificar esforços no sentido de aumentar a motivação dos operários da produção.
4. Aperfeiçoar os processos de produção com vistas à diminuição do tempo de fabricação de cada unidade.
5. Reduzir os tempos de parada de cada máquina através de manutenções preventivas bem planejadas.
6. Combater de todas as formas os desperdícios de material, visando a diminuir os custos de fabricação.

Critique as sugestões desse gerente e proponha metas substitutivas para cada uma delas.

Exercícios

1. Quem, em sua opinião, são os administradores dos recursos humanos da empresa? Por quê? Que papéis cabem aos que administram os recursos humanos da empresa?
2. O rodízio, isto é, a troca de funções entre pessoas da mesma instituição, é às vezes usado nas empresas. Que vantagens podem ser esperadas dessa prática? Que problemas podem ocorrer com ela? Explique seu ponto de vista e diga que precauções devem ser tomadas no seu uso.
3. Considerando que o salário só pode ser gasto fora do trabalho, por que pequenas diferenças salariais, mesmo no caso de pessoas que não têm necessidade de dinheiro, causam, às vezes, tantos problemas, muito além do que seria razoável?
4. Comente a seguinte declaração:

   "Treinar empregados é uma forma segura de jogar dinheiro fora. Depois de treinados, os empregados saem da empresa e vão trabalhar para o concorrente. É melhor deixar que cada empregado cuide do seu treinamento." Explique os cuidados e providências que a empresa pode tomar para evitar o tipo de problema mencionado.
5. "Na nossa empresa, de 1.500 empregados, não temos nenhum plano de salários. Cada pessoa recebe o que vale no mercado de trabalho. Por que deveríamos pagar mais ou menos do que eles teriam condições de receber fora daqui? Temos muita preocupação em mantermos uma sintonia fina com o mercado e não nos preocupamos com um plano interno de cargos, que seria extremamente dispendioso, não só em termos de elaboração, mas também no que gastaríamos a maior com suas consequências. Não creio que a empresa esteja perdendo dinheiro com isso, pelo contrário, está ganhando."

   Comente as vantagens e desvantagens e viabilidade dessa política.
6. O que ganha uma empresa contratando uma agência de *outplacement* para reempregar em outra empresa seus empregados dedicados, leais à empresa, que foram dispensados por motivos alheios ao seu desempenho?
7. Quem é o principal responsável pelo treinamento dos empregados da empresa?
8. Explique por que as empresas devem manter a coerência interna entre os salários dos empregados. Não seria mais lógico pagar o mínimo que eles seriam capazes de receber no mercado de trabalho, com a finalidade de reduzir os custos?
9. Explique de que forma um chefe deve dar o *feedback* do desempenho de um subordinado.

10. Explique por que as empresas dão preferência à concessão de maiores benefícios em vez de aumentos salariais. Não seria mais lógico que as empresas aumentassem a remuneração e deixassem que cada um escolhesse o que fazer com o que ganha?

11. Qual é a diferença entre custo da remuneração e custo de mão de obra?

12. Explique por que no Brasil o capital é tão bem remunerado e o trabalho, especialmente o não qualificado, é tão mal remunerado? Há algo que se possa fazer para modificar essa situação? O que seria?

13. Existem situações em que o valor de um empregado no mercado de trabalho é diferente do valor para a empresa? Quando? O que deve fazer a empresa nesse caso?

14. Comente a seguinte declaração:

"Um programa de integração de novos empregados só faz sentido para os recém-formados sem nenhuma experiência de trabalho."

15. Comente a seguinte declaração:

"Remunerar pelos resultados é uma injustiça, pois boa parte dos resultados são consequência das circunstâncias e estão fora do controle dos diretores, gerentes e empregados."

16. Por que as empresas treinam os empregados?

17. Por que as empresas avaliam os empregados?

CAPÍTULO 11

ÉTICA

APRESENTAÇÃO

Neste capítulo, estudaremos a importância da ética tanto para os países como para as empresas.

Começamos com uma análise da crise moral contemporânea e como isso pode causar um retrocesso na civilização, concluindo que esse desafio será vencido por meio da educação e da ética.

Procuraremos, a seguir, responder à pergunta: a quem cabe educar, concluindo que é uma responsabilidade de toda a população: dos pais no seio da família, dos professores na sala de aula e fora dela, dos chefes de unidades organizacionais nas empresas, especialmente dos altos executivos e de todos os demais a quem for oferecida uma oportunidade.

Abordaremos a importância da ética, concluindo que *nenhuma sociedade pode sobreviver e progredir sem um conjunto de princípios e normas que defina o tipo de comportamento socialmente aceito como ético.*

Passaremos à análise da ética nas empresas e como elas se beneficiam no longo prazo com atitudes éticas e os riscos de atitudes pouco éticas. Teceremos algumas considerações sobre até onde vão as obrigações éticas e sociais das empresas.

Mostraremos alguns casos de conflitos de valores.

Concluiremos expondo o caso do custo da legalidade e como custos elevados de impostos podem, em alguns casos, inviabilizar atitudes éticas.

11.1 A crise moral contemporânea

11.1.1 Conceituação e origens

Vivemos, na civilização ocidental, sob a égide de várias instituições: o progresso científico e tecnológico, a disseminação das informações e do conhecimento, o sistema de produção industrial e a democracia. Buscamos, por meio dessas instituições, a qualidade de vida, a liberdade, a igualdade e muitos outros valores prioritários.

O progresso científico e tecnológico e sua aplicação ao sistema de produção permitiu a afluência da sociedade em níveis sem precedentes, ainda que os benefícios dessa afluência não se distribuam de maneira uniforme. A qualidade de vida passou a considerar a importância da preservação do meio ambiente, fato também inédito na escala em que hoje se observa.

Perguntamo-nos se, diante da complexidade da nossa civilização, considerando a crise moral que atravessamos, estamos ou não em uma encruzilhada da história. Que devemos fazer para aperfeiçoar nossa sociedade? Corremos o risco de uma decadência? Temos condições de preservar e fortalecer nossos valores prioritários?

Recorrendo ao estudo das civilizações anteriores, verificamos, nos trabalhos de Toynbee, que para o êxito de uma civilização é necessário que exista um *desafio e uma resposta positiva* a esse desafio. Esse desafio e essa resposta são indispensáveis para a criação e o desenvolvimento da civilização. No entanto, se o desafio for excessivamente severo, acabará abafando a criatividade e impedirá o progresso da civilização ou provocará sua decadência. A resposta positiva a um desafio leva a um progresso da sociedade, que só será contínuo se a resposta bem-sucedida produzir nova dificuldade, que, por sua vez, provocará uma nova resposta positiva e assim sucessivamente. Podemos fazer uma analogia com o trabalho em uma organização. Um trabalho que não seja desafiador não possibilita o crescimento profissional e não motiva. À medida que a dificuldade aumenta, a motivação e o crescimento profissional tendem a aumentar. Porém, se a dificuldade ultrapassa determinado limite a motivação diminui e o resultado cai proporcionalmente.

A noção de progresso inevitável é, porém, inadequada. Não há progresso assegurado, há sempre riscos de involução e retrocesso.[1] Algumas civilizações no passado já entraram em colapso e, segundo Toynbee, a razão desse fato é que o sucesso nos torna preguiçosos, acomodados, arrogantes e convencidos, provocando, em alguns casos, falta

---

1 TOYNBEE, Arnold. *A história das civilizações*. Nova York: Oxford University Press and Thames and Hudson Ltd., 1972.

de lideranças autênticas e criativas. Civilização avançada é sinônimo de problemas árduos. Quanto maior o progresso, maior o risco. A vida está, em média, cada vez melhor, mas também mais complicada. Claro que também são maiores os recursos para superar esses problemas complexos,[2] mas não há garantia de que o aumento dos recursos se verifique em proporções maiores que o da complexidade dos problemas. Existem problemas absolutamente novos. A desintegração das civilizações não é inevitável, porém, se o processo de acomodação continua, sem que haja uma resposta aos desafios, cada vez em maior número, as massas tornam-se distantes dos seus líderes. A sociedade é, então, ameaçada pelos bárbaros.[3]

De acordo com Rathenau, sociólogo alemão, o risco que corremos hoje não é o de uma invasão horizontal dos bárbaros, mas uma invasão vertical. Segundo ele, os bárbaros convivem geograficamente conosco, dentro das mesmas fronteiras, à margem da lei e dos princípios básicos sobre os quais se fundamenta a sociedade.

Não temos bárbaros nas fronteiras. Os bárbaros estão no seio da sociedade, dentro de nós mesmos. Tudo indica que essa invasão vertical dos bárbaros já começou.

Podemos agora nos perguntar: o declínio moral pode ser revertido? Dentro da formulação de Toynbee, pode ser ele considerado um novo desafio à espera de uma resposta positiva, ou levará inexoravelmente à decadência da nossa civilização? Qual seria a resposta adequada a este desafio?

A resposta positiva a este desafio, antes que ele provoque nossa decadência, está na *ética* e na *educação*. Não na educação puramente intelectual, mas na educação com respeito aos princípios éticos e morais. Trata-se de educar no sentido mais amplo e não apenas nos aspectos de instrução. É preciso que cada um não apenas conheça e defenda seus direitos, mas que aceite alto nível de exigência pessoal, pelas obrigações, pela responsabilidade, pela noção do dever e não apenas pelos direitos.

Todos os principais valores da nossa sociedade: qualidade de vida, justiça, igualdade, liberdade, emancipação, ética e todos os demais pressupõem *educação*, no sentido mais amplo.

A educação é a resposta positiva ao desafio da crise moral, mas é uma solução de médio e longo prazos, que requer muita persistência, esforço e dedicação ao longo de muitos anos para formarmos uma grande quantidade de cidadãos no sentido mais amplo.

No século XIX, já dizia Tocqueville: "Não há estado social nem lei alguma que possa tornar os homens mais semelhantes do que através da educação".

---

2 TOYNBEE, Arnold, 1972.

3 TOYNBEE, Arnold, 1972.

Não se muda uma sociedade por decreto, muda-se por meio da educação.

Não podemos, porém, nos iludir. A educação é condição absolutamente necessária, mas não suficiente para resolver todos os problemas da sociedade.

Se não dermos a devida ênfase à educação, estaremos pondo em risco a própria democracia: não há democracia sem democratas, não há democratas sem cidadãos esclarecidos, não há cidadãos esclarecidos sem educação.

11.1.2 A quem cabe educar

Todos devem exercer o papel de educador. Os pais, no seio da família; os chefes de unidades organizacionais nas empresas, especialmente os altos executivos; os professores na sala de aula e fora dela; toda a população do país sempre que houver uma oportunidade.

A orientação da chefia é a principal forma de treinamento no trabalho. A forma como um chefe "educa" o subordinado definirá o nível de qualidade desse tipo de treinamento e a forma como o subordinado vai se comportar em relação à chefia e à organização. Cada vez que o chefe orienta o subordinado, ele está treinando. O próprio exemplo do chefe pode ser a melhor forma de treinamento no trabalho. O chefe deve ser um educador do seu grupo, tanto no plano técnico como no moral. O êxito do desenvolvimento de executivos em uma empresa é resultado, em grande parte, da atuação e da capacidade dos seus gerentes no seu papel de educadores. Cada superior assume esse papel quando procura orientar e facilitar os esforços dos seus subordinados para se desenvolverem.[4]

A educação não se dá somente pela palavra. O instrumento mais importante da educação é o exemplo.

Os pais têm papel fundamental na formação dos filhos, mas nem sempre as famílias são constituídas nos moldes tradicionais. Ainda assim, é preciso que haja um esforço de todos no sentido da educação. Nossa vergonhosa distribuição de renda é, em grande parte, consequência da nossa vergonhosa concentração da educação.

Os principais responsáveis pela educação, porém, são os professores universitários, formadores de opinião dos que vão dirigir o país no futuro.

[4] RIEGEL, J.W. *Executive development*: a survey in fifty american corporations. Ann Arbor, Michigan: The University of Michigan Press, 1952 apud PIGORS, Paul; MYERS, Charles. *Personnel Administration*. New York: McGraw-Hill, 1965. p. 49.

11.2 A importância da ética

Nenhuma sociedade pode sobreviver e progredir sem um conjunto de princípios e normas que defina o tipo de comportamento socialmente aceito como ético. Desde tempos pré-históricos as sociedades tinham padrões de comportamento socialmente aceitos como válidos e bons. Moisés precisou do decálogo para liderar o povo que o seguia. O homem primitivo sempre viveu com normas consuetudinárias que regulamentavam as relações entre os indivíduos e a comunidade e, ainda que de forma embrionária, já tinham um caráter moral.[5]

Deveríamos pautar nossas ações pela escola dos princípios universais, que se baseia na existência de valores válidos em qualquer cultura e situação como a honestidade, a equidade, a justiça, o respeito, a liberdade de consciência, o direito à segurança e o de propriedade. Sob este enfoque, os princípios tornam-se mais importantes do que suas consequências: se uma ação ou decisão viola um desses princípios ela é antiética, mesmo que não prejudique ninguém.

Vivemos um período em que o respeito à ética parece ter diminuído. No entanto, seria ingênuo pensarmos que a ética já constituiu algum dia a base do comportamento humano de grande parte da sociedade. Em 1919, o filósofo inglês L. P. Jacks escreveu que, do ponto de vista moral, vivemos ainda na era neolítica: não somos completamente rudes, mas não deixamos para trás o estágio maior da rusticidade de modo a justificar qualquer celebração.[6]

Conquanto a moral nas várias culturas possa variar, os princípios éticos básicos deveriam continuar prevalecendo. O início do século XX notabilizou-se pela implantação de sistemas políticos e econômicos baseados em ideologias nas quais não é mais possível acreditar, pois fracassaram na prática, provocaram guerras, campos de extermínio e trabalhos forçados e se revelaram utopias. O fim do século XX caracterizou-se por profundas mudanças, não só tecnológicas, mas também ideológicas. As referências tradicionais que orientavam o comportamento desapareceram e criaram um vazio que caracterizou essa época. A morte das ideologias causou a perda de referências para ações e decisões, bem como um ceticismo em relação a novas ideias no campo humanístico. Ao mesmo tempo, as tecnologias deram à humanidade poderes jamais imaginados, permitindo experiências inconcebíveis no século XIX e gerando receios em relação ao uso inadequado desses poderes. Isso reforçou a aceitação do neolítico moral.

---

5 SANCHEZ VASQUEZ, Adolfo. *Ética*. Rio de Janeiro: Civilização Brasileira, 1970. p. 75.

6 JACKS, L. P. apud GIANNETTI DA FONSECA, Eduardo. *Vícios privados, benefícios públicos?*: a ética na riqueza das nações. São Paulo: Companhia das Letras, 1993. p. 27 e 28.

Vivemos um momento em que as referências tradicionais desapareceram, não sabemos mais exatamente quais podem ser os fundamentos possíveis de uma teoria ética... Neste momento, em que as ações humanas se revelam cheias de perigos diversos, fomos mergulhados neste niilismo, essa relação em relação ao "nada" do qual Nietzsche foi, no século XIX, o profeta e o clínico inigualável. É no niilismo que se origina a crise atual da ética, é nele que entram em gestação os novos valores da modernidade. No seio deste vazio, coloca-se então o problema dos princípios e os fundamentos da nova forma de agir. Como julgar? Como falar de erro, de normas éticas, de prescrições? A partir de onde? Quais são as grandes sínteses do pós-moderno?[7]

Jacqueline Russ relaciona o renascimento contemporâneo dos princípios clássicos:[8]

1. O princípio religioso.
2. O princípio da força afirmativa.
3. O princípio da realidade.
4. O princípio da responsabilidade.
5. O princípio da liberdade e da igualdade.
6. O princípio da diferença.
7. O princípio da autodeterminação.
8. O princípio do respeito pela vida.

Os textos anteriores, embora reconhecendo a necessidade de referências éticas para as ações humanas, dizem que essas referências reaparecerão a partir da própria necessidade da vida em comum numa sociedade, mas partem do princípio de que os princípios éticos e morais desapareceram. Nem todos aceitam esse fato. Diz Paul Valadier: a moral, dizem, faria um retorno. Alguns ironizam: jamais os comportamentos foram tão marcados pelo individualismo, a busca da felicidade pessoal, a procura do equilíbrio, a recusa das militâncias, o gozo momentâneo. Ou então, se existe moral, é a do indivíduo que põe seu êxito em todos os níveis acima de tudo.[9] Alguns pretendem que a moral desapareceu de nossa sociedade; outros clamam que ela faz um retorno forçado; e a estes seria preciso, sem dúvida, contestar: a moral jamais desapareceu. Quem age em qualquer campo determinado, não faz o que bem entende, mas encontra solicitações de ações ou de linhas que orientam suas decisões, ou limites inelutáveis.[10]

---

[7] RUSS, Jacqueline. *La pensée éthique contemporaine*. Paris: Presses Universitaires de France, 1994. p. 8 ss.
[8] RUSS, Jacqueline, 1994. p. 24 ss.
[9] VALADIER, Paul. *Inévitable morale*. Paris: Éditions du Seuil, 1990. p. 15.
[10] VALADIER, Paul, 1990. p. 15.

11.3 A ética nas empresas

11.3.1 Por que a empresa deve ser ética?

Por que a empresa deveria ser ética? O que ganha com isso? Ações e decisões éticas têm um custo. Qual é o benefício?

Em primeiro lugar, é preciso lembrar que os valores materiais não são os únicos a serem considerados nem mesmo para as empresas. Existem outros valores como prestígio; respeito do público, dos empregados, dos fornecedores e dos consumidores; confiança nos produtos e nas decisões da empresa; entre muitos outros. Todos esses valores acabam *no longo prazo* contribuindo para os próprios resultados financeiros da empresa.

Em segundo, a empresa ética atrai e retém empregados, clientes e fornecedores éticos e responsáveis. Não se pode esperar lealdade de empregados, clientes e fornecedores antiéticos. Trata-se de uma "rua de mão dupla". A empresa precisa ser justa e ética com o seu pessoal. Se a empresa agir de forma antiética, não reterá empregados éticos, e de antiéticos pode-se esperar tudo, até roubo, boicote e chantagem. O mesmo ocorre com clientes e fornecedores. A empresa antiética certamente terá um clima organizacional ruim, que gerará resultados negativos no longo prazo. Os empregados precisam ter confiança na empresa e isto será impossível se ela não for ética.

Em terceiro, há que se considerar não o *sistema* empresa, mas o *sistema* sociedade, pois uma empresa não terá como prosperar *solidamente* em uma sociedade antiética e rota, e a contribuição que a empresa dá para a formação da sociedade na qual opera reflete-se, de alguma forma, *no longo prazo*, na própria empresa. Vale a afirmação de Keith Davis: há uma férrea lei de responsabilidade afirmando que, no longo prazo, quem não usa o poder de um modo que a sociedade considere responsável tende a perdê-lo.[11]

Se, *no longo prazo*, a postura ética tende a beneficiar a empresa, por que essa postura nem sempre é seguida?

Primeiro, há que se considerar que as organizações são semelhantes aos organismos vivos e, em consequência, colocam sua sobrevivência acima de tudo. Se uma empresa perde a competitividade por se comportar de forma ética, ela pode "apelar" para ações antiéticas para assegurar sua sobrevivência. Isso é perigoso, pois, cedo ou tarde, as consequências negativas aparecem.

---

[11] DAVIS, Keith. Corporate responsibility. In: *Contemporary management*. Englewood Cliffs, NJ: Prentice-Hall, 1974 apud STONER, James A. F.; FREEMAN, R. Edward. *Administração*. 5. ed. Rio de Janeiro: Prentice-Hall do Brasil, 1985. p. 73.

Segundo, da mesma forma que as pessoas, existem organizações que privilegiam o curto prazo, sem se importar com o futuro. Procuram maximizar os ganhos imediatos. Estão hipotecando o futuro em benefício de uma situação mais favorável no presente.

Por fim, temos de considerar que são os pequenos deslizes que levam aos grandes, como demonstrou o Padre Antônio Vieira no século XVII na sua obra *A Arte de furtar.* Muitas pessoas ou empresas, aparentemente éticas, acham que, em um momento de pressão, será válido cometer um pequeno deslize, esquecendo-se das consequências que isso pode acarretar no futuro. É possível, às vezes, superar o problema, mas existem riscos.

Uma nação que não se comporte de forma ética terá dificuldade para atrair investimentos e parceiros comerciais.

O Prof. Giannetti da Fonseca ressalta que a sobrevivência, é verdade, é condição para tudo o mais. Mas, sem ética, a própria sobrevivência fica comprometida. Sem ela, não há ordem social, paz ou "comida" – há desagregação, guerra e fome.[12]

O que seria uma empresa ética? A empresa ética é definida, pelos nossos padrões, como aquela que conquistou o respeito e a confiança de seus empregados, clientes, fornecedores, investidores e outros, estabelecendo um equilíbrio aceitável entre seus interesses econômicos e os interesses de todas as partes afetadas, quando toma decisões ou empreende ações.[13]

Até onde vão as obrigações éticas das empresas?

Em um extremo situa-se a posição de Milton Friedman de que há uma, e apenas uma, responsabilidade social das empresas: usar seus recursos e sua energia em atividades destinadas a aumentar seus lucros, *contanto que obedeçam às regras do jogo e participem de uma competição aberta e livre, sem enganos e fraudes*. A intervenção governamental é frequentemente indesejável. As autoridades burocráticas, responsáveis pela implementação de programas, têm, na verdade, pouco incentivo para resolver os problemas para os quais suas organizações foram criadas. Um sistema com muitos benefícios governamentais desencoraja o trabalho. Deve-se dar mais liberdade a cada indivíduo para tomar suas próprias decisões econômicas. Essa liberdade levará a menos desperdício e maior produtividade.[14] Os que adotam esta forma de pensamento argumentam que a melhor forma de ajudar o próximo é aumentar a produção e os lucros, para que possa haver mais investimentos, mais empregos, mais trabalho e mais consumo por parte de todos. Dizem ainda que as empresas são socialmente responsáveis quando cumprem seus interesses econômicos dentro da lei e

---

12 GIANNETTI DA FONSECA, Eduardo, 1993. p. 95.

13 AGUILAR, Francis. *A ética nas empresas.* Rio de Janeiro; Jorge Zahar Editor, 1996. p. 26.

14 FRIEDMAN, Milton. *Capitalism and freedom.* Chicago: University of Chicago Press, 1963. p. 133 apud STONER, James A. F.; FREEMAN, R. Edward, 1985. p. 73.

que a tentativa de atingir metas sociais dilui o objetivo básico da empresa: a produtividade econômica. Por último, argumentam que os executivos de empresas não costumam ter o perfil mais adequado para tratar de assuntos sociais.

No outro extremo estão os autores que argumentam que sobre toda propriedade pesa uma hipoteca social, que não é suficiente cumprir todas as "regras do jogo" impostas pela legislação e pelos princípios éticos universais e que cabe aos mais afortunados ajudar os mais pobres, não apenas reinvestindo e proporcionando mais empregos e trabalhos, mas também beneficiando os mais pobres com alguma forma de assistência direta. Acrescentam que a colaboração na solução dos problemas sociais ajuda a melhorar a imagem da empresa e permite um relacionamento melhor com a comunidade. Argumentam que as empresas possuem grande poder na sociedade e quando o poder é maior que a responsabilidade, esse desequilíbrio pode estimular o comportamento irresponsável, contrário ao bem comum.

A conclusão de consenso a que podemos chegar é no sentido de que *o poder gera responsabilidade no seu uso.* E responsabilidade gera obrigações em relação a todos os que se relacionam com a organização detentora do poder. Podemos, então, nos perguntar que obrigações tem a empresa em relação a seus fornecedores, seus clientes, seus acionistas, seus empregados e suas famílias e a todos os seus *stakeholders* externos.

Como passar dos princípios para a prática? Nenhuma empresa pode ser ética se sua alta administração não transmite uma cultura organizacional baseada em premissas éticas. O ponto de partida é, portanto, a vontade da alta administração de estabelecer objetivos, políticas, normas e padrões éticos a serem adotados pela empresa. Algumas chegam a definir e divulgar um código de ética a ser seguido por todos os que dirigem e trabalham na empresa, mas *se há um código explícito terá de ser obedecido.*

Partindo desses princípios, será indispensável recrutar e selecionar empregados que estejam de acordo com essa cultura ética espelhada na cultura da empresa e treiná-los para que se comportem de acordo com os padrões da empresa. Será necessário que as decisões sejam calcadas nesses princípios e valores.

Dois casos ilustram as vantagens no longo prazo de uma postura ética:

1. Um grupo empresarial brasileiro decidiu jamais subornar fiscais para não lavrar multas. Como o grupo empresarial tinha grande preocupação ética, sempre havia alguma forma de se defender judicialmente das penalidades aplicadas, o que era feito sistematicamente, com resultados positivos na maioria dos casos. No longo prazo, o número de "fiscais" que visitavam as empresas do grupo caiu drasticamente, resultando em um benefício para todo o grupo empresarial.

2. Uma das empresas mais reconhecidas internacionalmente pela sua postura ética é a Johnson & Johnson. Quando teve de enfrentar a crise provocada por um psicopata que envenenou cápsulas de Tylenol, teve a atitude que seria esperável por parte de uma empresa com o seu nome: recolheu todos os comprimidos existentes no mercado, incinerou-os, passou a utilizar uma embalagem de violação muito complicada e, meses depois, com intensa campanha publicitária, relançou o produto que voltou a ser um dos mais lucrativos para a empresa.

Se para uma empresa é importante um comportamento ético, com maior razão isso se torna vital para o profissional. *O profissional vive do seu nome.* Ninguém, construindo um nome, deve abdicar do direito de defendê-lo, pois não é só sua pessoa que está em jogo, mas também a imaterialidade de seu conceito. É dever ético proteger um nome profissional.[15]

Indagada em qual tipo de empresa aconselharia um recém-formado a trabalhar, Luiza Helena, diretora-superintendente do Magazine Luiza respondeu: empresas éticas. Jamais gostaria que um jovem entrasse em uma empresa que não fosse ética. Seria uma péssima primeira experiência. Se perceber que não há ética em determinada empresa, ele deve ir embora. Aliás, acredito que as empresas que sobreviverão serão as que têm ética e que visam ao bem-estar comum: funcionários, clientes e sociedade.[16]

Por fim, vale a pena lembrar que é proibido:

1. Trabalho infantil.
2. Trabalho forçado.
3. Discriminações de qualquer tipo (etnia, credo, sexo, nacionalidade ou qualquer outra).
4. Assédio sexual.

11.3.2 Como fazer a empresa comportar-se de forma ética

Uma equipe de pesquisadores recomenda as seguintes medidas:

- Dê o exemplo, comporte-se de forma ética. O exemplo da direção e dos administradores é um forte incentivo para todos.

[15] LOPES DE SÁ, Antonio. *Ética profissional*. 2. ed. Rio de Janeiro: Atlas, 1998. p. 125.

[16] JÚLIO, Carlos Alberto. Entrevista concedida por Luiza Helena Inácio Trajano Rodrigues, diretora superintendente do Magazine Luiza, ao *HSM Management* e publicada no número de novembro-dezembro de 2003. p. 39.

- Verifique o passado dos candidatos a emprego. Elimine os que podem criar problemas éticos.
- Aprove um código de ética e o distribua a todos os empregados.
- Proporcione treinamento em assuntos éticos.
- Reforce o compromisso com a ética premiando comportamentos éticos e punindo os antiéticos.
- Indique alguém na empresa para ser o responsável pela ética, zelando para que essas medidas sejam seguidas e atualizadas.[17]

11.3.3 Conflitos de valores

Em geral, não é muito difícil saber o que é certo e o que é errado. O problema é mais sério quando ocorrem conflitos de valores: quando se tem de optar entre duas alternativas que parecem ambas aéticas. Podemos demitir um subordinado dedicado e leal porque a empresa está solicitando um corte na folha de pagamento? Devemos ir ao recital de piano da filha ou permanecer na empresa para receber um importante cliente? Quando isso ocorre, devemos nos perguntar: *quais das responsabilidades e dos valores em conflito estão mais profundamente enraizados na minha vida e nas das pessoas e comunidades que eu prezo?* É preciso também considerar quais são as interpretações éticas dessa situação. Os administradores precisam determinar se suas visões éticas serão apoiadas pelos seus colegas, clientes, acionistas e subordinados.[18]

11.3.4 O Custo da legalidade

Muitas organizações, que dizem que gostariam de ser éticas, não conseguem sê-lo sem pôr em risco sua sobrevivência, temos de admitir que é preciso fazer algo para lhes dar condições de operar de forma ética sem esse risco. Provavelmente, elas não têm condições de cumprir a legislação e por essa razão não se consideram éticas. O problema pode estar no custo da legalidade. Na América Latina, o custo da legalidade está muito acima da renda da população, e aí reside o problema. O custo da lei deve ser proporcional à situação

---

[17] KREITNER, Robert; KINICKI, Angelo. *Organizational behavior.* 8. ed. New York: McGraw-Hill, 2008. p. 26.

[18] BADARACCO JR., Joseph L. The discipline of building character. In: *On leadership*. Boston: Harvard Business School Press, 1998. p. 89 ss.

econômica de cada país.[19] Impostos exagerados criam empresas antiéticas, pela impossibilidade que algumas têm de cumprir as regras.

> Os impostos crescem mesmo sem chuva.
> *Provérbio judeu*

> E naquele tempo foi publicado um decreto de César Augusto determinando que todos deveriam ser taxados.
> *Evangelho segundo Lucas*

A ética na sociedade será fortemente influenciada pela ética dos administradores públicos e dos executivos das empresas, formadores de opinião e exemplos para os cidadãos comuns. É preciso que todos se comportem de acordo com os valores éticos socialmente aceitos se quisermos uma sociedade mais justa e mais segura.

> Mais ainda do que as boas leis, o fundamento de uma boa república é a virtude dos cidadãos.
> *Norberto Bobbio*

Termos-Chave

Ver significado desses termos no site do livro.

Custo da legalidade

Ética

Niilismo

Casos para Debate em Sala de Aula

Admissão de parentes

É sabido que a admissão de parentes em uma empresa tem aspectos positivos e negativos.

---

[19] GHERSI, E. *A corrupção como conseqüência* in Think Tank; Junho de 2000, p. 22 ss. Rio de Janeiro: Instituto Liberal.

Algumas empresas chegam a proibir a admissão de parentes, enquanto outras estimulam essa prática.

Quais seriam, em sua opinião, os aspectos positivos e negativos da admissão de parentes? Em que situações deveria ser favorecida? Em que casos deveria ser desestimulada, ou mesmo, proibida?

Avaliação de desempenho fraca

José, vendedor profissional, tem tido, nos últimos dois anos, desempenhos sistematicamente fracos e avaliações sofríveis. Paulo, diretor comercial, perguntou a Flávio, gerente de vendas, por que não o substituía, considerando que as vendas precisavam aumentar em curto prazo. Flávio respondeu que José estava na empresa há oito anos e somente nos últimos dois é que o desempenho tinha caído muito em virtude de problemas familiares. Além disso, não se sentia à vontade para despedir José, uma vez que era seu amigo e tinha sido ele quem o havia indicado para trabalhar na empresa havia seis anos, em uma época em que José tinha prestígio, e que tinha, portanto, com ele uma dívida de gratidão. Achava difícil a recuperação de José, mas faltavam apenas sete anos para ele adquirir o direito à aposentadoria, e a empresa poderia ter paciência e esperar mais um pouco, especialmente considerando que nos primeiros seis anos ele foi um vendedor excelente, inclusive dando ótimas ideias e abrindo novos mercados, com os quais a empresa ainda estava se beneficiando.

Paulo, diretor comercial, não ficou muito bem impressionado com a resposta de Flávio e teria poderes para decidir sobre as ações a serem tomadas.

O que faria você se estivesse no lugar de Paulo? Por quê? Justifique sua resposta.

Oferta irrecusável em empresa familiar

André, Fernanda e Paulo, três jovens irmãos, na faixa dos 20 e poucos anos, fundaram uma empresa para montagem de microcomputadores e venda de serviços de suporte. Desde o início, ficou claro que Paulo, embora mais moço, era o mais promissor. André e Fernanda aceitaram bem investir em Paulo, inclusive pagando para ele cursos especializados, durante dois anos, e dando-lhe sempre um terço do total dos lucros mesmo quando ele não estava presente, esperando um retorno para a empresa. De fato, o investimento foi bem empregado, pois Paulo trouxe novos serviços e produtos, promoveu um crescimento rápido e seguro da empresa, contratou uma pequena equipe muito competente com a qual ele previa ampliar os serviços e os clientes.

Nesse ponto, Paulo recebeu uma oferta de uma multinacional do ramo para ganhar o dobro do que recebia na empresa familiar, na qual teria a oportunidade de fazer uma boa carreira e adquirir novos conhecimentos. Paulo ficou na dúvida entre aceitar a oferta, que lhe seria vantajosa, ou continuar apoiando os irmãos que haviam investido na sua formação.

Se você fosse Paulo, o que faria? Qualquer que fosse sua decisão, que providências e atitudes tomaria, em um caso e no outro?

Implicações ética

Discuta as possíveis implicações éticas do seguinte:

1. Empregar parentes e amigos na empresa.
2. Apropriar despesas pessoais do diretor presidente aos custos da empresa (suponha que ele seja o acionista controlador).
3. Competir por uma promoção usando comportamento individualista.
4. Usar tempo de expediente na empresa para alguns serviços não remunerados.
5. O diretor presidente pedir a um empregado que lhe faça alguns serviços particulares (suponha que ele seja o acionista controlador).
6. Um diretor não acionista pedir a um subordinado que lhe faça alguns serviços particulares.
7. Um gerente pedir a um subordinado que lhe faça alguns serviços particulares.
8. Um gerente ou diretor usar informações privilegiadas para especular com as ações da empresa na Bolsa de Valores.
9. Um chefe valer-se de sua posição para assédio sexual a uma subordinada.
10. Um empregado tentar assédios sexuais a uma empregada do mesmo nível de outro órgão da empresa (ou vice-versa).
11. Usar o tempo de expediente na empresa para serviços remunerados.
12. Uma empresa contribuir para a campanha eleitoral de um candidato que se comprometa a defender os interesses da empresa na Câmara dos Deputados.
13. Uma empresa contribuir para a campanha eleitoral de um candidato que tenha uma posição ideológica coincidente com os interesses da empresa, mas não assuma nenhum compromisso e nem a empresa o peça.
14. Anunciar produtos não médicos, que não prejudiquem seriamente a saúde, omitindo seus aspectos negativos.

15. Anunciar produtos médicos, que raramente possam provocar efeitos colaterais, omitindo esses efeitos.
16. Efetuar exames médicos em candidatos a emprego para verificar se têm doenças infectocontagiosas, sem explicar a natureza do exame.
17. Utilizar *software* pirata.
18. Efetuar exames médicos em candidatos a emprego para verificar se têm Aids, câncer, ou outra doença incurável, sem explicar a natureza do exame.
19. Ganhar uma concorrência pública em país estrangeiro, dando presentes ou comissões a funcionários públicos que decidem sobre o assunto, sabendo que este é o único meio disponível para conseguir esse objetivo, embora o código de ética da empresa proíba isto.
20. Um comprador da empresa aceitar um "presentinho" de um fornecedor.
21. Efetuar exames médicos em candidatas a emprego para saber se estão grávidas, sem explicar a natureza do exame.
22. Dar prioridade a investimentos na qualidade do produto em detrimento de investimentos na segurança dos empregados.
23. A diretoria da empresa aprovar para seus próprios diretores benefícios muito acima do que é normalmente utilizado no mercado de trabalho.
24. Procurar obter informações sobre a vida privada de empregados.
25. Efetuar operações industriais destruindo ou prejudicando o meio ambiente.
26. Sugerir o pagamento de dividendos exagerados aos acionistas com a finalidade de agradá-los, sabendo que isso põe em risco o equilíbrio financeiro da empresa.
27. Tirar cópia de um livro inteiro.
28. Divulgar informações confidenciais da empresa em benefício próprio.
29. Tratar injustamente os subordinados, sem vantagem pessoal.
30. Avaliar injustamente os subordinados, com medo de eventual competição.
31. Jogar um produto tóxico em um rio que abastece de água uma povoação a jusante.
32. Jogar um produto tóxico em um rio que não tem nenhuma povoação a jusante.

Quais as implicações éticas de um chefe amigo?

Quais as implicações éticas de um chefe que é amigo íntimo de um subordinado? Essa situação é boa ou ruim para a empresa? Como ele deve se comportar?

Como lidar com pessoas e situações aéticas?

Quais os riscos que corre uma empresa quando um dos seus gerentes comporta-se de maneira aética? Quais são os riscos do chefe imediato desse gerente? E dos subordinados desse gerente? Como agiria você se um dos seus subordinados apresentasse indícios fortes de comportamento aético? Exemplifique.

Exercícios

1. Comente a seguinte afirmação:
   "Deve-se promover sempre quem tem tido um bom desempenho e alcançado suas metas. Qualquer outro critério para promoções deve ser descartado, pois seria uma injustiça em relação aos que mais contribuíram."
2. Paulo me disse que Pedro fala mal da empresa. Sou o chefe dos dois. O que devo fazer?

CAPÍTULO 12

RH NO SÉCULO XXI

APRESENTAÇÃO

Neste capítulo, estudaremos a importância dos recursos humanos na atualidade.

Começaremos mostrando a importância do capital intelectual que está na mente das pessoas que compõem a organização. Em consequência, a gestão do conhecimento passa a ser prioridade na administração das organizações.

Os recursos humanos estão se tornando o recurso fundamental, em torno do qual se organizam os demais. São as pessoas que tomam as decisões, que executam as atividades, que planejam e controlam os resultados. As pessoas menos qualificadas tenderão a ser pouco valorizadas. Por outro lado, as pessoas muito qualificadas e com capacidade de adaptação e para trabalhar em equipe tenderão a ser mais valorizadas.

As organizações atuais valorizam o trabalho em equipe sobre o individualismo. As equipes serão cada vez mais multidisciplinares, porque *a realidade é multidisciplinar.*

Uma das qualidades desejadas pelas organizações é a capacidade dos colaboradores para construir relações cooperativas, que alguns chamam de capital social.

12.1 Era do conhecimento – capital intelectual

Na atualidade, em que a velocidade das mudanças aumenta, o conhecimento torna-se a principal vantagem competitiva da organização. Saber como administrar o conhecimento é crítico para o êxito e mesmo para a sobrevivência do negócio.[1] A maior parte do conhecimento das organizações está na mente das pessoas que as compõem. Por isso, as pessoas com maior qualificação são mais valorizadas. O que uma organização e seus empregados sabem está no cerne da sua forma de atuação.[2]

O capital intelectual é a soma do conhecimento de todos em uma empresa, o que lhe proporciona vantagem competitiva. Ao contrário dos ativos, com os quais empresários e contadores estão familiarizados: imóveis, fábricas, equipamento e dinheiro, o capital intelectual é intangível. *É o conhecimento da força de trabalho*: a rede eletrônica que transporta informação na empresa à velocidade da luz, permitindo-lhe reagir ao mercado mais rápido que as rivais; a cooperação – o aprendizado compartilhado – entre a empresa e seus clientes, que forja uma ligação entre eles, trazendo, com frequência, o cliente de volta. Em uma frase: o capital intelectual constitui a matéria intelectual – conhecimento, informação, propriedade intelectual, experiência – que pode ser utilizada para gerar riqueza.[3] *Estamos deixando para trás um mundo econômico cujas principais fontes de riqueza eram físicas. Na nova era, a riqueza é produto do conhecimento.* O conhecimento e a informação – não apenas o conhecimento científico, mas a notícia, a opinião, a diversão, a comunicação e o serviço – tornaram-se as matérias-primas básicas e os produtos mais importantes da economia.[4]

Parte da diferença entre o valor de mercado do total das ações de uma empresa e seu valor contábil pode ser explicada pelos ativos intangíveis, constituídos em boa parte por conhecimento. Em algumas empresas, os ativos intangíveis superam os tangíveis.

Por trás do aumento da importância da gestão do conhecimento emerge um fato simples: uma quantidade enorme do conhecimento da organização não lhe pertence, mas sim aos indivíduos que a compõem. Muitas vezes quando alguém deixa a organização, sua experiência desaparece com ele. Mesmo quando uma pessoa permanece por muito tempo,

---

1 DAVENPORT, T. H.; PRUSAK, Laurence. *Working knowledge*: how organizations manage what they know. Boston: Harvard Business School Press, 1998. p.9. (Introdução)

2 DAVENPORT, Thomas H.; PRUSAK, Laurence, 1998. p. 10. (Introdução)

3 STEWART, Thomas A. *Capital intelectual*: a nova vantagem competitiva das empresas. 3. ed. Rio de Janeiro: Campus, 1998. p. xiii.

4 STEWART, Thomas A., 1998. p. xiv.

poucos se beneficiam das suas ideias.[5] Cada pessoa que sai da empresa leva consigo parte do conhecimento empresarial, que deveria estar registrado em algum lugar. Cada pessoa que entra deve possuir algum tipo de conhecimento que possa vir a ser útil. No entanto, não podemos armazenar todos os conhecimentos que todas as pessoas da empresa possuem em uma rede de computadores, não só pelo trabalho que daria, mas porque boa parte desse conhecimento não deve ter muita utilidade. Por essa razão, devemos começar definindo o que deve ser conhecimento útil para a organização. Uma boa definição para isso é a de Hugh MacDonald: o conhecimento existente na organização e que pode ser usado para criar uma vantagem diferencial, ou seja: a soma de tudo o que todos em uma empresa conhecem e que confere à empresa sua vantagem competitiva.[6]

A importância de se saber administrar o conhecimento se torna mais crítica ao se distinguir o conhecimento tácito do explícito. Conhecimento explícito pode ser expresso sob a forma de números e palavras. O conhecimento tácito é algo dificilmente visível e exprimível. É muito pessoal e difícil de formalizar, o que dificulta sua transmissão e seu compartilhamento. O conhecimento tácito está enraizado nas ações e experiências de uma pessoa, bem como em suas emoções, seus valores ou ideais... O explícito pode ser processado por um computador, transmitido eletronicamente ou armazenado em banco de dados. No entanto, a natureza subjetiva e intuitiva do conhecimento tácito dificulta o processamento ou a transmissão do conhecimento adquirido por qualquer método sistemático ou lógico. Pois, para que possa ser comunicado e compartilhado dentro da organização, o conhecimento tácito terá de ser convertido em palavras ou números que qualquer um possa compreender. É exatamente durante o tempo em que essa conversão ocorre – de tácito em explícito e novamente em tácito – que o conhecimento organizacional é criado.[7]

A maior virtude do conhecimento tácito é ser automático, exigindo pouco ou nenhum tempo de reflexão, mas tem três inconvenientes: pode estar errado; é difícil modificá-lo; e é difícil comunicá-lo. Como o conhecimento tácito não é expresso, muitas vezes não é examinado; pode estar errado sem que tenhamos consciência do fato.[8]

O capital intelectual aumenta a capacidade produtiva das pessoas, permitindo melhores remunerações, bem como o aumento dos resultados da empresa.

---

5 GARVIN, David. *Uma nota sobre gestão do conhecimento*. Pesquisa nº 9-398-031, preparada para a Harvard Business School e publicada em 26 de novembro de 1997.

6 Apud STEWART, Thomas A., 1998. p. 60.

7 Adaptação livre de NONAKA, Ikujiro e TAKEUCHI, Hirotaka.. *Criação de conhecimento na empresa*. Rio de Janeiro: Campus, 1997. p. 8.

8 STEWART, Thomas A., 1998. p. 65 e 66.

12.2 Como administrar os recursos humanos na era do conhecimento em um mundo globalizado

Os recursos humanos estão se tornando o recurso fundamental, em torno do qual se organizam os demais. A empresa deve estar à sua escuta se quiser começar o duro aprendizado de uma administração adaptada ao mundo pós-industrial.[9]

Apesar disso, as organizações assumem posições ambíguas em relação às pessoas. As organizações são formadas por pessoas. São as pessoas que tomam as decisões, executam as atividades, planejam e controlam os resultados. O conhecimento das organizações está principalmente na mente das pessoas que as constituem. Em função disso, as pessoas tendem a ser valorizadas, especialmente as que têm mais conhecimento. Por outro lado, as organizações modernas têm menos empregados. O avanço da tecnologia permitiu uma diminuição no número de níveis hierárquicos e de chefias. Portanto, as estruturas organizacionais tendem a ser menores. Aumenta o número de empregados temporários e de tempo parcial em relação ao total de empregados. Tende a haver aumento na rotatividade do pessoal. A competitividade global exige que todos estejam sempre ocupados em atividades produtivas, não sendo tolerável acomodações, tempo ocioso, tempo gasto em atividades inúteis que não produzem valor. As pessoas menos qualificadas tenderão a ser pouco valorizadas. Por outro lado, as pessoas muito qualificadas e com capacidade para trabalhar em equipe tenderão a ser mais valorizadas e somente estas terão êxito no mercado de trabalho altamente competitivo que se visualiza para o futuro.

Algumas empresas exageram a política de reduzir o número de empregados. Outras erram ao tratar todas as pessoas de forma igual, como se fossem *commodities,* quando cada pessoa é diferente das demais, e numa era em que se exige flexibilidade, este é um dos pontos a ser considerado. As pessoas serão cada vez mais o recurso mais precioso das organizações. Não se pode adquirir vantagens competitivas – habilidade para obter retornos econômicos acima do normal em períodos prolongados – simplesmente por meio da aquisição de recursos no mercado. Qualquer um pode contratar pessoal temporário em agências de emprego ou a fabricação de produtos. Coisas que podem ser compradas proporcionam valores de pouca duração como base de sucesso competitivo, simplesmente porque os competidores podem rapidamente fazer o mesmo. A evidência sugere que é muito mais difícil duplicar a cultura de uma organização e seu modo de operar do que sua tecnologia, estratégia, ou mesmo seus

---

9 CROZIER, Michel. *L'Entreprise à l'écoute*: apprendre le management post-industriel. Paris: Éditions du Seuil, 1994. p. 20.

produtos e serviços. Esta é a razão pela qual a cultura e as capacidades das organizações são, cada vez mais, fontes importantes de sucesso. Se isso é verdade, deve-se implementar práticas de alto desempenho e alto comprometimento com clientes e empregados. Construir e manter capacidades exige que se retenha na organização os que possuem o conhecimento tácito necessário às vantagens competitivas.[10]

Há uma alteração fundamental no tipo de profissionais desejados: em vez de especialistas, desejam-se generalistas capazes de se adaptar às mudanças permanentes requeridas pelo trabalho. A qualificação básica forte e a educação permanente são as palavras de ordem. Aprende-se durante toda a vida. As especializações se renovam com velocidade cada vez maior, enquanto a formação básica permanece. O especialista se fecha em si mesmo. É necessário que o profissional tenha capacidade de aprender para dominar novas especialidades, algumas das quais eram inimagináveis na ocasião em que ele se graduou. As técnicas e conceitos mudam várias vezes ao longo de uma vida profissional. O gosto pela reflexão e pelo pensamento crítico torna-se um ativo importante. Isso é tanto mais valorizado quando se verifica que as novas gerações são cada vez mais voltadas para resultados imediatos e para operações. A qualificação generalista requer o conhecimento do inglês, língua internacional atual, e, se possível, de outro idioma. O conhecimento de informática em nível de usuário é indispensável.

Uma das qualidades mais importantes para qualquer profissional é a capacidade de adaptação. Capacidade de compreensão e de adaptação a especialidades diferentes, técnicas diferentes, culturas diferentes, etnias diferentes etc.

A necessidade de manter estruturas "enxutas" e flexíveis cria um problema em relação à lealdade dos empregados. Lealdade é um valor que se supõe de duas mãos: da empresa com os empregados e vice-versa. A solução que se preconiza em um futuro próximo é assegurar a lealdade de um grupo considerado chave para a organização. Quando houver necessidade de redução de custos, preserva-se esse grupo-chave. Em casos mais críticos, deve-se mesmo dizer a algumas dessas pessoas que são consideradas estratégicas para a organização e que se espera um comprometimento da parte delas. Não se pode criar ostensivamente um grupo de privilegiados, considerados de alto potencial para fins de desenvolvimento gerencial. As empresas que o fizeram pagaram caro, pela desmotivação e falta de lealdade dos demais. Na maioria dos casos, não há necessidade de se falar claramente:

---

[10] PFEFFER, Jeffrey. *Will the organization of the future make the mistakes of the past?* In: *Organizations of the Future*. San Francisco, CA: Drucker Foundation; Jossey-Bass Publishers, 1997. p. 48.

as pessoas de alto nível sabem interpretar os sinais. No entanto, a administração superior deve saber quais os empregados que vale a pena manter.

As empresas precisarão, também, executar programas especiais de motivação e treinamento visando a recuperar a lealdade e o comprometimento dos "sobreviventes" dos processos de *downsizing* e reengenharia. Dizia-se antigamente: quando tiver de optar entre proteger seu patrimônio ou seus empregados, escolha proteger seu patrimônio. Alguns dizem atualmente: quando tiver que optar entre proteger seu patrimônio ou seus empregados, escolha proteger seus empregados. Nenhuma das duas afirmativas é válida, considerando-se a necessidade de flexibilidade nas organizações modernas. Os empregados-chave, que possuem as competências que diferenciam a organização dos competidores, devem ser privilegiados, mesmo à custa de algumas perdas patrimoniais, mas não se pode aplicar essa regra a todos.

O pessoal qualificado tenderá a ser muito mais motivado pelo tipo de trabalho e pela realização e reputação pessoal e profissional do que pelo ganho material ou pela carreira. Alguma liberdade de tempo para o profissional se dedicar a um trabalho produtivo de que goste e possa ser útil à empresa pode motivar muito.

As empresas que oferecerem amplas possibilidades de treinamento e valorização profissional tenderão a ter boas condições de atrair e reter os melhores. E atrair, reter e desenvolver os melhores será sempre um dos pontos mais importantes das organizações. A oferta de pessoas altamente qualificadas e com grande capacidade de adaptação se tornará pequena diante da procura que já se pode visualizar para esse tipo de profissional. Podemos concluir que os recursos humanos do tipo desejado pelas empresas serão raros.

No mundo globalizado e competitivo, vale a pergunta: como se distinguir em um mundo em que seus concorrentes podem copiar tudo o que você faz? A resposta é: o que distingue você da concorrência é a capacidade, o conhecimento e o comprometimento dos que trabalham na empresa.[11] Quase todas as empresas bem-sucedidas neste século dizem que sua única vantagem competitiva é a qualidade do seu pessoal.

Os administradores do século XXI devem ser bons comunicadores, capazes de motivar e integrar a sua equipe. Esclarecer os objetivos da empresa e da sua unidade para o grupo, encorajando a participação e o esforço para atingir os objetivos.

---

[11] PFEFFER, Jeffrey. *Perigo*: empresa tóxica, em entrevista concedida a Alan Webber, publicada em *HSM Management*. Set-Out, 1999. p. 116.

A população do planeta será cada vez mais idosa e esse fato deve ser assimilado e considerado pelos administradores do século XXI. A idade de aposentadoria deve aumentar em todos os países e devem-se prever posições de trabalho adequadas para os que se aposentam mais tarde.

12.3 Equipes multidisciplinares

As organizações atuais valorizam o trabalho em equipe sobre o individualismo. As equipes serão cada vez mais multidisciplinares e multiculturais e requerem apoio institucional para obter resultados eficazes. As equipes *ad hoc* tendem a desempenhar papel cada vez maior nas organizações. A razão disso é simples: O aumento do conhecimento obriga a especializações maiores. Por outro lado, a complexidade dos problemas e das oportunidades aumenta e abrange, cada vez mais, aspectos e especialidades diferentes. Em consequência, somente equipes multidisciplinares têm condições de atuar com eficiência e eficácia na solução de situações complexas: *a realidade é multidisciplinar*. Essas equipes já são o embrião da adhocracia. Na adhocracia, as equipes são formadas em torno de um problema ou de um projeto com resultados desejados, mas a mesma pessoa pode fazer parte de mais de uma equipe. Em uma equipe, essa pessoa pode ser o líder; em outra, um dos colaboradores e, em uma terceira ser membro de uma equipe cujo líder integra uma equipe que ele lidera. As equipes são formadas e alteradas de acordo com a necessidade, e muitas vezes têm poder para decidir e implantar as soluções.

Os esforços individuais continuam sendo necessários e desejáveis, mas o mais importante é a contribuição para os resultados da equipe. A flexibilidade, a facilidade de relacionamento e de adaptação a novas circunstâncias e condições de trabalho, a capacidade de trabalhar para o conjunto sem "esconder o jogo" e sem preconceitos, a disposição para colocar os resultados da equipe acima dos seus interesses sem ser sempre a "estrela" da equipe, a capacidade de assumir papéis diferenciados ao mesmo tempo são qualidades que se tornam cada vez mais importantes nessa nova forma de operar e podem ser qualidades mais importantes que a qualificação profissional. Por isso, uma das qualidades desejadas pelas organizações é a capacidade dos colaboradores para construir relações cooperativas, que alguns chamam de capital social.

Termos-Chave

Ver significado desses termos no site do livro.

Capital intelectual

Conhecimento explícito

Conhecimento tácito

Downsizing

Equipe multidisciplinar

Reengenharia

Casos para Debate em Sala de Aula

Teletrabalho

Uma empresa de consultoria instituiu o teletrabalho para seus consultores, entregando um *laptop* a cada um para se comunicarem eletronicamente com o escritório central e entre eles. Inicialmente, os resultados foram excelentes, com aumentos significativos de produtividade. Depois de um ano, porém, o gerente dos serviços de consultoria sentiu que estava perdendo o controle sobre o seu pessoal. A produtividade começou a cair, vários consultores se queixavam uns dos outros, alguns se sentiam diminuídos em relação a outros mais novos na empresa e começou a haver alguma rotatividade, com a saída dos melhores profissionais. Que medidas você sugeriria que fossem adotadas por essa empresa para resolver este problema?

Desemprego?

Comente a seguinte afirmação:

"Com a população e a produtividade crescendo cada vez mais, a tendência é no sentido do desemprego crescer ininterruptamente".

Capital intelectual

Se o conhecimento está na mente das pessoas, como devo proceder para transformá-lo em capital intelectual da empresa, como assegurar que as pessoas vão contribuir para isto?

Exercícios

1. Enumere e justifique as características necessárias aos administradores que desejem ser bem-sucedidos no início do terceiro milênio.
2. Por que o administrador precisa ter as seguintes qualidades em grau elevado: (a) capacidade de comunicação; (b) habilidade em lidar com as pessoas; (c) capacidade para atuar em equipes multidisciplinares; (d) competência para empreender e promover transformações; (e) compreender o meio social, político e econômico em que está inserido.
3. Quais as mudanças na administração dos recursos humanos que devemos esperar no século XXI?

REFERÊNCIAS

AGUILAR, Francis. *A Ética nas Empresas*. Rio de Janeiro: Jorge Zahar Editor, 1996.

ARGYRIS, Chris. *Empowerment* in *On Managing People*. Boston: Harvard Business School Press, 1999.

______. *Integrating the Individual and the Organization*. New York: John Wiley, 1964.

BADARACCO Jr., Joseph L. *The Discipline of building Character* in *On Leadership*. Boston: Harvard Business School Press, 1998.

BARNARD, Chester I. *Organization and Management*. Harvard University Press. Cambridge, 1948.

______. I. *The Functions of the Executive*. Harvard University Press. Cambridge,1938.

BARTOLOME, F. Nobody Trusts the Boss Completely in *Harvard Business Review*. Mar.- Apr.; 1989.

BENNIS, W. e NANUS, B. *Líderes: Estratégias para Assumir a Verdadeira Liderança*; São Paulo: Editora Harbra Ltda, 1998.

BERGAMINI, C.W. e BERALDO, D. G. R. *Avaliação de Desempenho Humano na Empresa*. São Paulo: Editora Atlas, SP, 1992.

BERGAMINI, Cecília. *Liderança como Administração do Sentido* in Gestão das Pessoas. Belo Horizonte: Fundação Dom Cabral, 2001.

BERGLAS, Steven. The Very Real Dangers of Executive Coaching in *Harvard Business Review*. June 2002.

BERRY, Leonard; MIRABITO, Ann & BAUN, William. What's the Hard Return on Employee Wellness Programs? in *Harvard Business Review*. December, 2010.

BLAKE, Robert e MOUTON, Jane S. *O Grid Gerencial*. São Paulo: Livraria Pioneira Editora. 3. ed, 1978.

BLANCHARD, K. , CARLOS, J. P. e RANDOLPH, A. *Empowerment: exige mais do que um minuto*. Rio de Janeiro: Editora Objetiva, 1996.

BROWN, J. A. C. *Psicologia Social da Indústria*. São Paulo: Editora Atlas, 1967.

BUTLER, Timothy e WALDROOP, James. *The Art of Retaining your Best People* in *Finding and Keeping the Best People*. Boston: Harvard Business School Press, 2001.

CAPPELLI, Peter. A Market-Driven Approach to Retaining Talent *in Harvard Business Review*. Jan-Feb. 2000.

CASCIO, Wayne F. *Managing Human Resources: productivity, quality of work life, profits*. 5. ed. New York: McGraw-Hill, 1998.

CASE, John. When Salaries Aren't Secret in *Harvard Business Review*. Maio de 2001.

CHANLAT, Alain e BÉDARD, Renée. *La Gestion, Une Affaire de Parole* in CHANLAT, Jean-François - *L'Individu dans l'Organisation: Les Dimensions Oubliées*. Les Presses de l'Université Laval. Québec: Éditions Eska, 1990.

COLQUITT, Jason A. LEPINE, Jeffery A. WESSON Michael J. *Organizational Behavior: improving performance and commitment in the workplace.* New York: McGraw-Hill, 2ª ed, 2011.

CONGER, Jay A. The Necessary Art of Persuasion in *Harvard Business Review*. May-June, 1998.

CROZIER, Michel. *L'Entreprise à l'écoute: apprendre le management post-industriel*. Paris: Éditions du Seuil, 1994.

DAVENPORT, Thomas H. e PRUSAK, Laurence. *Working Knowledge: How Organizations Manage what they know.* Harvard Business School Press. Boston, 1998.

DEWEY, John. *How We Think*. New York: D. C. Heath & Company, 1910.

DRUCKER, Peter F. *On the Profession of Management*. Boston: Harvard Business Review Book, 1998.

______. *The Practice of Management*. New York: Harper & Row, 1986.

______. *Management: tasks, responsibilities, practices.* London: Heinemmann, 1974.

______. *Prática de Administração de Empresas.* Rio de Janeiro: Editora Fundo de Cultura, 1970.

ETZIONI, Amitai. *Organizações complexas.* 6ª tir. São Paulo: Editora Atlas, 1978.

FIELDEN, John. "What do you mean I can't write?" in *Harvard Business Review*. May-June, 1964.

FOLLET, Mary Parker. *Profeta do Gerenciamento. Conferências Selecionadas para a Harvard Business Review.* Tradução brasileira. Rio de Janeiro: Qualitymark Editora,1997.

FRIEDMAN, Milton & Rose. *Free to Choose*. New York: Avon Books, 1979.

FRYER, Bronwyn. In a World of Pay in *Harvard Business Review*. Nov., 2003.

GARDNER, John W. *On leadership*. New York: The Freepress, 1990.

GESTNER, Louis *Who says Elephants can't dance?* New York: Harper Collins Publishers, 2002. pp. 235 a 241.

GHEMAWAT, Pankaj. Managing Differences: the central challenge of global strategies, in *Harvard Business Review*. March, 2007.

GHERSI, E. *A Corrupção como conseqüência* in Think Tank. Rio de Janeiro: Instituto Liberal. Junho, 2000.

GIANNETTI DA FONSECA, Eduardo. *A Ilusão da Alma: biografia de uma idéia fixa.* São Paulo: Companhia das Letras, 2010.

______. *Auto-Engano*. São Paulo: Companhia das Letras, 1998.

______. *Vícios Privados, Benefícios Públicos?:* A Ética na Riqueza das Nações. São Paulo: Companhia das Letras, 1993.

GOFFEE, R. e GARETH, J. Why should anyone be led by you? In *Harvard Business Review.* Sept.-Oct. 2000.

GOLEMAN, Daniel. What Makes a Leader? In *Harvard Business Review*. January, 2004.

______. *Emotional Intelligence.* New York: Bantam Books, 1995.

GRIFFIN, Natalie Shope. Personalize your Management Development in *Harvard Business Review.* March, 2003.

HALLOWELL, Edward. The Human Moment at Work in *Harvard Business Review*. Jan.-Feb. 1999.

HAMMER, Michael & CHAMPY, James. *Reengenharia: Revolucionando a empresa em função dos clientes, da concorrência e das grandes mudanças da gerência*. Rio de Janeiro: Editora Campus, 1994.

HAMMOND, John S.; KEENY, Ralph L. and RAIFFA, Howard. The Hidden Traps in Decision Making in *Harvard Business Review*. Sept.-Oct., 1998.

HARRIMAN, B. Up and down the Communications Ladder in *Harvard Business Review*. Sept. - Oct., 1974.

HEIFETZ, R. A. e LINSKY, M. A Survival Guide for Leaders in *Harvard Business Review.* June 2002.

HERZBERG, Frederick. One more Time: How do you Motivate Employees? in *Harvard Business Review*. Jan.-Feb., 1968.

HILMER, Frederick G. and DONALDSON, Lex. *Management redeemed: Debunking the Fads that Undermine our Corporation*. New York: The Free Press, 1996.

JÚLIO, Carlos Alberto Entrevista concedida por Luiza Helena Inácio Trajano Rodrigues, diretora-superintendente do Magazine Luiza, ao *HSM Management* e publicada no número de novembro-dezembro de 2003.

KARLÖF, Bengt. *Conceitos Básicos de Administração: um Guia Prático*. São Paulo: Livraria Nobel, 1994.

KATZ, Daniel e KAHN, Robert L. *Psicologia Social das Organizações.* 2 ed. São Paulo: Editora Atlas, 1976.

KATZ, Robert. Skills of an Effective Administrator in *Harvard Business Review*. Jan.-Feb, 1955.

KELLERMAN, Barbara. Leadership: warts and all in *Harvard Business Review*. January, 2004.

KEPNER, Charles e TREGOE, Benjamin. *O Administrador Racional: Uma abordagem sistemática para solução de problemas e tomada de decisão*. 2 ed. São Paulo: Editora Atlas, 1972.

KESNER, Idalene. Leadership Development: Perk or Priority? in *Harvard Business Review*. Maio, 2003.

KINICKI, A. *Organizational Behavior.* New York: McGraw-Hill, 2008.

KOTTER, John. *What Leaders Realy Do* in *On Leadership*. Boston: Harvard Business School Press, 1998.

______. Leading Change: Why Transformations Efforts Fail *in Harvard Business Review*; March-April, 1995.

KOUZES, James M e POSNER, Barry Z. *O Desafio da Liderança*. 6 ed. Rio de Janeiro: Editora Campus, 1997.

KOUZES, James M. e POSNER, Barry Z. *A Credibilidade faz a Diferença* in Gestão de Pessoas. Belo Horizonte: Fundação Dom Cabral, 2001.

KREITNER, Robert & KINICKI, Angelo. *Organizational Behavior*. 8 ed. New York; McGraw-Hill, 2008.

LACOMBE, Francisco e HEILBORN, Gilberto. *Administração:* princípios e tendências. 2 ed. São Paulo: Saraiva, 2008.

LACOMBE, Francisco. *Recursos humanos:* princípios e tendências. 2 ed. São Paulo: Saraiva, 2012.

LAZER, Robert e WIKSTROM, Walter S. *Appraising Managerial Performance: Current Practices and Future Directions*. Research Report. New York: The Conference Board, 1979.

LEONARD, Dorothy & SWAP, Walter. Deep Smarts in *Harvard Business Review*. September, 2004.

LIKERT, Rensis. *Novos Padrões de Administração*. São Paulo: Livraria Pioneira Editora, 1971.

LODI, João Bosco. *História da administração*. 11 ed. São Paulo: Livraria Pioneira Editora; 1998.

LOPES DE SÁ, Antonio. *Ética Profissional*. 2 ed. São Paulo: Editora Atlas, 1998.

MACCOBY, Michael. Narcisistic Leaders: The Incredible Pros, the Inevitable Cons in *Harvard Business Review*. January, 2004.

MACHIAVELLI, N. *Il Príncipe*. Roma: Tascabili Economici Newton, 1995.

______. *Discurso sobre a primeira década de Tito Lívio*. Brasília: Editora Universidade de Brasília. Edição revista. 1982 Livro II.

MANDELLI, Pedro. *Gestão de Pessoas:* compreendendo o essencial. Apostila do módulo de recursos humanos. Belo Horizonte: Fundação Dom Cabral, 2001.

MARCH, James G. e SIMON, Herbert. *Teoria das Organizações*. 2 ed. Rio de Janeiro: Fundação Getulio Vargas, 1970.

McGREGOR, Douglas. *O Lado Humano da Empresa*. São Paulo: Martins Fontes, 1980.

______. Uneasy Look at Performance Appraisal in *Harvard Business Review*; Sept.-Oct, 1972.

McNEILLY, Mark. *Sun Tzu e a Arte dos Negócios*. Rio de Janeiro: Editora Campus, 1998.

MICKLETHWAIT, John & WOOLDRIDGE, Adrian. *Os Bruxos da Administração:* Como entender a Babel dos gurus empresariais; Rio de Janeiro: Campus, 1998.

MILKOVICH, George e BOUDREAU, John. *Administração de Recursos Humanos*. São Paulo: Editora Atlas, 2000.

MORGAN, Gareth. *Imagens da Organização*. São Paulo: Editora Atlas,1996.

MUNDELL, Robert A. *O Homem e a Economia*. Rio de Janeiro: Editora Expressão e Cultura,1968.

MYERS, M. Scott. *Every employee a Manager*. San Diego: Pfeiffer & Company, 1991.

NALBANTIAN, H. R. e SZOSTAK, Anne. How Fleet Bank Fought employee Flight in *Harvard Business Review*. April, 2004.

NEWMAN, William H. *Ação Administrativa*. 3 ed. São Paulo: Editora Atlas, 1970.

NICHOLS, Ralph G. and STEVENS, Leonard A. Listening to People in *Harvard Business Review*. Sept.-Oct. 1957.

NICHOLSON, Nigel. How to Motivate Your Problem People in *Harvard Business Review*. Jan. 2003.

NOHRIA, Nitin; GROYSBERG, Boris & ELING-LEE, Linda. Employee Motivation: a powerful new model in *Harvard Business Review*. July-August, 2008.

NONAKA, Ikujiro e TAKEUCHI, Hirotaka. *Criação de conhecimento na empresa*. Rio de Janeiro: Campus, 1997.

NONAKA, Ikujiro. The Knowledge-Creating Company in *Harvard Business Review*. Jan.-Fev., 1991.

OFFERMAN, Lynn R. When Followers Become Toxic in *Harvard Business Review*. January, 2004.

OUCHI, William. *Teoria Z: Como as empresas podem enfrentar o desafio japonês*. 10 ed. São Paulo: Livraria Nobel, 1988.

PELLICIA, Rolando. Administrar Diferenças dá Resultados in *Harvard Business Review*. Versão brasileira. Fevereiro, 2011.

PERROW, Charles. *Análise Organizacional:* Um Enfoque Sociológico. São Paulo: Editora Atlas, 1972.

PETERS, Tom. Uma liderança sob medida in *HSM Management* São Paulo, maio-junho, 2002.

PFEFFER, Jeffrey. Perigo: Empresa tóxica in entrevista concedida a Alan Webber, publicada *in HSM Management*. São Paulo: Set-Out, 1999.

______. Will the Organization of the Future Make the Mistakes of the Past? in *Organizations of the Future*; San Francisco: Drucker Foundation. Jossey-Bass Publishers, 1997.

PIGORS, P. and MYERS, C. *Personnel Administration*. New York: McGraw-Hill, 1965.

PRENTICE, W. C. H. Understanding Leadership in *Harvard Business Review.* Jan. 2004.

PROVOST, Charles. *La Sélections des Cadres*. Paris: Presses Universitaires Françaises, 1949.

REDDIN, W. J. *Eficácia Gerencial*. São Paulo: Editora Atlas, 1970.

REICHHELD, Frederick F. Lead for Loyalty in *Harvard Business Review.* July-Aug. 2001.

ROBBINS, Harvey e FINLEY, Michael. *Por que as Equipes Não Funcionam*. 4 ed. Rio de Janeiro: Campus, 1997.

ROBBINS, Stephen P. *Comportamento Organizacional*. Rio de Janeiro: LTC – Livros Técnicos Científicos, 1998.

ROGERS, Carl e ROETHLISBERGER, F. J. Barriers and Gateways to Communication in *Harvard Business Review.* July - August, 1952.

RUSS, Jacqueline. *La Pensée Éthique Contemporaine*. Paris: Presses Universitaires de France, 1994.

RUSSO, J. Edward e SCHOEMAKER, Paul J.H. *Decision Traps: The Ten Barriers to Brilliant Decision-Making and How to Overcome Them*. New York: Simon & Schuster, 1990.

SANCHEZ VASQUEZ, Adolfo. *Ética*. Rio de Janeiro: Editora Civilização Brasileira, 1970.

SCHEIN, Edgar. *Organizational culture and leadership*. San Francisco: Jossey-Bass Publishers, 1985.

______. *Psicología de la Organización*. Madrid: Ediciones del Castillo, 1972.

SECORD, Paul F. & BACKMAN, C. W. *Social Psychology.* New York: McGraw-Hill, 1964.

SIMON, Herbert A. *The New Science of Management Decision*. Revised Edition; New Jersey: Prentice-Hall, Inc., 1977.

SIMON, Herbert. *Comportamento Administrativo*. Rio de Janeiro: Fundação Getulio Vargas, 1965.

STEWART Jr, Donald. *A Lógica da Vida*. Rio de Janeiro: Instituto Liberal, 1999.

STEWART, Thomas A. *Capital Intelectual:* A Nova Vantagem Competitiva das Empresas. 3 ed. Rio de Janeiro: Editora Campus, 1998.

STONER, James A e FREEMAN, R Edward. *Administração*. 5 ed. Rio de Janeiro: Prentice-Hall do Brasil, 1985.

THOMAS, David. Diversity as Strategy in *Harvard Business Review*. September, 2004.

VALADIER, Paul. *Inévitable Morale*. Paris: Éditions du Seuil, 1990.

WELCH, Jack e BYRNE, John A. *Jack definitivo: segredos do executivo do século*. Rio de Janeiro: Editora Campus, 2001.

WILLIAMS, Gary A. & MILLER, Robert B. Change the Way you Persuade in *Harvard Business Review*. May, 2003.

WOOD Jr., Thomaz e PICARELLI Filho, Vicente. *Remuneração Estratégica:* a nova vantagem competitiva. São Paulo: Atlas, 1999.

ZALEZNIK, Abraham. *Managers and Leaders: are they different?* In *On Leadership*. Boston: Harvard Business School Press, 1998.

ÍNDICE ONOMÁSTICO

Acheson, Dean 140
Acton, Lord John Dalberg 144
Aguilar, Francis 274
Allen, David 257
Argyris, Chris 54, 87, 92-93, 96, 220
Aristóteles 68
Assis, J. M. Machado de 20
Backman, C. W. 142
Badaracco Jr, Joseph L. 277
Barnard, Chester 69, 140, 179
Bartolomé, F. 154, 184
Baun, William 215
Bédard, Renée 10, 172, 175, 182
Bennis, Warren 61, 140, 142, 146, 149, 157, 163
Beraldo, D. G. R. 252
Bergamini, Cecília 149, 159, 252
Berglas, Steven 245
Bergson, Henri 171
Berry, Leonard 215
Blake, Robert 119-124, 136
Blanchard, K. 95
Blecher, N. 142
Bobbio, Norberto 278
Boudreau, John 244
Brown, J.A.C. 155
Butler, Timothy 82, 251
Byrne, John A. 251
Byrnes, J.F. 144
Cabot, Louis W. 166
Camões, Luiz Vaz de 148
Cappelli, Peter 233
Carlos, J.P. 95
Carnegie, Andrew 148, 155

Cascio, Wayne 237, 251-252
Case, John 232
Castro Neves, Roberto 183
Champy, James 96
Chanlat, Alain 10, 172, 175, 182
Chanlat, Jean-François 10
Churchill, Winston 140, 258
Colquitt, Jason A. 148, 216, 257
Conan Doyle, Sir Arthur 200
Confúcio 171, 228
Conger, Jay A. 133
Coutou, Diane L. 58
Crainer, Stewart 19, 173
Crozier, Michel, 58, 286
Czecinsky 41
Daudet, Alphonse 179
Davenport, Thomas H. 175, 284
David, Allen 257
Davis, Keith 273
De Gaulle, Charles 140
Defoe, Daniel 7
Deming, Edwards 237
Demócrito 97
Dewey, John 197
Disraeli, Benjamin 148
Donaldson, Lex 174, 203
Dooley, C.R. 240
Drucker, Peter F. 156, 193, 199
Eling-Lee, Linda 68, 82
Emerson, Ralph Waldo 259
Etzioni, Amitai 3, 9
Fayol, Henri 30, 33, 35, 69, 172
Ferrari, Enzo 230
Fielden, John 173
Finley, Michael 164
Follet, Mary Parker 10, 40, 67, 72, 87, 101, 178
Forbes, Malcolm 176
Ford, Henry, 12
Freeman, R. Edward 60, 273-274
Freud, Sigmund 68
Friedman, Milton 5, 274
Friedman, Rose 5
Fryer, Bronwyn 232
Gandhi, Mahatma 140
Gardner, John 140, 145
Gareth, J. 157, 164
Garvin, David 285
Gavin, Paul 173
Gerstner, Louis 89-90
Ghemawat, Pankaj 89
Ghersi, E. A. 278
Ghosn, Carlos 247, 248
Giannetti da Fonseca 3-6, 98, 152, 195, 201, 271, 274, 295
Goethe, Johann Wolfgang von 176, 193
Goffee, R. 157, 164, 295
Goleman, Daniel, 23, 139, 159, 160-161, 295
Gresham, Thomas 196, 211
Griffin, Natalie Shope 92, 296
Groysberg, Boris 68, 82, 298
Hallowell, Edward 175-176, 296
Hammer, Michael 96, 296
Hammond, John S. 205, 296
Handy, Charles 19
Harriman, B. 184, 296
Hearst, Randolph 155
Hegel, Georg Wilhelm F. 153
Heifetz, R. A. 151, 296

Heilborn, Gilberto 185-186, 297
Herzberg, Frederick 67, 77-79, 86, 233, 296
Hilmer, Frederick G. 174, 203, 296
Hobbes, Thomas 6
Homans, C.G. 157
Hubbard, Elbert 40
Iacocca, Lee 162
Jacks, L. P. 102, 271
Jackson, T. 102
Jesus Cristo 140
Josvold, D. 238
Júlio César 140
Júlio, Carlos Alberto 83, 229, 276, 296
Jung, Carl Gustav 205
Juran, J. M. 16
Kahn, Robert L. 143-144, 170, 204, 296
Karlöf, Bengt 145, 296
Katz, Daniel 143-144, 170, 204, 296
Katz, Robert 21-23, 296
Keeny, Ralph L. 205, 296
Kellerman, Barbara 155, 296
Kelvin, William Thomson 173-174
Kepner, Charles 197, 199-200, 296
Kesner, Idalene 165, 249, 296
Kettering, Charles 40-41
Kingston, A. 144
Kinicki, Angelo 101-103, 176, 257, 277, 297
Kissinger, Henry 140
Kotter, John P. 60, 146, 149-150, 297
Kouzes, James M. 141-142, 144, 150, 153-154, 156, 164, 238, 297
Kreitner, Robert 101, 176, 257, 277, 297
La Rochefoucauld, F. de 153, 258
Lazer, Robert 254, 297
Le Bon, Gustave, 152
Lepine, Jeffery A. 140, 216, 257, 294
Lenine -
Leonard, Dorothy 204, 297
Likert, Rensis 87, 98-99, 109, 115-118, 214, 217, 220, 297
Lincoln, Abraham 144
Linda, Eling-Lee 68, 82, 298
Linsky, M. 151, 296
Lodi, João Bosco 2, 297
Lopes de Sá, Antonio 276, 297
MacArthur, Douglas 148
Maccoby, Michael, 161-162, 297
Machiavelli, Nicolò 77, 140, 158, 234, 297
Madison, James 140
Mandelli, Pedro 151, 297
March, James G. 11, 193, 298
Martin Luther 140
Martin Luther King Jr 140
Maslow, Abraham 67-68, 72-73, 84
Mayo, Elton 10, 67, 69-71, 110
McClelland, D. C. 67, 80, 84
McGregor, Douglas 109-118, 220, 255
McNeilly, Mark 152
Micklethwait, John 142, 298
Milkovich, George 244, 298
Miller, Robert B. 134, 300
Mintzberg, H. 46, 172, 175
Mirabito, Ann 215, 294
Moisés 8, 46, 140, 271
Montesquieu, Baron de 144
Montgomery, Marechal 148, 156
Mooney, James 2
Morgan, Gareth 10, 77, 155, 298
Mouton, Jane 109, 119-124, 136-137, 294

Mundell, Robert A. 5, 298
Myers, Charles 270, 299
Myers, M. Scott 58, 258
Nalbantian, H.R. 223, 298
Nanus, Burt 140, 142, 146, 149, 157, 163, 293
Napoleão Bonaparte 147, 193
Newman, William H. 41-42, 182, 298
Nichols, Ralph G. 183, 298
Nicholson, Nigel 83, 164, 229
Nietzsche, Friedrich 272
Nitin, Nohria 68, 82, 298
Nonaka, Ikujiro 62, 285, 298
Offerman, Lynn R. 147, 298
Ortega y Gasset, José 170
Ouchi, William 109, 112-114, 298
Parris, Amos 148
Parsons, Talcott 9
Pascal, Blaise 180
Pellicia, Rolando, 88-89, 299
Péricles 140
Perrow, Charles 72, 158, 299
Pessoa, Fernando 20
Peters, Tom 165, 299
Pfeffer, Jeffrey 287-288, 299
Picarelli Filho, Vicente 259, 300
Pigors, Paul 240, 242, 249, 270, 299
Posner, Barry Z. 141-144, 150, 153-156, 164, 238, 297
Prentice, W.C.H. 157, 299
Provost, Charles 243, 299
Prusak, Lawrence 175, 284, 294
Raiffa, Howard 205, 296
Randolph, A. 95, 294
Rathenau, Walter 269
Reddin, W. J. 109, 123-126, 128-129, 131-132, 136, 145, 299
Reichheld, Frederick F. 159, 299
Ridley, Matt 6
Riegel, J.W. 249, 270
Riès, Philippe 248
Robbins, Harvey, 164, 299
Robbins, Stephen 80, 215, 299
Robespierre, Maximilien de 148
Rockefeller, John D. 23, 68
Roethlisberger, F. J. 187, 299
Rogers, Carl 187, 299
Rusk, Dean 177
Russ, Jacqueline 272, 299
Russo, J. Edward 193, 201, 299
Saint-Exupéry, Antoine 88
Sanchez Vasquez 271, 299
Sartre, Jean-Paul 171
Sawyer, D. 177
Schein, Edgar 2, 5, 53-54, 58-59, 65, 71, 299
Schoemaker, Paul J. H. 193, 201, 299
Seashore, Stanley 72
Secord, Paul 142, 157, 299
Simon, Herbert 10-11, 193-197, 202, 298, 300
Sloan, Alfred 31
Smith, Adam 68
Sócrates, 259
Soros, George 162
Sparks, Jared 176
Stevens, Leonard A. 183, 298
Stewart Jr., Donald 6, 300
Stewart, Thomas 284-285, 300
Stoner, James A. 60, 273-274, 300

Stryker, Perrin 21
Swap, Walter 204, 297
Szostak, Anne 223, 298
Tannenbaum, Arnold 72
Taylor, Robert W. 69-71
Thomas, David 90, 300
Tiger, Frank 177
Tocqueville, Alexis 269
Tolstoi, Léon 140-141
Toole, James, 146
Toynbee, Arnold 268-269
Trajano Rodrigues, Luiza Helena 83, 229, 276, 296
Tregoe, Benjamin 167, 199-200, 296
Truman, Harry 148, 156
Twain, Mark 171
Ursini, Tim 103
Valadares, Benedito 41
Valadier, Paul 272, 300
Waldroop, James 82, 251, 294
Weber, Max 143
Welch, Jack 19, 146, 156, 162, 173, 251, 300
Wesson, Michael J. 140, 216, 257, 294
Wikstrom, Walter S. 254, 297
Williams, Gary 134, 300
Wilson, Thomas 259
Wood Jr, Thomaz 259, 300
Wooldridge, Adrian, 142, 298
Zaleznik, Abraham 150, 158, 300

ÍNDICE REMISSIVO

Absenteísmo
- clima organizacional e o 213

Administração
- por objetivos 227ss
- primórdios da teoria da 69ss

Administradores
- diferença entre líderes e 149ss
- funções dos 24
- habilidade de escrever para os 173
- habilidades que devem ter os 21ss
- importância da comunicação para os 172ss
- importância do conhecimento para 18
- papel dos 17ss
- são pagos para realizar 20ss

Ambientes externos das organizações 15

Ampliação do trabalho 94

Amplitude de supervisão 36

Artefatos visíveis 53

Assessoria 27

Autoridade de fiscalização 27

Autoridade de linha 27

Autoridade funcional 27

Avaliação de pessoas
- características de um bom sistema de 254-255
- dos subordinados 180
- erros na 100
- *feedback* da 250ss
- mitos sobre a 251
- motiva? 250ss

Barreiras psicológicas na comunicação 187

Brainstorming 198ss

Capital intelectual 284-285
Centralização 35-36
Clima organizacional 213ss
  absenteísmo e o 256
  conceituação 214-215
  lealdade entre os colegas e o 220-221
  positivo 214-215
  rotatividade e o 222-224
  sintomas de insatisfação 261
  variáveis causais, intervenientes e finais 217ss
Comitês 37ss
Comportamento organizacional 214ss
  abrangência 1-2
  atitudes no clima organizacional positivo 213-216
  definição 9
Comprometimento organizacional 215
Comunicação 169ss,
  barreiras psicológicas na 187
  canais para ouvir o pessoal 183
  características da boa 184
  contato direto pessoal na 174ss
  feedback dos subordinados, obtenção do 183-184
  filtragem na 186
  importância de saber ouvir 176
  importância para o administrador 172ss
  meios na empresa para a 174ss
  nos grupos informais 182
  ordens dos superiores 178
  para coordenação de atividades 181
  percepção das pessoas na 187
  para os funcionários 182-183
  prestação de contas dos subordinados 180-181
  termos técnicos na 173-174
  tipos de comunicação na empresa 177ss
Conflitos 101ss
  como lidar com os 102-103
Conhecimento
  era do 284-285
  importância para administradores 18
Consenso, decisão por 211
Contato direto pessoal 174ss
Cultura organizacional
  administração da 57-59
  como é usada a 54-55
  conceituação 52
  definições 52
  dos ramos de negócios 56
  ensino da 56-57
  estratégias para a mudança da 60-61
  explícita e implícita 56-57
  formalização da 56-57
  mudança da 57-59
  níveis da 53-54
  segundo as idades das empresas 59
  subculturas da 56
Curva da maturidade 132ss
Custo da legalidade 277-278

Decisões 191ss
  armadilhas psicológicas nas 205ss
  aspectos psicológicos nas 204ss
  brainstorming 209-210
  características das 192

coletivas 208ss
conceituação das 192
consenso 211
erros nas 200ss
estratégicas e táticas 196
estruturáveis 197
intuição nas 203
lei de Gresham nas 196
método da técnica Delphi 210
nas organizações 191ss
pouco estruturáveis 202ss
processo decisório estruturado nas 197ss
programadas e não programadas 195ss
racionalidade limitada nas 194-195
Delegação de autoridade 33-35
Delphi, método da técnica 210
Departamentalização 26-27
Descentralização 35-36
Desenvolvimento organizacional 61-62
Desenvolvimento gerencial personalizado 90-92
Diferenças entre o líder e o administrador 149ss
Diversidade 87ss
administração da 88-89
desenvolvimento gerencial personalizado 90-92
equipes multidisciplinares 289
exemplo da IBM 89-90
Divisão do trabalho 3-4, 6

Educação, importância 270
Eficácia e estilos de gestão 109ss
fatores que influenciam o melhor estilo 125ss
Empowerment 95
Enriquecimento do trabalho 93, 94
Equipes multidisciplinares 289
Estilos de administração segundo Likert 118
Estilos de gestão 109ss
Estrutura funcional 30
Estrutura divisional 31
Estrutura matricial 31-33
Ética 267ss
como fazer a empresa ser 276-277
conceituação 268-270
importância da 271-272
nas empresas 273ss
obrigações éticas das empresas 273ss

Fatores de motivação de Herzberg 77ss
Feedback
dos subordinados, obtenção do 183
da avaliação 250ss
Filtragem na comunicação 186
Follet, Mary Parker, estudos de 72

Gerência intermediária 116ss
Grade gerencial 119ss
variáveis intervenientes e a 220ss
Grupos de trabalho 37
Grupos informais, comunicação nos 182

Habilidade conceitual 23
Habilidade de escrever para os administradores 160
Habilidade humana 22-23
Habilidade técnica 22

Habilidades das pessoas 228-229
Habilidades necessárias ao administrador 21ss
Hábitos e costumes 96
Hawthorne
experimentos de Elton Mayo em 69ss

Inteligência emocional e liderança 159ss
Intuição 203

Job enlargement 94
Job enrichment 94

Lei de Gresham 196
Líder
características de um 152ss
diferenças entre o administrador e o 149ss
importância do 142
na empresa 142
narcisista 161
o que faz o 144-145
opinião de Maquiavel 157
opiniões sobre as características do 156-158
principais responsabilidades do 146-147
problemático 164-165
riscos do 147
também erra 155
traços comuns do 154-155
Liderança 139ss
conceituação 140
formação de 165
formas de 158-159
frases sobre 147-148
importância do líder 142
inteligência emocional e 159ss
mitos sobre 163-164
problemática 164
situacional 162-163
teoria de Kouzes e Posner 141-142
teoria de Tolstoi 140

Macroambiente das organizações 13-14
fatores que compõem o 13-14
Maturidade e imaturidade 92-93
Medidas administrativas de RH para motivar 227ss
Microambiente das organizações 14-16
fatores que compõem o 14
Motivação 67ss
ações da empresa para 82
administração por objetivos para 235ss
avaliação motiva? 250ss
autonomia 229
como motivar seu pessoal 228
empowerment 95-96
expectativa elevada 230
fatores segundo Herzberg 77ss
modelo de Lawrence e Nohria 80ss
necessidade de coerência externa para 232
necessidade de coerência interna para 231-232
participação acionária para 239
participação nos lucros para 238-239
prêmios pelos resultados para 237ss
remuneração motiva? 230ss

teoria de McClelland 80
treinamento como instrumento de 240ss

Necessidades,
de realização 76
de segurança 75
de *status* 75
fisiológicas 74
hierarquia segundo Maslow 73ss
sociais 75

Ordens dos superiores 178-180
Organismo e organização 62
Organização
ambiente externo da 13ss
autoridades na 29ss
definição 2
divisional 31
estruturas da 26ss
formal e informal 9-10
funcional 30
importância 2-3
japonesa 114
macroambiente da 13-14
matricial 31-33
microambiente da 14-16
níveis intermediários da 8-9
organismo e 62
origem 3ss
postulados da teoria da 11
primitiva 7-8
relações formais na 27-28
Organograma 28-29

Papel dos administradores 17ss
Participação acionária 239
Participação nos lucros 238-239
Percepção 97ss
erros nas avaliações de pessoas 100
estudos de Likert sobre 98ss
na comunicação 187
Pino de ligação 116ss
Poder
do saber 143
legítimo 143
referente 143
tipos de 143
Premissas básicas 51
Prestação de contas dos subordinados 180-181
Prestação de serviços 27
Principal executivo, líder na empresa 165-166

Racionalidade limitada na decisão 194ss
Recursos humanos
como administrar no mundo globalizado 286ss
equipes multidisciplinares 289
medidas para motivar 227ss
posicionamento adequado das pessoas 228
Relações humanas
teoria das 71ss
Remuneração
cuidados com a remuneração variável 240
executivos de alto nível 233ss
motiva? 230ss
necessidade de coerência externa 232

necessidade de coerência interna 231
participação acionária 239
participação nos lucros 238-239
prêmios pelos resultados 237ss
produtividade e 231

Rotatividade
clima organizacional e a 222

Teoria 3D 123ss
Teoria da Curva da maturidade 132ss
Teoria da Eficácia 134
Teoria das necessidades de Maslow 72ss
Teoria das relações humanas 71ss
Teoria X 110ss
Teoria Y 110ss
Teoria Z 112ss
Termos técnicos das profissões 173-174
Tipos de supervisão 115ss
Trabalho em grupo 113ss
Treinamento
como forma de motivação 240ss
desenvolvimento gerencial personalizado 90-92
público-alvo do 247ss
tipos de 242ss
Troca de bens e serviços 5-6

Valores
conscientes 54
sistemas de 96-97
Visão sistêmica 23